Stoiber/Celovsky

STEPHANIE VON HOHENLOHE

SIE LIEBTE DIE MÄCHTIGEN DER WELT

STEPHANIE VON HOHENLOHE

SIE LIEBTE DIE MÄCHTIGEN DER WELT

AUFGEZEICHNET VON
RUDOLF STOIBER
UND
BORIS CELOVSKY

Mit 63 Abbildungen

HERBIG

Abbildungsnachweis

Alle Photos aus dem Archiv der Verfasser, außer:
ACME News Photos (1)
Bettmann Newsphotos (2)
L. Bianco (1)
FBI-Archives (7)
Herald Photos (1)
INS-Archives (1)
Interfoto-Pressebild-Agentur (4)
Messinger (1)
P. F. Millhollan (1)
Sammlung Leonhard M. Fiedler (1)
Thomas-Photos (1)
Ullstein Bilderdienst (2)
World Wide Photo (2)

Schutzumschlag: Christel Aumann, München, unter Verwendung
eines Photos von Stephanie v. Hohenlohe
kurz vor dem Ersten Weltkrieg
Reproduktionen: Graph. Atelier Krah, München
Satz: Filmsatz Schröter GmbH, München
Gesetzt aus: 10.5/12.5 Optima auf Linotron 202
Druck und Binden: Wiener Verlag, Himberg
Printed in Austria
ISBN 3-7766-1522-2

Inhalt

Eines Tages wird es einen großen Skandal geben, wenn die Rolle, die Steffi Hohenlohe gespielt hat, aufgedeckt wird.

Jan Masaryk
London,
22. Juli 1938

1940

Die Friedensstifterin

Am F ughafen bereits vom FBI erwartet: die Prinzessin bei ihrer Ankunft

Kaum das Hotel verlassen: Durchsuchung ihres Hotelzimmers

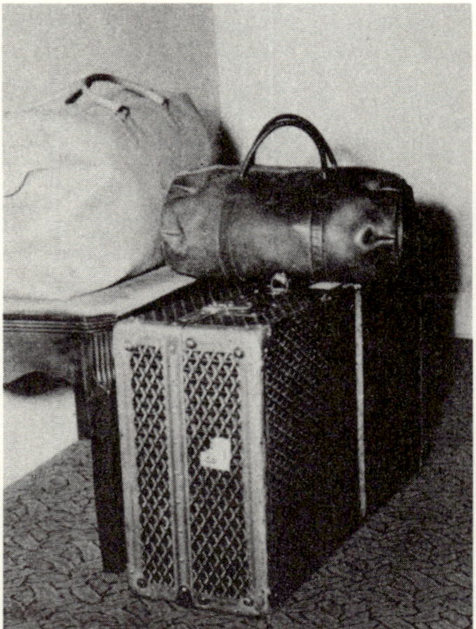

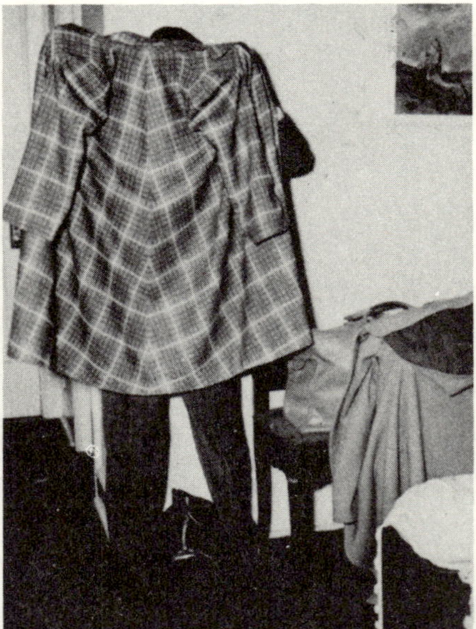

Von Berlin heimbeordert: Wiedemann-Freundin Felicitas von Reznicek mit dem deutschen Generalkonsul von San Francisco

›Stephs‹ Ghostwriter und Max Reinhardts Manager in den USA: Rudolf Kommer

Über die Pläne des Verschwörertrios genauestens informiert: Präsident Roosevelt

Wenn es nach den Plänen des Trios gegangen wäre, das sich in den späten Abendstunden des 27. November 1940 im Mark Hopkins Hotel in San Francisco traf, hätte der Zweite Weltkrieg nur halb so lange gedauert. Millionen Menschen wäre der Tod auf dem Schlachtfeld, im Bombenhagel in den Städten und in den Gaskammern der Konzentrationslager erspart geblieben. Das Völkermorden wäre spätestens 1941 zu Ende gewesen.

An jenem Abend des Jahres 1940, ein halbes Jahr nachdem Paris gefallen war und Frankreich kapituliert hatte, trafen sich im Salon der Suite 1024–1026 des eleganten Hotels zwei Vertreter der gegnerischen Fronten, ein Deutscher und ein Engländer, im Beisein der Initiatorin des geheimen Treffens, einer österreichischen Jüdin mit aristokratischem Namen und einem ungarischen Reisepaß.

Es handelte sich bei den dreien um den damaligen deutschen Generalkonsul in San Francisco und früheren Persönlichen Adjutanten des Führers, Hauptmann Fritz Wiedemann, den Chef des britischen Geheimdienstes in Nord- und Südamerika während des Ersten Weltkriegs, Sir William Wiseman, derzeit Partner der angesehenen New Yorker Wall-Street-Firma Kuhn, Loeb & Co., und die Hitlervertraute und langjährige Geliebte Wiedemanns, Prinzessin Stephanie Hohenlohe-Waldenburg-Schillingsfürst, eine in allen Regierungskanzleien Europas bestens bekannte politische Abenteurerin, von ihren vielen Verehrern kurz ›Steph‹ genannt.

Der Mann, der das Treffen eingefädelt hatte, war nicht anwesend. Er saß in New York und schrieb als Ghostwriter an den geplanten Memoiren der Prinzessin. Er hieß Dr. Rudolf Kommer

und war u. a. der Manager für die Gastspieltourneen des in die USA emigrierten österreichischen Starregisseurs Max Reinhardt in den Vereinigten Staaten. Auf Kommers Vorschlag hatte die mit allen Wassern gewaschene Aristokratin den Bankier Wiseman, der noch immer in britischen Geheimdienstkreisen tätig war, unter dem Vorwand, sie müsse ihm persönlich etwas Wichtiges mitteilen, von New York nach San Francisco gelockt. Der mehr als dreistündigen nächtlichen Unterredung des Verschwörertrios waren am Vortag zwei fast ebenso lange vorbereitende Gespräche zwischen der Prinzessin und dem ehemaligen britischen Geheimdienstchef – ohne Wiedemann – vorausgegangen: eines am frühen Nachmittag und das zweite spät abends.
Gleich beim ersten Treffen mit Wiseman legte die Prinzessin ohne viel Zögern ihre Karten auf den Tisch. Sie erklärte, als sei es die einfachste Sache der Welt, sie hätte sich entschlossen, die Vermittlerrolle zwischen London und Berlin zu übernehmen und Friedensgespräche zwischen den beiden Regierungen in Gang zu bringen. Wiseman sollte ihr dabei behilflich sein.
Generalkonsul Wiedemann, mit dem sie das Ganze besprochen habe und der »Hitler besser kennt als jeder andere Mensch und genau weiß, wie man ihn anpacken muß«, hätte vorgeschlagen, sie solle mit ihrem ungarischen Paß über die Schweiz nach Berlin reisen und Hitler persönlich einen deutsch-englischen Friedensplan unterbreiten. Da dem Führer ihre guten Verbindungen zu den höchsten Kreisen in England seit langem bekannt seien und er sich außerdem häufig ihrer Hilfe als Vermittlerin bedient hätte, sei sie die geeignetste Person für eine solche Mission. Sir William wiederum sollte mit dem Angebot seine Freunde in der Downing Street kontaktieren. Käme die Anregung für eine Annäherung zwischen England und Deutschland von dritter Seite, würde keinem der beiden Kampfhähne »eine Zacke aus der Krone fallen«.
Wiseman zeigte sich bei diesem ersten Gespräch unter vier Augen im Prinzip mit den Absichten der Prinzessin einverstanden. Er erklärte sich bereit, einen solchen noch näher auszuar-

beitenden Plan seinem persönlichen Freund, dem als friedensorientiert geltenden Außenminister Lord Halifax, direkt und unter Umgehung des britischen Botschafters in Washington, Lord Lothian, zuzuleiten.

Beim zweiten Treffen mit Wiseman, in den Abendstunden, führte die Prinzessin wieder das große Wort. Ohne auf den Einwand Wisemans einzugehen, Hitler könnte sie für eine Emissärin Englands halten, wenn sie plötzlich mit einem solchen Plan in Berlin auftauche, parlierte sie drauflos: Sie hätte Hitler zwar seit Januar 1939 nicht mehr gesehen, aber sie sei fest davon überzeugt, daß er ihr noch immer wohlgesinnt sei und sich freuen würde, seine »liebe Prinzessin« wiederzusehen. Man müsse Hitler einfach klarmachen, daß er mit dem Kopf gegen die Wand renne. Die Argumente habe sie sich schon zurechtgelegt: Erstens sei es ihm bis jetzt nicht gelungen, England zu besiegen; zweitens seien die Bündnisse mit Italien und Rußland läppisch im Vergleich zu einem Bündnis mit Großbritannien – der Duce sei schließlich nichts als ein Clown, über den jeder lacht; und drittens würde sie Hitler davon zu überzeugen versuchen, daß er nicht genau, eher schlecht, über die militärische Stärke der Vereinigten Staaten informiert sei. Jeder, der ihm erzähle, Deutschland sei den USA überlegen, lüge!

Wie bereits am Nachmittag erklärte sich Sir William bereit, nach einer Unterredung mit dem Generalkonsul »unter Einbeziehung von Wiedemanns Vorschlägen den Entwurf für einen Friedensplan zu konzipieren und an die britische Regierung weiterzuleiten«. Natürlich werde er nicht versäumen, darauf hinzuweisen, warnte er seine Gesprächspartnerin, daß Hitler der Vorschlag von der Prinzessin mit nicht mehr als dem inoffiziellen Einverständnis der britischen Regierung überreicht werden könnte; und er machte sie darauf aufmerksam – »fair is fair« –, daß er keinerlei Vollmacht der britischen Regierung für diese Sondierung besitze.

Trotz dieser Einschränkungen war die Prinzessin zufrieden mit dem bisherigen Resultat ihrer Bemühungen. Sie verabschiedete sich nach Mitternacht von Wiseman und ließ sich zur Residenz des deutschen Generalkonsuls in Hillsborough, einem Villenvorort von San Francisco, chauffieren, wo sie mit Fritz und seiner toleranten Frau Anna-Luise in einer Art ›ménage à trois‹ lebte; nicht zuletzt, um ihre schwindenden Finanzen zu schonen.[1]

Sir William war über die kühne Absicht der Prinzessin, sich auf diese Weise in den Lauf der Weltgeschichte einzuschalten, nicht überrascht; er wußte, daß dies nicht das erste Mal war. Er wunderte sich auch nicht darüber, daß der deutsche Generalkonsul und angebliche Hitler-Intimus Wiedemann an dem Komplott beteiligt war. Er kannte Wiedemanns heimliche Opposition zu Hitler. Auf Drängen Kommers, mit dem er bekannt war, und durch die Vermittlung der Prinzessin hatte er sich bereits einmal vorher mit Wiedemann in San Francisco getroffen; knapp zwei Monate vorher, am 1. Oktober im Palace Hotel, in dem er damals unter dem Namen ›Mr. Park Kreiss‹ abgestiegen war. Die Prinzessin hatte ihn kurz nach seiner Ankunft, wie mit Kommer vereinbart, getarnt als ›Mrs. Hafner‹, angerufen und ihm mitgeteilt, wann er »ihren Freund« auf seinem Zimmer erwarten kann: »At one o'clock.« Pünktlich um dreizehn Uhr hatte Fritz Wiedemann dann tatsächlich an die Tür des Zimmers Nr. 6009 geklopft und die nächsten drei Stunden im Gespräch mit ihm verbracht. Der ranghohe NS-Diplomat hatte ihm bei diesem ersten geheimen Treffen anvertraut, daß er und viele seiner Freunde den Ruin Deutschlands voraussähen, wenn Hitler nicht Einhalt geboten würde.

»Wir befinden uns in einer äußerst schwierigen Lage«, hatte Wiedemann damals gesagt. »Wir wollen uns unserem Land gegenüber loyal verhalten. Aber wir wissen, daß das Ganze in dem schlimmsten Elend enden wird, das je über das deutsche Volk hereingebrochen ist. Die Lage in Deutschland wird am Ende dieses Krieges wesentlich schlimmer sein als nach dem letzten.« Deshalb sei er bereit, seinen Beitrag zu einer Aussöhnung mit England zu leisten, das er kenne und liebe; er stehe

diesbezüglich auch mit anderen einflußreichen Persönlichkeiten im Reich in Verbindung.
Sir William hatte daraufhin, am 3. Oktober, seinen Kontaktleuten in der britischen Botschaft in Washington in einem Memorandum über den Inhalt seiner Unterredung mit Generalkonsul Wiedemann berichtet. Innerhalb weniger Tage, am 7. Oktober, hatte das Liaisonbüro des britischen Geheimdienstes (British Security Coordination) pflichtgemäß das FBI-Hauptquartier über das Interview ›Captain Wiedemanns‹ mit einem »erfahrenen und kompetenten britischen diplomatischen Beamten« informiert.
Dem Direktor des Bundeskriminalamtes FBI, J. Edgar Hoover, war die politische Einstellung Wiedemanns daher spätestens zu diesem Zeitpunkt geläufig; auch Präsident Roosevelt kannte sie, sein Finanzminister Henry Morgenthau jr. und der stellvertretende Außenminister Adolf A. Berle[2], da Hoover auch ihnen darüber berichtet hatte.
Das erste Treffen zwischen Wiedemann und Wiseman und das Rendezvous von ›Mrs. Hafner‹ und ›Mr. Kreiss‹ auf Zimmer Nr. 6009 des Palace Hotels, am 1. Oktober, bei dem sich Wiseman äußerst positiv über die politische Gesinnung Wiedemanns aussprach und keine Minute an dessen Aufrichtigkeit zweifelte, waren der Aufmerksamkeit der San Franciscoer FBI-Agenten entgangen. Erst die drei Unterredungen im November, die beiden Gespräche der Prinzessin mit Wiseman am 26. und das nächtliche Treffen der beiden mit Wiedemann am 27., wurden vom Leiter der FBI-Außenstelle von San Francisco, N. J. L. Pieper, abgehört und auf Tonband aufgezeichnet. Die im FBI-Archiv verwahrte Niederschrift umfaßt 111 Seiten.
Pünktlich zur vereinbarten Stunde betrat Prinzessin Hohenlohe am 27. November als erste die Halle des Mark-Hopkins-Hotels. Der in der Halle postierte FBI-Agent gab das Signal zum Start des Tonbands. Eine Verwechslung war ausgeschlossen. Die Prinzessin war auffallend klein, obwohl sie stets Plateauschuhe trug. Ihr schwerer Pelzmantel streifte beinahe den Boden und ließ sie

fast ebenso breit wie hoch erscheinen. Ihr rötliches Haar konnte der beobachtende Agent nicht sehen. Es war unter einem enganliegenden Hut verborgen, dessen Netzschleier über das Gesicht gezogen war, so daß er auch davon nicht mehr als die rotgeschminkten Lippen und das weißgepuderte Gesicht bemerken konnte. Außer ihrer Krokodilledertasche trug die Besucherin noch ein verschnürtes Paket mit sich. Sie ging, ohne links oder rechts zu blicken, auf den Aufzug zu und ließ sich in den zehnten Stock fahren. Um 19 Uhr 29 betrat sie das Doppelzimmer 1024–1026.

Prinzessin Hohenlohe hatte ihrem Gastgeber eine Flasche Bordeaux, Marke Mouton-Rothschild, mitgebracht, die sie sofort für ihn auspackte. Sir William machte ihr Komplimente wegen ihres Sohnes ›Franzi‹, mit dem er sich am Nachmittag zum Tee getroffen hatte: »Very charming boy.« Der junge Prinz hatte ihm seine Sorgen gestanden. Daß sein amerikanisches Besuchsvisum in Kürze ablaufe und er fürchte, daß es nicht verlängert werden würde. Er hatte Sir William um seinen Rat und, wenn möglich, um seine Hilfe gebeten. Wiseman hatte ihm geraten, in sein Heimatland, Ungarn, zu seinem Vater, zurückzukehren und dort auf ein amerikanisches Immigrationsvisum zu warten, wenn er nicht riskieren wolle, daß er bei seiner Rückkehr nach England auf Kriegsdauer interniert würde. »Yes, yes, he is a very nice boy and he has promised to see me when he comes to New York.«

Nach diesen Freundlichkeiten rief Sir William den Roomservice an und verlangte die Speise- und die Weinkarte. Kurz danach erschien Wiedemann, und Sir William konnte die Bestellung aufgeben. Es wurde serviert. Erst nach dem Dinner, nachdem die drei auf den bequemen Polstermöbeln um den niedrigen Cocktailtisch im Salon Platz genommen hatten, kamen sie auf den eigentlichen Anlaß ihres Treffens zu sprechen.

Baron Wiseman, der 10. Baronet der Linie, 1940 fünfundfünfzig Jahre alt, etwas behäbig geworden, jedoch mit Pfeife und Schnurrbart noch immer distinguiert aussehend, begann: »Es ist

jedem vernünftigen Menschen klar, daß wir, so wie wir hier sitzen, Sie und ich, nicht gegeneinander Krieg führen, sondern, im Gegenteil, auf irgendeine Weise zusammenarbeiten sollten. Wenn man mitansieht, wie die deutschen Bomber nach England kommen und so viel Vernichtung anrichten, wie sie nur können, und die englischen Flugzeuge in Deutschland das gleiche tun und alles zerstören, was uns etwas bedeutet, dann ist das heller Wahnsinn. Dem muß Einhalt geboten werden. Die Frage ist: ›wie?‹« Sir William schwieg und zog an seiner Pfeife. Dann fuhr er bedächtig fort: »Es gibt um Lord Halifax eine Gruppe ...«
Damit war der Name gefallen, auf den die Prinzessin gewartet hatte: der Name des britischen Außenministers, bekannt für seine Appeasement-Politik. Sie hakte sofort ein: »Halifax ist der beste Mann, den England hat!« Er war ihr persönlich bekannt.
Nicht nur die Prinzessin, auch Wiedemann kannte Lord Halifax persönlich. Seine Qualifikationen als »Deutschlands Freund« waren ihnen beide zur Genüge bekannt. Premierminister Chamberlain hatte Halifax 1937, bevor er Außenminister wurde, als seinen diplomatischen Vorreiter nach Berlin entsandt. Die damals oft zitierte Äußerung des hohen britischen Diplomaten, daß ein Krieg zwischen den beiden »Brudervölkern«, England und Deutschland, »das Ende der Zivilisation« bedeuten würde, klang ihnen beiden noch im Ohr. Lord Halifax war für Wiedemann und Prinzessin Hohenlohe der richtige Mann.
Man war sich auch rasch darüber einig, daß der Augenblick für eine Aussöhnung zwischen den kriegführenden Staaten nicht günstiger sein könnte. »Jetzt, da wir Frankreich nicht mehr zu berücksichtigen haben«, nutzte Sir William, genüßlich an seiner Pfeife ziehend, die demütigende Niederlage des Verbündeten zynisch für seine eigenen Ziele, »scheint mir alles leichter. Die Franzosen sind immer schwierig. Was die Franzosen angeht, brauchen wir von unserer Seite nur auf die Wiederherstellung Frankreichs nach dem Krieg zu bestehen. Als ein Staatsgebilde wie Polen. Oder wie jedes andere.«
Damit kam man zur Frage, wer die Gesprächspartner und

zugleich Garanten eines dauerhaften Friedens auf deutscher Seite sein könnten. Für den Fall, daß Hitler den Friedensplan nicht akzeptierte oder in der Folge gestürzt würde, was ja immerhin möglich schien.

»Denn«, dozierte Sir William, »die einzige Art von Frieden, die England will, ist ein dauerhafter Frieden.« Er pausierte, bevor er geschickt den Köder auswarf. »Es muß doch auch im Deutschen Reich Menschen geben, die so denken wie wir.«

Spätestens zu diesem Zeitpunkt hätten der deutsche Generalkonsul und die Prinzessin merken müssen, daß der Geheimdienstler Wiseman nicht nur an der Ausarbeitung eines vagen und wahrscheinlich unrealistischen Friedensplans, sondern auch und vor allem an geheimdienstlichen Informationen über die interne Lage im Reich interessiert war. Sie merkten es nicht. Im Gegenteil. Die Prinzessin drängte ihren Freund, sich stärker in das Gespräch einzuschalten und zu sagen, was er wisse. Und das nicht nur auf Deutsch, was sie für Sir William übersetzen mußte. »So sag doch etwas, Fritz«, forderte sie ihn mehrmals auf. »Und sag es auf Englisch. Es ist wichtig, daß er es aus deinem Mund hört.«

Wiedemann versuchte es. Er entschuldigte sich umständlich für sein mangelhaftes Englisch. Obwohl er häufig in England gewesen war, beherrschte er die Sprache nur mäßig. Während er durch seine Sätze stolperte und immer wieder innehielt, um nach den passenden Ausdrücken zu suchen, damit es keine Mißverständnisse gab, fuhr die Prinzessin ungeduldig dazwischen: »Was er meint, ist folgendes: Es kommt immer wieder das gleiche heraus. Deutschland muß zu einer monarchistischen Regierung zurückkehren.«[3] Damit war die angeheiratete Aristokratin bei ihrem Lieblingsthema angelangt – Restaurierung der Hohenzollern und der Habsburger – und nicht mehr zu halten.

»Er sagt«, bog sie Wiedemanns deutsche Sätze in der Übersetzung auf ihre Version zurecht, »daß, wenn Sie mit bestimmten Kreisen in Deutschland Kontakt aufnehmen und sogar wenn Sie

das gegenwärtige Regime loswerden, das ganze noch immer das Stigma des Temporären trägt. Des Unkonstitutionellen. Des nicht Beständigen. Wenn Sie dagegen von vornherein eine Gruppe von in sich gefestigten Menschen kontaktieren, wie es jeder Monarchist zweifellos ist, dann fällt dieses Stigma weg.«
Sie wandte sich neuerlich an den schweigenden Wiedemann: »Fritz, so sag ihm jetzt offen, daß du es für richtig hältst, daß wir so vorgehen. Mit deinen eigenen Worten und auf Englisch, bitte.«
Aber Wiedemann, den die Frustration über sein sprachliches Handicap und die Diskussion der beiden, der er nur halb folgen konnte, in eine wachsende Erregung versetzt hatte, gab seine Zustimmung trotzdem wieder auf Deutsch, so daß der Prinzessin nichts anderes übrigblieb, als erneut für ihn zu dolmetschen: »Sie haben ja gehört, was er sagt. – ›Die Armee‹ – ›The army‹ –. Darüber braucht man gar nicht zu debattieren. Natürlich muß sich jede Monarchie auf die Armee stützen.«
»Also gibt es in der deutschen Armee Männer...?« pirschte sich Wiseman langsam an sein Ziel heran.
Die Frage, wer in Deutschland konkret einen solchen Friedensplan unterstützen würde, wie er den dreien vorschwebte, ließ sich nun nicht länger vermeiden. Namen mußten genannt werden.
Der erste Name, der fiel, war der Name des Sohnes des letzten Kaisers, Kronprinz Wilhelm. Die Möglichkeit, ihn für einige Tage zu Gesprächen in die Schweiz einzuladen, wurde ausführlich erörtert. Sollte dies nicht gelingen, so könnte Prinz Louis Ferdinand[4], Kronprinz Wilhelms zweitältester Sohn, der ein persönlicher Freund der Prinzessin war, ins Vertrauen gezogen werden.
Weitere Namen möglicher Mitverschwörer, die genannt wurden, waren der Polizeipräsident von Berlin, Wolf Heinrich Graf Helldorf, und der Chef des Generalstabs, Generaloberst Franz Halder.[5]
Mit diesen Namen lieferten Hauptmann Wiedemann und Prin-

zessin Hohenlohe die Identität potentieller deutscher Widerstandskämpfer der Diskretion – oder Indiskretion – des britischen Geheimdienstes aus.
Aber der Ex-Geheimdienstchef gab sich mit seiner Ausbeute noch nicht zufrieden. Ihn interessierte Hitlers gesamte Strategie; nicht nur gegenüber England. Zum Beispiel an der Südflanke. Am Mittelmeer. Am Balkan. Vis-à-vis Stalin.
Wiedemann, nun in seinem Englisch etwas gefestigter und von der Prinzessin immer wieder gedrängt, selbst und vor allem Englisch zu sprechen, erläuterte, daß, sollte es Hitler nicht gelingen, England gegenüber Erfolge zu erzielen, es für ihn schon kriegspsychologisch äußerst wichtig wäre, wenn er sie anderswo verbuchen könnte. »Und das ist nur im Mittelmeerraum möglich. Der Suezkanal ...«
»Der Suezkanal, die Dardanellen, das sind alles Namen, die die Deutschen aus dem Ersten Weltkrieg kennen«, fiel ihm die Prinzessin, der es zu langsam ging, wieder ins Wort. »Das ist natürlich für Hitler wichtig. Der Drang der Deutschen nach dem Süden. Das ist ja bekannt.«
»Auch ein deutscher Vorstoß durch den Balkan ist nicht so schwierig, wie sich das manche vorstellen. Eine solche Möglichkeit ist bereits sorgfältigst geprüft worden. Natürlich«, warnte Wiedemann, dem das Gespräch, das immer weiter von seinem ursprünglichen Thema abwich, zunehmend unbehaglich wurde, »bin ich über das derzeitige strategische Denken Hitlers nicht wirklich informiert.«
Die Prinzessin schnitt eine Grimasse der Verzweiflung. »Natürlich bist du das. Und besser als sonst irgendwer in Amerika.«
Sir William ließ sich nicht ablenken. – Und Hitlers Einstellung zu Stalin?
Damit war das Reizwort gefallen, das den alten Frontsoldaten Wiedemann wieder in Schwung brachte: Stalin. Bolschewismus.
»Der einzige Unterschied des ›deutschen Bolschewismus‹, des Nationalsozialismus, und des ›russischen Bolschewismus‹ ist,

daß der eine national, der andere international ausgerichtet ist«, brauste Wiedemann auf, der sich, spätestens 1940, angewöhnt hatte, den Nationalsozialismus als Bolschewismus zu bezeichnen. Aber das ändere nichts daran, daß die beiden Systeme miteinander unvereinbar sind, dozierte er. »Hitler hat seine wahre Einstellung nicht geändert. Er lehnt den Bolschewismus heute genauso energisch ab, wie er ihn 1936, 1937 und 1938 abgelehnt hat.«

Und wie ist die Einstellung zu den USA? Wie sieht Hitler Amerika? Als potentiellen Feind?

Auf diese Frage beging der deutsche Generalkonsul seine schwerwiegendste Indiskretion. Er verriet Wiseman und dem mithörenden FBI-Agenten, daß die deutsche Botschaft in Washington und alle deutschen Dienststellen in den USA vor etwa drei Wochen aus Berlin die Weisung erhalten hatten, alles zu unterlassen, was die öffentliche Meinung gegen Hitler und das Dritte Reich mobilisieren könnte. »Aber«, so sagte er, wieder ins Deutsche zurückfallend, »meiner Meinung nach hilft das nichts. Ich bin fest überzeugt davon, daß der Nationalsozialismus, schon aufgrund seiner revolutionären Natur, und die USA miteinander in Konflikt geraten werden.«

Die Prinzessin, der alles, was er jetzt sagte, äußerst wichtig erschien, flehte Wiedemann erneut an: »Bitte, bitte, so sprich doch Englisch. Angenommen, ich wäre nicht mitgekommen. Jetzt tut es mir leid, daß ich da bin. Verstehst du nicht, daß es wesentlich wertvoller ist, wenn er alles von dir direkt hört?«

»Aber du bist da«, brummte der bayrische Milchbauer[6]. Basta. Damit war die Sache für ihn erledigt.

Generalkonsul Wiedemann verließ das Hotel kurz nach Mitternacht. Allein. Um nicht in Begleitung der Prinzessin gesehen zu werden.

Stephanie Hohenlohe, die noch eine knappe Stunde länger blieb, entschuldigte sich sofort, nachdem Wiedemann gegangen war, für die Schwerfälligkeit ihres Begleiters und das magere Ergebnis des Abends. »Sie dürfen nicht vergessen, er ist eine

Mischung aus Naivität und Aufrichtigkeit. Aufrichtig ist er bestimmt. Er hat diese falsche Bescheidenheit. Aber ich kann Ihnen versichern, er hat Ihnen alles gesagt, was er weiß. Mehr weiß er nicht. Ich hoffe, Sie sind nicht enttäuscht.«

Nein, Sir William war vom Resultat des Abends nicht enttäuscht.

Bereits am nächsten Tag, am 28. November, konnte FBI-Direktor Hoover, mit für ihn ungewohnter Schnelligkeit, dem Weißen Haus ein sechsseitiges zusammenfassendes Memorandum über die Ergebnisse in San Francisco präsentieren. »Falls es den Präsidenten interessiert«, schrieb er mit gespielter Bescheidenheit in einem Begleitschreiben an den Präsidialchef Roosevelts, General Edwin M. Watson. Zur Sicherheit, daß seine wichtige Meldung nicht unbeachtet abgelegt wurde, schickte Hoover Kopien seiner Denkschrift einen Tag später auch an den zweitmächtigsten Mann im Land, Finanzminister Morgenthau, und an Berle im State Department, die beide das Ohr des Präsidenten hatten.

Was Hoover zu melden hatte, interessierte den Präsidenten. Sogar sehr. F. D. R. (Franklin Delano Roosevelt), der gerade für eine weitere Amtsperiode im Weißen Haus gewählt worden war, bereitete im stillen bereits den Kriegseintritt der USA an der Seite Englands vor. Die drei Verschwörer konnten ihm diesen Schritt erschweren, im gegenwärtigen Tauziehen zwischen Isolationisten und Interventionisten den Gegnern einer Einschaltung in den europäischen Krieg den Rücken stärken. Sie arbeiteten Hitler in die Hände, der auch nach einer Aussöhnung mit England seinen Machtanspruch auf ganz Europa nicht aufgeben würde; wodurch der Status quo erhalten blieb: Deutschland als Weltmacht. Das durfte nicht sein. Nicht aus Amerikas Sicht.

Auch wenn Roosevelt, als er Hoovers Bericht studierte, dem Komplott des Trios wenig Chancen auf Erfolg gab, mußte er es ernst nehmen. Schon wegen der Unberechenbarkeit Hitlers, seiner Englandfixierung und seiner bekannten Haßliebe für das ›anglo-germanische Brudervolk‹. Und nicht zuletzt wegen der

Teilnahme eines Mannes wie Sir William Wiseman, der, wie Hoover in seinem Memorandum betonte, »zweifellos das Sprachrohr für eine politische Gruppe in Großbritannien ist, an deren Spitze Lord Halifax steht und die sich der Hoffnung hingibt, zwischen Großbritannien und dem Deutschen Reich einen dauerhaften Frieden zustande zu bringen«.

Jeder der drei Verschwörer glaubte, seinen guten Grund für diesen waghalsigen Schritt zu haben, der – zumindest im Falle des reichsdeutschen Staatsangehörigen Wiedemann und des britischen Staatsbürgers Wiseman – aufgrund des ›Trading with the Enemy Act‹, ein Gesetz, das jede nichtautorisierte Kontaktaufnahme mit einem Angehörigen einer feindlichen Nation untersagte, dem mit der Todesstrafe geahndeten Verbrechen des Hochverrats in Kriegszeiten gleichkam. Nur die ungarische Staatsbürgerin Hohenlohe war ein ›free agent‹.

Hoover hatte sich nicht geirrt. Wiseman spielte in den diplomatischen Beziehungen zwischen den Regierungen Washingtons und Londons eine zwiespältige, undurchsichtige Rolle. Und nicht erst jetzt, sondern bereits seit einem Vierteljahrhundert – seit er, 1915, dreißigjährig, die Leitung des britischen Geheimdienstes für Nord- und Südamerika übernommen hatte. So hatte er seine Anwesenheit in Washington während des Ersten Weltkriegs dazu benutzt, um als Vertrauter von Colonel Edward M. House[7], der ›eminence grise‹ Präsident Woodrow Wilsons, sich – wenigstens in den Augen des um Einfluß ringenden State Departments – ungebührlich in die Außenpolitik der USA einzuschalten. Im Zweiten Weltkrieg drohte sich nun die Situation zu wiederholen. Sehr zum Schrecken des stellvertretenden Außenministers Berle, in dessen Büro sich Wiseman unmittelbar nach Kriegsausbruch in Europa, nach Berles Beschreibung »wie ein Geist auf zwei Beinen«, in seiner neuen offiziellen Inkarnation vorstellte: als Berater des britischen Botschafters in Washington, Lord Lothian, mit dem Sir William seit der Zeit, da Lothian noch Sir Philip Kerr und Sekretär von Premierminister Lloyd George (1916–1919) gewesen war, eine enge Freundschaft verband.

Wiseman sollte, wie er dem schockierten Berle erläuterte, »London die Ansichten Washingtons und Washington die Ansichten Londons interpretieren«. Berle sollte ihm bei dieser Aufgabe behilflich sein.

Sir William hatte sich aber auch nie ganz aus seiner Verflechtung im britischen Geheimdienst gelöst. Unter der Tarnung eines Bankiers der Firma Kuhn, Loeb & Co. arbeitete er für seinen De-facto-Nachfolger, Sir William Stephenson, den kanadischen Multimillionär, der unter dem Codenamen ›Intrepid‹[8], 1940, die Leitung der neugeschaffenen ›British Security Coordination‹ (BSC), mit Hauptquartier im New Yorker Rockefeller Center, antrat. Wie bereits beschrieben, hat Stephenson noch vor Hoover über das erste Treffen zwischen seinem Agenten Wiseman und Fritz Wiedemann gewußt und, am 7. Oktober, von sich aus das FBI darüber verschlüsselt informiert. Die Tatsache, daß das BSC von den Friedensfühlern in San Francisco wußte, läßt zumindest die Möglichkeit zu, daß, wenn schon nicht die Reichskanzlei, zumindest der Kreml auf schnellstem Wege davon erfuhr. Denn in Stephensons Geheimdienstbüro an der Fifth Avenue saß ein ›Maulwurf‹, der zugegebenermaßen bis 1940 für Nazideutschland und bis 1963 für die Sowjetunion als Doppelagent tätig war. Es war niemand anderer als Stephensons »rechte Hand«, sein Stellvertreter, Colonel Charles (›Dickie‹) Ellis, vom britischen Geheimdienst MI-6, der von 1940–1944 der Intrepid-Organisation angehörte[9].

Trotz dieser Einbindung in die offizielle Linie der britischen Regierung unter ihrem neuen Premierminister Winston Churchill, einerseits als Berater Lord Lothians, andererseits als Mitarbeiter des britischen Geheimdienstes in den USA, verfolgte Wiseman, wie seine unautorisierten Verhandlungen mit Wiedemann zeigen, die von der Regierungspolitik abweichende pazifistische Linie von Außenminister Lord Halifax, der kurz danach, nach Lothians plötzlichem Tod, von Churchill auch prompt aus dem Kabinett entfernt und als Lothians Nachfolger als Botschafter nach Washington abgeschoben wurde.

Das Appeasement-Erbe aus der Zeit Chamberlains, das Vermächtnis solcher auf Verbrüderung mit dem neuen Deutschland hinarbeitender Organisationen wie »The Link«, »The Anglo-German Fellowship« oder des »Cliveden Set« um Lady Astor, war 1940 in Wiseman noch lebendig. Er durfte zu diesem Zeitpunkt, da bereits deutsche Bomben auf London hagelten – oder gerade deswegen – in England noch auf ein Echo Gleichgesinnter hoffen. Eine Illusion, der sich auch Rudolf Heß wenige Monate später bei seinem Flug nach Schottland hingeben sollte.

Wiedemanns Gründe für diesen Schritt waren noch einleuchtender. Der ehemalige Adjutant Hitlers war von seinem früheren Chef und Mentor desillusioniert. Obwohl er Hitler verehrt und, vor allem wegen dessen Tapferkeit im Fronteinsatz, bewundert hatte. Vom NS-Staat hatte sich Wiedemann bereits seit längerem innerlich distanziert.

Wiedemann hatte Hitler im Ersten Weltkrieg kennengelernt, als beide im gleichen Infanterie-Regiment dienten. Hitler als Meldegänger, Wiedemann als Stabsadjutant. Als solcher war Wiedemann Hitlers unmittelbarer Vorgesetzter gewesen. 1921 hatten sich die beiden Frontkameraden bei einem Regimentstreffen wiedergesehen, bei dem der angehende Politiker Hitler Wiedemann den Aufbau und die Führung der SA anbot, was dieser jedoch ablehnte. 1933, als es Wiedemann wegen der Beteiligung an der Molkerei in seinem Wohnort Pfarrkirchen in Bayern wirtschaftlich nicht gutging, war er wieder einmal mit Hitler zusammengekommen. Bei diesem Treffen hatte Hitler seinem früheren militärischen Vorgesetzten eine Adjutantenstelle angeboten, die Wiedemann annahm. Nach einer knapp einjährigen Einarbeitungszeit beim Stellverteter des Führers, Rudolf Heß, im ›Braunen Haus‹ in München trat Fritz Wiedemann am 2. Januar 1935 seinen Posten als Persönlicher Adjutant des Führers in der Berliner Reichskanzlei an; eine Position mit außergewöhnlichem Einfluß, die, da ihr Radius nur ungenau definiert war, dem neuen Mann jedoch rasch Feinde schaffte. Vor allem unter jenen, die ihre eigenen Einflußbereiche und Machtsphären durch Wiedemanns Nähe zu Hitler gefährdet sahen.

Dazu gehörte vor allem der damalige Botschafter in London und spätere Außenminister Joachim von Ribbentrop. Ribbentrops obstinate anti-englische Einstellung, mit der er vor allem seine diplomatischen Fehltritte vor Hitler zu kaschieren versuchte, lief der anglophilen Haltung Wiedemanns zuwider. Zwischen dem Botschafter und dem Adjutanten des Führers, der häufig zu diplomatischen Sondermissionen oder auch nur, um unter einem dienstlichen Vorwand seine Geliebte, die Prinzessin, zu besuchen, nach London flog, entwickelte sich in der Folge eine böse Feindschaft. Wiedemann, der den in der Diplomatie unerfahrenen Spirituosenhändler Ribbentrop für einen Dilettanten hielt, nannte ihn sogar vor dessen eigenem Sekretär, Reinhard Spitzy, »ein gefährliches, halbgebildetes außenpolitisches Rindvieh«.

Die Animosität verschärfte sich noch, nachdem Ribbentrop im Zug eines parteiinternen ›Großreinemachens‹, am 5. Februar 1938, von Hitler als Nachfolger von Neuraths zum neuen Außenminister ernannt worden war. Sie erreichte ihren Höhepunkt, als dem ›Reichsminister‹ und dessen ehrgeiziger Gattin hinterbracht wurde, daß die ›Prinzessin‹, die gerade damals bei Hitler hoch in Gunst stand, im geheimen daran arbeite, daß der Führer Ribbentrop durch ihren Freund Wiedemann als Außenminister ersetzte.

Es war die durch diese an sich wahre Warnung ausgelöste Intrige des Ehepaares Ribbentrop, die von ihnen Hitler zugespielte ›Enthüllung‹, daß sein persönlicher Adjutant schon seit längerem ein Verhältnis mit der »Jüdin Hohenlohe« habe, die Wiedemann in den Augen Hitlers verdammte. Wenn man Unity Valkyrie Mitford[10], einem ständigen Anhängsel Hitlers und einer erbitterten Rivalin ›Stephs‹ um die Gunst des Führers, als Augenzeugin trauen darf, so gab es »einen fürchterlichen Krach auf dem Obersalzberg, als Hitler davon erfuhr«. Der Führer fühlte sich in seinem Besitzanspruch von den beiden Liebenden betrogen. Das konnte er weder seinem alten Kriegskameraden noch seiner ›lieben Prinzessin‹ je verzeihen. Die beiden wurden verbannt. Für immer.

Am 19. Januar 1939, nach kaum mehr als vier Jahren im Dienst, hatte Hitler Hauptmann Fritz Wiedemann als seinen Persönlichen Adjutanten entlassen. »Ich kann Männer nicht in hohen Stellungen dulden, die meinen politischen Ansichten nicht zustimmen«, ist das einzige überlieferte Zitat Hitlers aus dieser angeblich nur wenige Minuten dauernden Abkanzelung seines bisherigen Vertrauten. Wiedemann zufolge hat ihn der »ständig an der Nase zupfende und dauernd zur Decke blickende, gelangweilt wirkende Hitler« auch über sein Verhältnis zur Prinzessin befragt und gefordert, die Verbindung zu ihr abzubrechen, da sie »unter Verdacht« stünde. (Sowohl das Telefon der Prinzessin als auch das Wiedemanns wurden seit längerem von Himmlers ›Reichssicherheitsamt‹ Amt III abgehört.) Schließlich habe ihm Hitler den Posten eines Generalkonsuls in San Francisco angeboten. »Sie können annehmen oder ablehnen.«

Wiedemann hatte ohne Einspruch angenommen. Auch wenn die neue Position die, vielleicht beabsichtigte, Demütigung mit sich brachte, daß er dienstlich seinem Erzfeind Joachim von Ribbentrop unterstellt war. Er hatte sich lediglich ein besseres Gehalt ausgehandelt als sein Vorgänger, Baron Manfred von Killinger. Um 4000 Reichsmark pro Jahr mehr. »In Anbetracht meiner Stellung als früherer Persönlicher Adjutant des Führers.«

Zwei Wochen nach Wiedemanns Entlassung und seiner Verbannung ins weit entfernte San Francisco hatte auch Prinzessin Hohenlohe Hitler-Deutschland für immer den Rücken gekehrt. Sie flog, am 2. Februar, mit der Kursmaschine von Düsseldorf nach Croydon, dem damaligen Flughafen Londons. Kurz darauf konnte Rudolf Likus[11], ein Uralt-Parteigenosse, Ribbentrop-Schulfreund und ›Mädchen für alles‹, seinem Herrn und Meister berichten: »Prinzessin Hohenlohe hat Berlin und Deutschland für längere Zeit verlassen. Sie beabsichtigt, ihren nächsten

Wohnsitz in London aufzuschlagen.« Stimmte. Aber nicht für lange. Noch vor Jahresende war ›Steph‹ ihrem Freund Fritz ins amerikanische Exil gefolgt. Am 22. Dezember war sie unter dem Namen ›Mrs. Maria Waldenburg‹ in Begleitung einer ›Baronin Maria L. Szepessy‹ und 106 Stücken Gepäck in New York gelandet.

Generalkonsul Wiedemanns Verhandlungen mit Sir William Wiseman waren nicht der erste Versuch des deutschen Diplomaten, Kontakt mit dem feindlichen Ausland aufzunehmen. Bereits am 5. Februar 1940, fast acht Monate vor Wiedemanns erstem Treffen mit Wiseman, hatte der in San Francisco amtierende britische Generalkonsul, P. D. Butler, seinem Botschafter in Washington, Lord Lothian, gemeldet, daß der amerikanische Militärgeheimdienst (G-2) behaupte, »Beweise zu besitzen, daß Wiedemann und eine Baronin Reznicek[12] Anführer einer angeblichen Verschwörung sind, die beabsichtigt, die bestehende deutsche Regierung zu stürzen und die Rückkehr Wiedemanns nach Deutschland zu bewerkstelligen, um ein neues Regime zu errichten«. Lord Lothian hatte die Meldung seines Generalkonsuls zwar pflichtgemäß nach London weitergeleitet, ihr jedoch persönlich keinerlei Glauben geschenkt. Sie schien ihm zu phantastisch. Auch die Geheimdienstexperten des Foreign Office hielten sie für »Unsinn« und vom amerikanischen Geheimdienst wieder einmal »aus der Luft gegriffen«.

Die Behauptung des amerikanischen G-2 war zwar phantastisch, es existierte keine derartige Verschwörung, jedoch nicht zur Gänze »aus der Luft gegriffen«.

Denn während ›Steph‹, um rasch zu Geld zu kommen, in New York und Hollywood sich um die Vermarktung ihrer geplanten Memoiren kümmerte, kümmerte sich in San Francisco eine andere um ihren Fritz: die um vierzehn Jahre jüngere Baronin Reznicek. Erstaunlicherweise mit dem gleichen Ziel, das auch ›Steph‹ vorschwebte: dem heißgeliebten, von Hitler so schäbig fallengelassenen Wiedemann den Sprung auf die andere Seite zu ermöglichen.

Zu seiner Überraschung wurde Generalkonsul Butler kurz nach seiner erfolglosen dienstlichen Meldung an Lord Lothian selbst in Reznicek's und Wiedemanns Komplott hineingezogen. Ein britischer Staatsbürger kanadischer Herkunft mit mysteriöser Vergangenheit in China, Gerald Owen Wootten, angeblich Architekt, in Wirklichkeit nur technischer Zeichner, jedoch mit guten gesellschaftlichen Beziehungen, hatte ihn innerhalb weniger Tage gleich dreimal hintereinander aufgesucht. Angeblich als Emissär Rezniceks und Wiedemanns.
Bei seinem ersten Besuch hatte ›Gerry‹ Wootten lediglich behauptet, daß die Baronin, die mit Wiedemann eine enge Beziehung habe, den Engländern »gewisse Vorschläge machen möchte, die für die britische Regierung interessant wären«. Bei seinem zweiten Besuch wurde Wootten konkreter und behauptete, die Baronin spreche für Wiedemann. Wiedemann sei ein Kriegsgegner, das sei in Berlin bekannt, deshalb müsse der Generalkonsul »jeden Augenblick mit seiner Rückberufung rechnen«. Wie Wootten es darstellte, verlange Wiedemann »Asyl in England«.
Butler war sich natürlich bewußt, daß – sollte, was er von Wootten gehört hatte, tatsächlich stimmen – er eine diplomatische Bombe in Händen hielt. Er meldete sich mit dieser Information erneut bei Lothian; mit dem Erfolg, daß dieser ihm riet, »gänzlich die Finger davon zu lassen«. Butler konnte jedoch nicht verhindern, daß Wootten ihn ein drittes Mal aufsuchte. Diesmal behauptete der Unterhändler, daß er für Wiedemann »direkt« spreche. Der deutsche Konsul sei bereit, »mit der britischen Regierung sofort und in jeder Form, die ihr entsprechend erscheint, zu kooperieren«.
Der britische Generalkonsul wagte es nicht, sich mit dieser neuen Information noch einmal an den Botschafter zu wenden; andererseits erschien sie ihm zu brisant, als daß er sie ignorieren konnte. Er übergab sie seinem Kontaktmann beim amerikanischen Geheimdienst und fügte von sich aus hinzu, daß Wiedemann, den er persönlich kannte, »aufrichtig, charakterlich

hochstehend und außerordentlich fähig« sei. »Ein feiner Mann, der die Deutschen nach dem Krieg reorganisieren und aus dem Morast des Hitlerismus herausführen könnte.«

Der G-2-Kontakt in San Francisco leitete diese brandheiße Information sowohl an seine vorgesetzte Behörde, das Kriegsdepartment in Washington, als auch an die lokale FBI-Dienststelle in San Francisco weiter. Auf diese Weise gelangte sie auf den Schreibtisch J. Edgar Hoovers, der sofort ein dreiseitiges Memorandum über die Vorgänge in San Francisco verfaßte, die ihm »aus verläßlicher Quelle« mitgeteilt worden seien. Er schickte es, triumphierend, daß er mit seinen Informationen immer allen anderen voraus war, an Roosevelts Sekretär, General Watson.

Die Verbindung zwischen dem deutschen und dem britischen Generalkonsul brach nach diesen ersten Kontakten ab. Von der britischen Regierung war keine Reaktion auf Wiedemanns Angebot gekommen, und, das war wahrscheinlich noch gravierender, Baronin Reznicek war von Berlin überraschend ›heim ins Reich‹ beordert worden. Sie reiste nach vergeblichen Verzögerungsversuchen noch im Mai schweren Herzens – wann würde sie ihren Fritz wiedersehen? – auf einem japanischen Dampfer ab. In ihrer Begleitung befand sich die Wiedemann-Tochter, die man der Baronin für die lange Reise über Japan, China und mit der transsibirischen Eisenbahn nach Berlin anvertraut hatte.

Wenige Tage nachdem die Baronin das Feld – und das Liebeslager des bayrischen Don Juans – geräumt hatte, traf die Prinzessin in San Francisco ein. Sobald sie Mama und ›Franzi‹ in einem Hotel in San Mateo untergebracht hatte, ließ sie sich in der Residenz des Generalkonsuls häuslich nieder; ein Privileg, das der Baronin versagt geblieben war.

Im Juni meldete sich Wootten mit einem neuen Vorschlag bei Generalkonsul Butler. Dieser trug bereits die Handschrift der Hohenlohe: »Falls es nicht möglich ist, daß Wiedemann mit Butler verhandelt, so lege er Wert darauf, mit Sir William Wiseman von der Firma Kuhn, Loeb & Co. zu sprechen, von dem bekannt sei, daß er zwischen London und New York hin

und her reist und ein Freund des britischen Außenministers ist.«
Es war Rudolf Kommer gewesen, der Sir William seit mehr als zwanzig Jahren kannte, der seiner Freundin Hohenlohe diesen neuen Weg über den ehemaligen britischen Geheimdienstchef vorgezeichnet hatte. Auch diese letzte Kontaktnahme zwischen Wootten und Butler wurde dem FBI hinterbracht, so daß Hoover über eine mögliche Verbindung zwischen Wiedemann und Wiseman bereits vorgewarnt war.

Mit Kommer in New York schließt sich der Kreis der Verschwörer.

Dr. Rudolf Kommer a. Cz. – das ›a. Cz.‹ hatte er sich selbst verliehen. Es bedeutete ›aus Czernowitz‹, ein Geburtsort, der in der Kaiserstadt Wien als Synonym für jüdische Herkunft galt – war 1940 neunundvierzig Jahre alt. Ein Sonderling, der seine Finger in jedem Topf hatte, auch politisch, aber dessen Motive nicht leicht zu durchschauen waren. Vielleicht, weil er sich ihrer selbst nicht immer bewußt war.

Als ständiger Begleiter und intimer Vertrauter eleganter, reicher Damen der High Society, mit denen der kleine dicke Mann mit dem übergroßen Kopf und den zu langen Armen jedoch nie wirklich intim wurde, hatte Dr. Kommer stets Zugang zu den höchsten Kreisen der internationalen Gesellschaft und wohnte als gerngesehener Gast in ihren Schlössern. Ob in London, Paris, Berlin oder New York, Kommer stieg nur in den teuersten Hotels ab, aß als großer Gourmet nur in den feinsten Restaurants und ließ seine Hemden nur nach Maß anfertigen, ohne daß jemand hätte sagen können, wie er diesen Luxus finanzierte.[13]

Nach seinem Studium an der Wiener Universität war Dr. Kommer Auslandskorrespondent der *Frankfurter Zeitung* in London geworden. Während des Ersten Weltkriegs trat er in den diplomatischen Dienst der k.u.k.-Monarchie, für die er angeblich auf seinen Posten in der Schweiz und in Schweden spionierte. Nach dem Krieg wurde er Max Reinhardts Manager für England und die USA, verfeindete sich jedoch während seiner beiden letzten Lebensjahre mit dem ebenfalls im amerikanischen Exil lebenden

Regisseur und Impresario. Die Prinzessin Hohenlohe hatte Kommer 1934 als Gast in ihrem Landhaus in Fuschl im Salzkammergut kennengelernt, während er als Reinhardts Agent in dessen Schloß Leopoldskron bei Salzburg wohnte.

Kommer, ›der Kümmerer‹, wie er allgemein hieß, war ein geborener Kompromißler. Er wollte stets vermitteln, verhandeln, versöhnen. Kein Fall war ihm dafür zu schwierig. Offensichtlich auch nicht der Krieg zwischen England und Deutschland. Durch seine internationalen Verbindungen stand er mit je einem Bein in jedem der beiden Länder. Der Jude Kommer hatte bei seinem Versuch, eine Aussöhnung zwischen den beiden kriegführenden Staaten einzuleiten, aber nicht nur das Schicksal der Juden, sondern auch das der Deutschen im Sinn, deren Kultur er als sein eigenes Besitztum und Erbe betrachtete, das er nicht zerstört sehen wollte. Deshalb mobilisierte er die Prinzessin. Sie war für seine Pläne das ideale Werkzeug. Auch wenn er, um sie gefügig zu halten, sich als Ghostwriter mit ihren Memoiren abplagen mußte, für die ›Steph‹ das sensationellste Material über Hitler zurückhielt – »weil man sonst sofort weiß, daß ich es von Wiedemann habe, und ich ihn nicht kompromittieren kann« –, während Hohenlohes Agent, Curtis Brown, auf Material drängte, »das auch für die amerikanischen Zeitungen und Zeitschriften interessant ist«.

Die Prinzessin war am 29. März in das Ambassador Hotel in New York eingezogen, um in der Nähe Kommers zu sein, der auch in diesem Hotel wohnte. Die beiden diskutierten oft bis spät in die Nacht. Jedoch nicht nur über ›Stephs‹ Vergangenheit und wie sie in den Memoiren dargestellt werden sollte, sondern auch über die politische Gegenwart. Den Krieg in Europa. Den Einfall der deutschen Truppen in den Niederlanden. Besonders Kommer exaltierte sich dabei.

Hitlers erste Siege im Westen hatten aus dem Bonvivant Kommer einen anderen Menschen gemacht; etwas in ihm zum Durchbruch verholfen, von dem er bis jetzt nicht wußte, daß er es besaß: politisches Engagement. Der 10. Mai, der Tag, an dem

die Nazi-Heere in Holland eindrangen, war der Geburtstag des neuen Kommer gewesen. Es fiel ihm nicht leicht, der Prinzessin klarzumachen, was ihm an diesem Tag widerfahren war:
»Es gibt immer Momente, da sich eine klare Scheidung der Geister vollziehen muß und vollzieht«, versuchte er es. »Der Einbruch in Holland ist ein solcher welthistorischer Augenblick. Sie können hier in den Vereinigten Staaten täglich, nein stündlich, beobachten, wie sich eine völlige Umorientierung ereignet. Gestern war ein Eintritt Amerikas in den Krieg gänzlich tabu. Heute steht er bereits zur Diskussion. Über Nacht kann er Tatsache werden!« Er ermahnte seine Zuhörerin eindringlich: »Jetzt müssen wir Farbe bekennen! Wir alle! Auch Sie!«
Offensichtlich noch nicht zufrieden mit dem Eindruck, den er bei der Prinzessin mündlich hinterlassen hatte, schrieb er seiner Zimmernachbarin am 13. Mai einen Brief, in dem er noch einmal seine Argumente wiederholte – vielleicht auch um der Prinzessin ein Aide-mémoire für ihr Gespräch mit Wiedemann in die Hand zu geben:

»... Wenn die albernen und verbrecherischen Zertrümmerungs- und Zerteilungspläne in bezug auf Deutschland vereitelt werden sollen – – und dies scheint mir das Lebensproblem Europas in den nächsten Jahren – – so muß Deutschland ungebrochen aus dem Krieg hervorgehen. Dies aber ist nur möglich, wenn dem Kriege aus Deutschland heraus vor dem Ende mit Schrecken ein vernünftiges Ende gesetzt wird. Das heißt, man darf nicht mit verschränkten Armen zusehen, bis das Nazi-Deutschland vernichtet ist, oder bis es den Westen vernichtet hat, man muß irgendwie die Total-Wahnsinnigen beseitigen und die Vernunft und Menschlichkeit wieder einsetzen. Ob dies geschehen kann und wird, weiß ich nicht. Die Voraussetzung dazu sind wahre Patrioten in Deutschland (...) und wahre deutsche Patrioten außerhalb von Deutschland. (...) Wie kommunizierende Gefäße müssen diese beiden Gruppen miteinander in Verbindung stehen.
(...)
Darum und nur darum plaidierte ich gestern so langwierig für: Farbe bekennen. Ob dies öffentlich mit Eclat geschieht, oder

sachlich und privat, aber restlos überzeugend, – – ist einerlei. Wenn das künftige Deutschland nicht wieder durch ein Diktat erstehen soll, wenn jenes Deutschland, das ja schon heute irgendwie ungestaltet und unerkennbar mitten unter den Nazis existiert, unverkrüppelt und gleichberechtigt ins Leben springen soll, so müssen seine sozusagen diplomatischen Vertreter sich schon heute selbst in der Welt akkreditieren. Um aber Vertrauen zu gewinnen, muß man irgendwie Farbe bekennen. Es kommt der Tag, an dem dies zu spät sein wird.

(. . .)

Vielleicht verstehen Sie es jetzt besser, hochverehrte Frau Prinzessin, warum ich so sehr in Sie drängte. Noch immer gibt es einige Narren, die Sie mißverstehen. Allerdings – – ein Anti-Hitler-Plakat können Sie sich nicht um den Hals hängen. Aber Sie wissen ja genau, auf wen es ankommt. Die Welt brennt und Neutralität ist etwas absolut Irreales. Die Lauen werden jedenfalls verdammt werden. Farbe bekennen – – ist die Parole!

Mit freundschaftlichen Grüßen,
in alter Ergebenheit,
Ihr
Rudolf K. Kommer a. Cz."

Am 28. Mai flog die Prinzessin mit diesem Aufruf, zu handeln und nicht ›mit verschränkten Armen‹ tatenlos zuzusehen, nach San Francisco – zu Wiedemann, auf den es, nach Kommers Meinung, ›jetzt ankam‹. Allerdings, bis zum eigentlichen Treffen der drei Verschwörer sollte noch ein halbes Jahr vergehen.

Kommers Vertrauen auf das Gesetz der ›kommunizierenden Gefäße‹ mußte sich den politischen Gegebenheiten gegenüber als Illusion erweisen. Premierminister Churchill hatte auf die Friedensandeutung Hitlers in seiner Rede am 19. Juli hin bereits allen britischen diplomatischen Vertretungen im Ausland die strikteste Weisung erteilt, auf etwaige deutsche Friedensfühler nicht zu reagieren. Ein deutsch-englisches Rapprochement, wie es zu dieser Zeit geheim auch über andere Kontaktpunkte versucht wurde – nicht zuletzt durch Ribbentrops groteskes Vorhaben, den in Portugal weilenden Herzog von Windsor zu kidnappen, um ihn als Unterpfand bei Friedensverhandlungen mit England zu benutzen[14] –, hätte nach Churchills Ansicht nur

AiR
LINE
PASSENGERS
ONLY

den deprimierenden Status quo in Europa festgeschrieben und Hitlers Herrschaft über die besetzten Gebiete unangetastet gelassen.

Präsident Roosevelt stimmte seinem britischen Freund zu und wurde in dieser Haltung von seinem Finanzminister Henry Morgenthau jr. noch bestärkt.

Daß Sir Wiseman, gegen den ausdrücklichen Willen seines Premierministers, eine solche Friedensinitiative überhaupt versuchte, ist nur durch die pazifistische Einstellung seines Vorgesetzten, Lord Lothian, durch seine engen Kontakte zu den in London noch existierenden Appeasement-Anhängern und durch seine eigene ultrakonservative politische Philosophie zu erklären.

Sir William hatte keine Möglichkeit, das geplante Schriftstück unentdeckt nach London abzusenden; falls er überhaupt je ein solches verfaßt hat. Seit seinem Treffen mit Wiedemann und der Prinzessin wurde er vom FBI rund um die Uhr überwacht. Jedes seiner Telefongespräche wurde abgehört und der Inhalt an Hoover weitergeleitet. Die britischen Behörden in Washington desavouierten ihren eigenen Mann sofort als Unterhändler, sobald sie vom amerikanischen Militärgeheimdienst über das Dreiertreffen in San Francisco und die Rolle, die der englische Baron dabei spielte, informiert worden waren. Die britische Botschaft in Washington ging sogar so weit, dem FBI zu versprechen, Wiseman unter einem Vorwand nach London abzuschieben und ihn dort hinter Schloß und Riegel zu setzen. Ein Schicksal, dem der Baron durch höchste geheimdienstliche Protektion allerdings entging.

Brigadegeneral Sherman Miles, der Chef des G-2 im Kriegsdepartment des Weißen Hauses, berichtete am 14. Dezember J. Edgar Hoover über die britische Reaktion:

»... Als die Briten davon in Kenntnis gesetzt wurden, zeigten sie sich, wie man mir sagte, äußerst überrascht. Seither haben sie zu verstehen gegeben, daß sie extrem starken Verdacht gegen Wiseman und seine Aktivitäten hegen. Ich nehme an, er ist

Seit der Landung vom FBI nicht mehr aus den Augen gelassen

möglicherweise ein weiterer Vertreter jener Gruppe von Engländern, die schon in der Vergangenheit über Männer wie Axel Wenner-Gren [15] mit den Nazis verhandelt haben.«

Sir William hatte allen Grund, sich gejagt zu fühlen. Von vertraulichen Hinweisen seiner Geheimdienstkollegen aufgeschreckt, flog er ständig zwischen New York und Washington hin und her. Er erkundigte sich, wurde vorstellig, lieferte im nachhinein Informationen, die man ohnehin bereits kannte, und verteidigte sich, so gut er konnte.

Am 13. Dezember telegrafierte er der Prinzessin nach San Francisco, sie möge ihn sofort in New York anrufen. Bei ihrem Rückruf noch am Abend desselben Tages – natürlich vom FBI abgehört – flehte er sie an, sie solle »ihren Freund« instruieren, auf jeden Fall und unter allen Umständen abzustreiten, daß er ihn, Wiseman, »je getroffen oder gesprochen« habe. Auf die Frage der Prinzessin, ob er schon etwas aus London gehört habe, antwortete er, nein, noch kein Wort von »seinem Freund« in London. Die Prinzessin hängte nach diesem Gespräch enttäuscht auf. Ohne ein Signal aus London war ihre Demarche bei Hitler gegenstandslos geworden.

Sie wußte: Das Komplott war tot. Gestorben. Die Hoffnung auf eine Annäherung zwischen England und Deutschland ausgelöscht. Sie waren gegen die Mauer der vorgefaßten Meinung der beiden Großmächte, die USA und Großbritannien, angerannt, daß Hitler-Deutschland kompromißlos in die Knie gezwungen werden muß.

Sie mußte es sofort Fritz sagen, der mit seiner Frau noch zu letzten Weihnachtseinkäufen in der Stadt war, damit er sich entsprechend Wisemans Anweisung verhielt, falls er gefragt würde. Es blieb ihnen nun nichts anderes übrig, als die Spuren ihrer Verschwörung zu verwischen. Armer Kommer. Sie mußte auch ihn anrufen, um ihn zu warnen. Sein Gesetz der ›kommunizierenden Gefäße‹ hatte keine Gültigkeit in der großen Politik.

Sir Williams hektische Geschäftigkeit half ihm nicht. Er war durchschaut. Am 22. Dezember, nach einer privaten Unterredung mit dem Rechtsberater der britischen Botschaft in Washington, Neville M. Butler, telefonierte er mit John Schiff, seinem Chef bei der New Yorker Maklerfirma. Er mußte ihm gestehen, daß er, »was die Botschaft anbelangt, in einem äußerst schlechten Licht dasteht«. Die Botschaft habe seine Motive auf die denkbar ungünstigste Weise ausgelegt, und man sei der Meinung, daß er im Dienst einer anderen Macht stehe.

Zur gleichen Zeit schaltete sich auch Finanzminister Morgenthau persönlich in die ›Wiseman-Affäre‹ ein. Schließlich war es seine politische Linie, den Kriegseintritt der USA zu forcieren, die auf dem Spiel stand.

Der Finanzminister fragte bei seinem Freund, dem Justizminister Robert Jackson, daher telefonisch an, ob er sich noch nicht überlegt habe, »Sir William auszuweisen«. Ja, antwortete ›Bob‹ Jackson, er hätte eine solche Möglichkeit bereits in Betracht gezogen. Morgenthau ließ auch einen seiner Beamten, John Wiley, bei Hoover im Bundeskriminalamt nachbohren, wie weit man in der Sache sei; ob nun endlich feststünde, ob Wiseman im Auftrag der britischen Regierung gehandelt habe oder nicht. In beiden Fällen, sowohl Jackson als auch Hoover gegenüber, rechtfertigte der Finanzminister sein Interesse an dem Fall damit, daß »das Ganze bei der nächsten Kabinettssitzung mit Roosevelt erörtert werden soll«.

Dazu sollte es jedoch nicht kommen. Der Sturm legte sich. Der ›Große Mann‹, Sir William Stephenson, der Leiter des britischen Geheimdienstes in den USA, war eigens nach Washington geflogen, um seinen Vorgänger zu rehabilitieren. Er sei ›alright‹. Hoover blies die Überwachung Sir William Wisemans ab. Außerdem: Lord Lothian war plötzlich verstorben und Wisemans Freund, Lord Halifax, folgte ihm als Botschafter in Washington nach. Sir William hatte einen neuen Stein im Brett.

Das Ende war, daß Sir William Wiseman von seinem Posten in der ›britischen Einkaufsmission‹, die sich vor allem mit der Beschaffung von Kriegsgütern befaßte, auf einen weniger exponierten Posten bei der ›britischen Rohstoffmission‹ abgeschoben

wurde. Seine Jahre bei Kuhn, Loeb & Co. diente er ab. Es ist nicht bekannt, daß er sich noch einmal geheimdienstlich betätigt hätte.
1952 nahm er Abschied von der Wallstreet-Firma und zog sich mit seiner um dreißig Jahre jüngeren Frau, die er 1944 geheiratet hatte, auf seinen Alterssitz auf der Tropeninsel Jamaica in der Karibik zurück. Seine Nachbarn waren u. a. Sir Noël Coward, der Pressezar Lord Beaverbrook, der ›007-Autor‹ Ian Fleming und sein alter Freund und Beschützer Sir William Stephenson.
Stephenson rückte in seiner Autobiographie *A Man Called Intrepid* Millionen Lesern gegenüber die Vergangenheit Sir William Wisemans wieder ins rechte patriotische Licht, indem er behauptete, Hoover hätte ihm gegenüber erklärt, daß ›der Brite‹ sich »mit Wissen und Zustimmung des FBI mit dem deutschen Generalkonsul getroffen hat«. Eine reine Erfindung!
Das idealistische, jedoch politisch zweifellos naive Komplott der drei ungleichen Verschwörer ist heute nicht mehr als eine skurrile Fußnote im Buch der Geschichte des Zweiten Weltkriegs. Aber die Episode beweist, daß die Wiener Jüdin Steffi Richter, verehelichte und wieder geschiedene Prinzessin zu Hohenlohe-Waldenburg-Schillingsfürst, nicht davor zurückschreckte, an den Schalthebeln der Weltgeschichte mitzuschalten.

Anmerkungen

1 Ihre Mutter, die Baronin Kalman-Szepessy, geborene Kuranda, in erster Ehe Frau Richter, und der damals sechsundzwanzigjährige Sohn der Prinzessin, ›Franzi‹ Hohenlohe, wohnten zu dem Zeitpunkt in zwei Zimmern im Benjamin-Franklin-Hotel in San Mateo, mit dem Auto eine kurze Wegstrecke von Hillsborough.

2 Adolf A. Berle, ursprünglich Firmenanwalt, war Roosevelt vorbehaltlos ergeben. Berle war besonders empfindlich, was seinen Vornamen und seinen vollen deutschen Familiennamen (von Berleberg) betraf.

3 Das war auch die Ansicht der meisten Anti-Hitler-Verschwörer in der Armee.

4 Prinz Louis Ferdinand von Hohenzollern, dessen älterer Bruder Prinz Wilhelm im Mai desselben Jahres seinen Verwundungen in Frankreich erlegen war, wurde ein Jahr später, 1941, auch von den Offizieren der Widerstandsgruppe innerhalb der Wehrmacht als zukünftiges Staatsoberhaupt in Betracht gezogen.

5 Graf Helldorf wurde 1944 als Angehöriger des Putschversuchs vom 20. Juli hingerichtet. Generaloberst Halder, ebenfalls als Mitglied der Widerstandsgruppe verhaftet, wurde 1945 von den alliierten Truppen befreit.

6 Wiedemann betrieb in Pfarrkirchen (Niederbayern) eine Molkerei, die gerade zu diesem Zeitpunkt mit den NS-Behörden wegen zu geringer Butterlieferungen in Schwierigkeiten geraten war.

7 Der historische Nachlaß von Sir William Wiseman und Colonel House befindet sich in der Sterling Memorial Library der Universität Yale.

8 Die Biographie Stephensons, *A Man Called Intrepid*, von William Stevenson, New York, 1976, ein internationaler Bestseller, ist zum Teil fiktiv und historisch unzuverlässig.

9 Siehe Peter Wright: *Spycatcher*, Viking, New York, 1987, Seiten 325–330. Charles Ellis gestand 1965 dem britischen Geheimdienst MI-5, unter Direktor Peter Wright, daß er für Geld und später unter Erpressung sowohl für die deutsche Abwehr als auch für den sowjetischen KGB spioniert hatte. Ellis starb 1975 in Australien, ohne daß ihm je der Prozeß gemacht wurde.

10 Lady Unity Mitford war eine nazibegeisterte Tochter Lord Redesdales; eines der fünf berühmt-berüchtigten ›Mitford-girls‹.

11 Siehe Reinhard Spitzy: *So haben wir das Reich verspielt*, München, 1986.

12 Es handelt sich um die Journalistin Baronin Felicitas von Reznicek, eine Tochter des Komponisten Freiherr Emil Nikolaus von Reznicek. Die Baronin wird verschiedener geheimdienstlicher Tätigkeiten verdächtigt. Sie war im Mai 1933 der NSDAP beigetreten (Mitgliedsnummer 2.878.904), hatte jedoch 1936 die Zahlung ihrer Mitgliedsbeiträge eingestellt.

13 Als Kommer 1943 in New York starb, bezahlte seine Bestattungskosten der Präsident von CBS, William S. Paley.

14 Siehe Michael Bloch: *Operation Willi*, New York, 1986.

15 Axel Wenner-Gren, schwedischer Multimillionär, Rüstungslieferant der Achsenmächte, Freund Görings, u. a. auch mit dem Nazi-Sympathisanten, dem Hollywoodstar Errol Flynn, intim befreundet, der Wenner-Gren häufig an dessen Wohnsitz in Nassau auf den Bahamas besuchte.

Stephanie von Hohenlohe mit eigenhändiger Widmung: »Meinem lieben Ex-Bräutigam Stefanie Hohenlohe«

1914

Die Geliebte, Gattin und Mutter

›Stephs‹ Kindsvater: der Schwiegersohn des Kaisers und zehnfache Familienvater Erzherzog Franz Salvator

»Batt's Hotel« in London: Steffi Richters Hotel bei ihrer heimlichen Vermählung in der Westminster Kathedrale

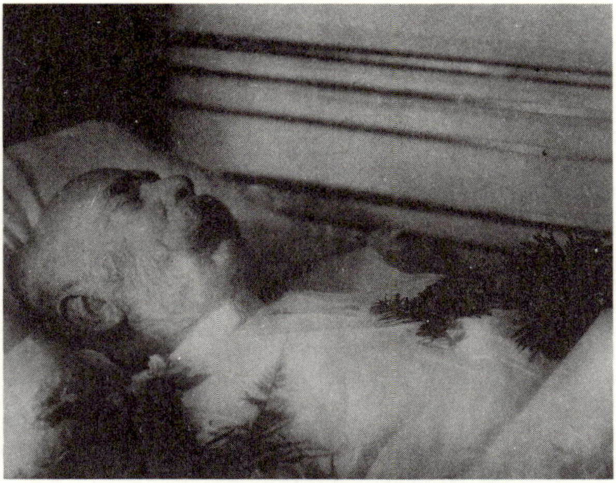

Der Tod des Kaisers: Abschied nicht gestattet

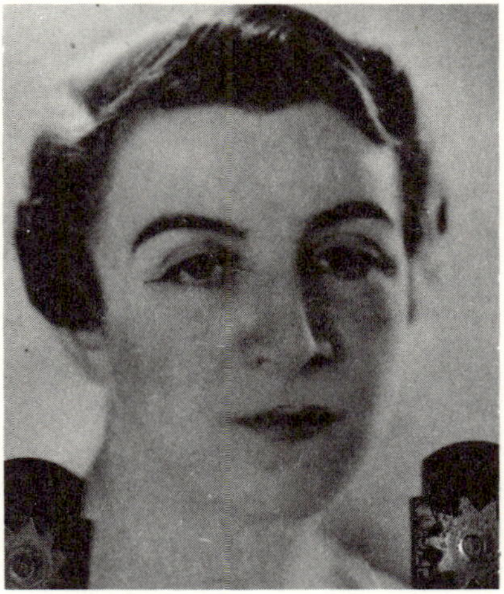

›Steph‹ in den »crazy twenties«: von der französischen Riviera wie ein Magnet angezogen

Es war keine der üblichen Aristokratenhochzeiten, wie London sie gewohnt ist, die am 12. Mai 1914 in der Westminster-Cathedral stattfand. Eher ein tristes Versteckspiel. Das einzig Aristokratische war die Person des Bräutigams, Friedrich Franz Augustin Maria Prinz zu Hohenlohe-Waldenburg-Schillingsfürst, und der fühlte sich nicht wohl in seiner Rolle. Sie war ihm aufgezwungen worden. Seine Braut, Stefanie Juliana Richter, war im zweiten Monat schwanger.
Auch das Wetter spielte nicht mit. Der Mai war kein Wonnemonat in diesem Jahr. Nicht in England. Es war kalt und windig, und drohende Regenwolken hatten sich zusammengezogen, als die Braut und die Brautmutter am späten Vormittag in geschlossener Karosse von ihrem Hotel zur Kirche fuhren.
Steffi Richter und ihre Mutter, Frau Ludmilla Richter, waren schon Ende April von Wien nach London gereist und wohnten im Batt's Hotel in der Dover Street, während sie auf die Ankunft des Bräutigams warteten. Der Prinz stieg im Hotel Jules in der Jermyn Street ab. Beides gutbürgerliche Unterkünfte zu der Zeit, aber keines ein Hotel der Luxusklasse wie das Ritz, in dem, wie ›Steph‹ später behauptete, sie bei ihrer Hochzeit gewohnt hätte. Der Bräutigam gab sein Alter mit sechsunddreißig an, geboren am 15. Februar 1879 in Budapest. Die Braut mit achtzehn, geboren am 16. September 1896 in Wien. In Wirklichkeit war sie um fast fünf Jahre älter und würde im kommenden September dreiundzwanzig werden. Sie wollte nicht die Kirche oder den guten Pfarrer anschwindeln, der alles säuberlich in das Pfarrbuch eintrug, sondern ihren zukünftigen Gatten, dem sie eingeredet hatte, er hätte eine ›Minderjährige‹ geschwängert und jetzt, als Ehrenmann, keine andere Wahl, als sie zu heiraten.

Pater Henry E. Daly, der die Trauung vollzog, hatte keine Zweifel, daß bei dieser Eheschließung etwas nicht stimmte. Eine prinzliche Hochzeit und keine Hochzeitsgäste! Keine Familienangehörigen in der Kirche außer der Mutter der Braut. Und keine Trauzeugen! In letzter Minute mußten zwei Angestellte der Pfarrkanzlei, John Stokes und Bernard Howard, einspringen und als Trauzeugen fungieren, weil niemand anderer da war. Alles höchst irregulär, wenn man den Stand des Bräutigams in Betracht zog. Aber da sein Vorgesetzter, der Generalvikar, ihm diese Eheschließung ausdrücklich aufgetragen hatte, durften seine eigenen Bedenken keine Rolle spielen. Er traute das Paar in einer kurzen, einfachen Zeremonie.

Was Pfarrer Daly nicht wußte, war, daß die Braut durch ihre fürsorgliche, ältere Freundin, die Prinzessin Metternich, eine direkte Verbindung zu einem der einflußreichsten Würdenträger des Vatikans besaß – zu dem Mann, von dem man bereits als möglichem nächsten Papst sprach: Staatssekretär Kardinal Merry del Val, der für den kränkelnden Papst Pius X. die Amtsgeschäfte des Heiligen Stuhls führte.

Es war del Val gewesen, der die geheime Eheschließung arrangierte, die ohne die tatkräftige Unterstützung von höchster kirchlicher Stelle kaum zustande gekommen wäre. Die Verehelichung eines Prinzen eines der ältesten und angesehensten Fürstenhäuser, das mit allen regierenden Monarchen Europas verwandt war, und einer ›Nichtstandesgemäßen‹ war 1914 nicht nur von vornherein undenkbar, sondern nach dem Hausgesetz der Hohenlohe auch absolut »unzulässig«.

Das Haus Hohenlohe hatte im Jahre 1910 ein Familiengesetz erlassen, an das alle Mitglieder des Fürstenhauses gebunden waren. Kein Mitglied des Hauses konnte ohne die schriftliche Einwilligung des jeweiligen Oberhaupts aller Hohenlohe eine Ehe eingehen. Eine solche Einwilligung wurde jedoch nur dann erteilt, wenn es sich bei dem vorgesehenen Ehepartner um »eine Person von gleichem Rang« handelte.

Eine Vermählung des Prinzen mit einem ›Fräulein Richter‹

konnte daher überhaupt nicht in Erwägung gezogen werden. Abgesehen davon, daß die junge Dame, obwohl sie fast ausschließlich in Aristokratenkreisen verkehrte, in ihrer Vaterstadt nicht gerade den besten Leumund besaß und außerdem die Tochter eines vorbestraften Rechtsanwalts war, dem die Wiener Anwaltskammer wegen Veruntreuung von Klienten- und Mündelgeldern seine Anwaltslizenz entzogen hatte.

Das Haus Hohenlohe, das heute über tausend in alle Welt verstreute Mitglieder zählt, hat daher die geheime Eheschließung des prinzlichen Sprößlings der österreichisch-ungarischen Linie nie anerkannt. Der Rechtsanspruch der Braut auf den Titel ihres Gatten blieb deswegen für immer zumindest dubios, was sie – und später ihren Sohn – jedoch nicht weiter zu stören schien.

Trotz dieses kleinen Makels an der prinzlichen Krone auf ihrem Haupt, den ›Steph‹ Zeit ihres Lebens durch immer neue Auslegungen der Familienchronik wegzudisputieren verstand, kehrte die gebürtige ›Steffi Richter‹ nach einem kurzen Aufenthalt in Berlin als verehelichte ›Stephanie Prinzessin Hohenlohe-Waldenburg-Schillingsfürst‹ in die staunende Wiener Gesellschaft zurück. Immer hatte sie sich gewünscht, »einen Prinzen zu heiraten«. Nun hatte sie einen.

Eine bereits geplante Hochzeitsreise, eine Safari nach Afrika, auf die sich der passionierte Jäger Hohenlohe gefreut hatte, wurde wieder abgeblasen. Angeblich wegen der Schwangerschaft der jungen Frau. In Wirklichkeit, weil der Prinzessin an Intimitäten mit dem Prinzen nichts lag. Sein Titel genügte ihr, Männer hatte sie genug; und amüsantere und feurigere.

Sofort nach ihrer Rückkehr nach Wien separierte die Hausfrau das prinzliche Palais in zwei Hälften und teilte ihrem Gemahl mit, daß von nun an jeder von ihnen brav in seinem Teil bleiben werde. Dort könne jeder tun und lassen, was er will. Sie jedenfalls würde sich an diese Regel halten, und das tat sie auch. Es dauerte nicht lange, und ihre alten Freunde und Verehrer kehrten zurück. Sie nahm ihr früheres, freizügiges Leben wieder auf, als hätte sich nichts geändert. Nur mit dem einen Unterschied, daß sie zu ihren bisherigen Reizen nun auch noch einen Titel besaß und alle ihre Verehrer, mit einer einzigen Ausnahme, an Rang übertraf.

Einer der ersten, der sich wieder ihrer Gunst erfreuen durfte, war ein polnischer Lebemann, fünfundzwanzig Jahre älter als sie, Kavallerieoffizier, mit Ländereien und einem Schloß in Galizien, Graf Gisycki[1], dem sie schon als Sechzehnjährige von ihrer treuen Freundin Prinzessin Franziska (›Fanni‹) Metternich im Jockey-Club vorgestellt worden war.

Zum ständigen Circle der Prinzessin gehörten auch, wie schon vor ihrer Hochzeit, der Junggeselle Graf Rudi Colloredo-Mannsfeld, der schneidige Besitzer von Schloß Sierndorf, der nur um fünfzehn Jahre älter war als sie und den sie geheiratet hätte, wäre er nicht so knausrig gewesen, seit neuem auch die beiden Brüder Wurmbrandt-Stupach, Graf Kari und Graf Ferdinand, außerdem Paul von Anthoine, der beste Reiter des Jockey-Clubs, der schon ältere aber noch immer lebensfreudige Graf von der Pahlen, Graf Schalk, Graf Schlick; es fehlte nie an Aristokraten, die um ihre Gunst eiferten, wo immer die Prinzessin sich zeigte.

Am nächsten stand ihr jedoch ihr intimster Freund, Erzherzog Franz Salvator Toskana. Die beiden hatten einander 1911 kennengelernt, als Steffi zwanzig Jahre alt war, der Erzherzog fünfundvierzig. Franz Salvator war nicht der erste Habsburger, mit dem Steffi eine Liaison einging. Sie war bereits vor ihm mit dem Bruder des zukünftigen Kaisers, Kaiser Karl, Erzherzog Maximilian kurz intim gewesen.

Erzherzog Franz Salvator war seit über zwanzig Jahren mit der jüngeren Tochter Kaiser Franz Josephs, Erzherzogin Marie Valerie, verheiratet, die ihm in einer nach außenhin soliden Ehe zehn Kinder geboren hatte. Der Erzherzog war der erste gewesen, dem Steffi im Frühjahr 1914 gestanden hatte, daß sie schwanger war, weil er, nach ihrer Mutmaßung, der Vater war. Der Schwiegersohn des Kaisers und zehnfache Familienvater

war alles andere als entzückt über die Nachricht gewesen, und Steffi hatte versprochen, nach einem passenden Ehemann und ›Vater‹ für das zu erwartende Kind zu suchen.
Ihre Wahl fiel, wie sie Freunden später selbst erzählte, auf den Prinzen Franz Hohenlohe, den sie zwar gesellschaftlich kannte, der jedoch nur am Rande zum Kreis ihrer Verehrer gehörte und sich ihren Avancen bis jetzt stets entzogen hatte. Der österreichisch-ungarische Militärattaché am Zarenhof zu St. Petersburg hatte außer dem verlockenden prinzlichen Titel noch einen weiteren Vorteil für die Rolle, die ihm zugedacht war. Er war nicht besonders intelligent, und wie Steffi aus ihrer Aristokraten-Clique erfahren hatte, war er spielsüchtig, steckte in hohen Spielschulden und stand vor dem Ende seiner Karriere. Er war das richtige Opfer. Hilflos. Spielschulden waren in der Monarchie ›Ehrenschulden‹. Dem Schuldner, der sie nicht bezahlen konnte, blieb kein anderer Ausweg als die Pistole, der Freitod. Fräulein Richter wußte aber für den verschuldeten Prinzen noch einen anderen Ausweg.
Wie die Prinzessin in den zwanziger Jahren ihren prominenten amerikanischen Freunden, den Cushings, selbst erzählte, bot sie Prinz Hohenlohe an, seine Spielschulden zu bezahlen. Unter der Bedingung, daß er sie unverzüglich heiratete. Wenn notwendig, im geheimen und ohne die Einwilligung seiner Familie, wenn sie nicht zu bekommen war.
Der erleichterte Erzherzog Salvator half durch seinen Schwiegervater, den Kaiser, dem Plan noch nach. Der ›Alte Herr‹, von dem wir heute wissen, daß er selbst ein längeres, geheimgehaltenes Verhältnis mit einer jungen Wienerin hatte, war bereit, dem Gatten seiner Tochter aus dem ›Schlamassel‹ zu helfen. Er ebnete den Weg für die Heirat, indem er Prinz Chlodwig, dem Vater des Auserwählten, versicherte, er selbst, der Kaiser, hätte nichts dagegen, wenn sein Militärattaché, Prinz Hohenlohe, eine Bürgerliche heirate, in die er sich, wie es heißt, Hals über Kopf verliebt hat. Wenn Seine Majestät nichts dagegen hatte, was konnte Prinz Chlodwig dagegen haben? – Nichts. Nur war

er nur der Vater des Bräutigams und nicht das Familienoberhaupt der Hohenlohe. Seine Einwilligung war daher im Sinne des Familiengesetzes nicht relevant.
Der Ausbruch des Krieges im Juli rief Prinz Hohenlohe zurück zu seinem Regiment und an die Front. Der Krieg befreite ihn von der demütigenden Situation, im eigenen Haus ständig der gehörnte Ehemann zu sein.
In den ersten Dezembertagen ließ sich die Prinzessin in die Privatklinik Dr. Loew bringen, wo sie am 5. Dezember, keine sieben Monate nach ihrer Vermählung, einen kräftigen Sohn zur Welt brachte. Er sah, wie alle schmunzelnd feststellten, einem Habsburger ähnlicher als einem Hohenlohe.
Der Neugeborene wurde Franz Joseph Rudolph Hans Weriand getauft. Taufpate war Graf Rudi Colloredo-Mannsfeld. Aber da sowohl der Intimfreund als auch der angetraute Gatte mit ihrem Rufnamen Franz hießen, konnte niemand mit Sicherheit sagen, welchem von beiden zuliebe die Mutter ihren Sohn ebenfalls mit seinem ersten Vornamen ›Franz‹[2] taufen ließ. In die Taufurkunde wurde jedenfalls Franz Prinz zu Hohenlohe als Vater eingetragen. Genau wie 1891 Dr. Johann Richter in die Taufurkunde von Stefanie Juliana Richter als Vater eingetragen worden war, obwohl er es nicht war.
Ohne daß die Prinzessin es wußte, wiederholte sich bei der Geburt ihres Sohnes die familiäre Konstellation ihrer eigenen. Genau wie ihr Sohn war auch sie wie ein Kuckucksei ins fremde Nest gelegt worden. Sie wußte ihr Leben lang nicht, daß sie die Halbschwester der nach Hollywood emigrierten österreichischen Schriftstellerin und angesehenen Drehbuchautorin Gina Kaus[3] gewesen ist.
Was die Prinzessin bis zu ihrem Tode nie erfuhr, enthüllte ihre Halbschwester Gina (»Ich hab das immer schon mal aufschreiben wollen«) zum ersten Mal am 22. September 1981 in einem Schreiben an den Autor Stoiber: Nicht der arische Wiener Rechtsanwalt Dr. Johann Richter, der aus einem Bauernhof in Nordmähren stammte, sondern ein jüdischer Geldvermittler

war Steffi Richters leiblicher Vater. Während der Anwalt wegen der erwähnten Veruntreuung eine siebenmonatige Gefängnisstrafe absaß, hatte seine Frau eine mehr als bloß geschäftliche Verbindung mit dem noch ledigen Geldvermittler – dem späteren Vater Gina Kaus'. Aus diesem Wiener ›Gspusi‹ – sie aus dem vornehmen 1. Bezirk, Elisabethstraße 1, er aus dem jüdischen Ghetto in der Leopoldstadt – wurde am 16. September 1891 eine Tochter geboren.
Neunzig Jahre danach schrieb Gina Kaus aus Beverly Hills:

»... Sie fragen mich, ob ich eine Anzahl Leute aus vergangener Zeit kenne. (Der Autor hatte Frau Kaus eine Liste mit Namen geschickt.) Eine: die Prinzessin Hohenlohe. Sie war – vielleicht ohne es zu wissen – meine Halbschwester. Mein Vater – ein sehr einfacher Mann – hat gelegentlich erzählt, daß er vor seiner Heirat mit meiner Mutter ein Verhältnis mit einer Frau Richter hatte, während ihr Mann (Herr Richter) im Gefängnis war. Aber er (Herr Richter) hat das Kind (die Steffi), vielleicht gegen etwas Geld, anerkannt ...«

Da Steffis Mutter Ludmilla nachweislich aus der alten jüdischen Prager Familie Kuranda stammte und erst drei Tage vor ihrer katholischen Eheschließung im Wiener St.-Stephans-Dom mit Dr. Richter am 6. November 1884 vom jüdischen Glauben zum katholischen übergetreten ist[4], war die spätere Prinzessin Hohenlohe nach beiden leiblichen Elternteilen jüdischer Abstammung. Eine Tatsache, die ihr, wäre sie bekannt geworden, zweifellos schwer zu schaffen gemacht hätte, da sie den meisten Interviewern gegenüber, vor allem gegenüber Reportern in England und den USA, stets vehement bestritt, überhaupt jüdisches Blut zu haben.
So behauptete sie z. B. 1940 in einer der vielen Versionen ihrer Memoiren, daß beide Elternteile Österreicher waren und »beide arisch«.
Ihr Sohn ging bei der Reinwäsche seiner Vorfahren sogar noch einen Schritt weiter. Er machte seinen Großvater Richter zum Schulfreund des antisemitischen Bürgermeisters von Wien, Dr.

Gina Kaus, die Halbschwester der Prinzessin

Karl Lueger. Er schrieb in einem Manuskript, das er Autor Celovsky 1975 einsehen ließ, daß seine Mutter weder von jüdischen Eltern stamme noch in einem Ghetto zur Welt kam. Die Wahrheit sei, daß Stephanies Vater ein lebenslanger Freund und Studienkollege des damaligen Bürgermeisters von Wien war. »Und es ist allgemein bekannt, daß Dr. Lueger ein Antisemit gewesen ist.«

Dr. Lueger hat schon sieben Jahre vor Dr. Richter eine Anwaltskanzlei eröffnet und war vier Jahre älter als dieser. Es ist daher unwahrscheinlich, daß die beiden zur gleichen Zeit an der juristischen Fakultät der Wiener Universität studierten und Studienkollegen waren. Ebenso unwahrscheinlich scheint es, daß sich Dr. Lueger, der »fesche Karl«, der 1897 sein Amt als Bürgermeister antrat, ausgerechnet einen vorbestraften, auf Lebenszeit von der Anwaltskammer gesperrten und in der Folge verarmten Anwalt als »lebenslangen Freund« aussuchte. Wie auch immer, Dr. Lueger war bekannt für seinen Ausspruch ›wer a Jud ist, bestimm' ich‹ und wäre schon deswegen kein verläßlicher Alibizeuge für die nichtjüdische Abstammung der Prinzessin.

Dr. Richter hat sich von seinem wirtschaftlichen Ruin nie wieder erholt. Nach Verbüßung seiner Gefängnisstrafe verschwand er für acht Jahre aus Wien und kehrte erst 1899 wieder zurück. Die Familienlegende ist, daß er in ein Kloster eingetreten war. Steffi hat daher den Mann, den sie für ihren Vater hielt, während ihrer ersten acht Lebensjahre kaum gekannt. Sie wurde in den entscheidenden Jahren von ihrer dominierenden Mutter erzogen. Nach seiner Rückkehr versuchte sich Dr. Richter als Realitätenhändler, bot seine Dienste als Stenograph an, aber es gelang ihm nicht mehr, beruflich Fuß zu fassen. Er starb 1909, als Steffi achtzehn Jahre alt war, mittellos an einem Herzleiden im Spital der Barmherzigen Brüder.

Nach dem Verlust der Anwaltspraxis des Vaters war die Familie aus dem eleganten Luxusappartment in der unmittelbaren Nähe der k.u.k.-Hofoper in weniger vornehme Wohngegenden übersiedelt. Zuerst in den 3. und dann in den 5. Bezirk. Dort regierte die Mutter mit eiserner Hand über ihre beiden Töchter: Steffi und ihre um fünf Jahre ältere Schwester Milla, nach der Mutter ›Ludmilla‹ getauft.

Steffi besuchte die Volksschule in der Hegelgasse und anschließend die Bürgerschule. In beiden wurde sie wegen ihres Vaters gehänselt. Was aus ihr früh eine Rebellin machte, wie sie 1940 in einer Skizze für ihre Memoiren selbst beschrieb. Sie spielte nie mit Puppen, hatte nie Freundinnen, sondern bevorzugte Freunde. Sie liebte Tiere, hatte Katzen und Hunde, Frösche und Salamander und sonst alles mögliche Getier in ihrer Wohnung. In der Schule war sie schlecht, und sie beschreibt sich selbst als faul und nachlässig. Sie liebte jeden Sport und traf ihre jugendlichen Freunde am Platz des Wiener Eislaufvereins, »als ich vierzehn war. Ich rollte meine Zigaretten auf dem Klo in der Schule. (. . .) Ich war sehr kokett, überhaupt nicht sentimental (. . .) und machte bereits damals eine Menge Eroberungen«.

Auf Betreiben der Mutter, aber ohne Enthusiasmus und Talent, nahm Steffi Klavierunterricht, und – ebenfalls auf Drängen der ehrgeizigen Mutter – wurde mit vierzehn als Elevin ins Ballett der Hofoper aufgenommen; obwohl sie von ihrer Figur her dafür kaum geeignet war. Sie tanzte in der »dritten Quadrille«, aber eine Karriere wurde daraus nicht. Die Vierzehnjährige hatte bereits anderes im Sinn.

Mutter Richter bläute ihren beiden Töchtern ein, daß einem im Leben nichts gegeben wird, ohne daß man selber gibt. Sie selbst wurde von einem vermögenden Kaufmann »in einem losen Verhältnis« ausgehalten. Wahrscheinlich hat ›Steph‹ deswegen ein solches Arrangement zwischen Mann und Frau ihr ganzes Leben lang als ganz natürlich empfunden.

Bei einem Sommeraufenthalt in Gmunden wurde die Vierzehnjährige trotz ihrer Jugend, und obwohl sie etwas rundlich war, was man aber damals als ›mollig‹ schätzte, zur Schönheitskönigin gewählt. Sie erhielt den ersten Preis. Über diesen denkwürdigen Tag schreibt sie in ihren Memoiren, daß sie von da an wußte, daß sie »etwas Besonderes« hatte. Man schenkte ihr Beachtung, und andere Mädchen versuchten nachzuahmen, wie sie sich kleidete oder frisierte. Der Ruf des Besonderen folgte ihr nach Wien, »und mit sechzehn galt ich allgemein als eine Schönheit. Es war angenehm, für schön gehalten und beneidet zu werden. Es war besonders nützlich für mich, denn um die gleiche Zeit hatte ich mich entschlossen, daß es mein Ziel im Leben war, einen Prinzen zu heiraten.«

Sie probierte ihre Ambitionen zuerst bei rangniedrigeren Aristokraten, Baronen und Grafen, aus.

Gina Kaus, die ihre Halbschwester nicht ganz aus den Augen verlor, obwohl die Familien der beiden Halbgeschwister wenig voneinander sahen (»nur alle paar Jahre«), schreibt darüber in ihrem Brief:

»... Ich hab immer ein gewisses Interesse für meine Halbschwester Steffi gehabt, die damals eine in höchsten Kreisen arbeitende Hure war. Sie hatte damals einen ganzen Kreis höchstbezahlter und hauptsächlich mit hohen Adeligen beschäftigter Damen, und sie machte auch mir ein stattliches Angebot. Ich lehnte ab, und das war das Ende unserer Bekanntschaft.«

Gina Kaus hat, ihr unbekannt, einen Zeugen für die Richtigkeit ihrer Behauptung. Dr. Hans Simon. Dr. Simon gehörte zur prominenten Wiener Gesellschaft der damaligen Zeit und kannte jeden, der sich zu ihr zählte. Hans Simon ist um 1880 geboren, sein Vater war der Schwager des Walzerkönigs Johann Strauß und für eine Zeit der Besitzer des Theaters an der Wien gewesen. Während des Weltkriegs war Dr. Simon ein Funktionär der k.u.k. Getreidebehörde, und nach dem Krieg gehörte er zur österreichischen Abordnung beim Reparationskomitee der Siegermächte. Er war außerdem eng mit den beiden berühmten Professoren der Wiener Medizinischen Schule, Dr. Emil und Dr. Otto Zuckerkandl, befreundet. Die Frau Dr. Emil Zuckerkandls, Berta, die in Wien einen berühmten ›Salon‹ unterhielt, war wiederum eng mit Lady Ethel

Snowden befreundet, die über ein Jahrzehnt lang eine intime Freundin der Prinzessin Hohenlohe war.
1941, im amerikanischen Exil, gab Dr. Hans Simon der US-Einwanderungs- und Naturalisierungsbehörde eine eidesstattliche Disposition über das curriculum vitae der Prinzessin, die auch heute noch unter Verschluß gehalten wird.

»Was ihre frühe Karriere betrifft«, tippte John T. Seeley, ›of the Special Inspection Division of the U.S. Immigration and Naturalization Service‹ in die Maschine, »so erklärte Dr. Simon, daß sie als Stephanie Richter bekannt war, die eine gewöhnliche Prostituierte gewesen ist, die sich [vor dem Ersten Weltkrieg] mehr oder weniger auf politische Klienten spezialisierte.«

Am 3. März 1976 interviewte Autor Celovsky in Rom Harry Cushing IV, den Sohn Cathleen Vanderbilts, der Stephanie Hohenlohe persönlich gut gekannt und vor allem auch aus den Erzählungen seiner Eltern, die mit ›Steph‹ in den Jahren zwischen den beiden Kriegen befreundet gewesen waren, viel über ihr Vorleben erfahren hat. Als Autor Celovsky ihn um seine Meinung zu Dr. Simons Charakterisierung der jungen Steffi Richter als ›gewöhnliche Prostituierte‹ befragte, erklärte Mr. Cushing bedächtig: »Ich glaube, was Stephie betrifft, so kann man auf sie nie das Wort ›gewöhnlich‹ anwenden.«
Bis zu ihrer Vermählung mit Prinz Hohenlohe reiste Mademoiselle Richter, stets in Begleitung eines ihrer vermögenden Verehrer, immer wieder kreuz und quer durch Europa, besuchte die fashionabelsten Bäder, mondänsten Kurorte und Spielkasinos, wo die Hautevolee der Vorkriegsjahre sich traf und amüsierte. Daneben fand sie noch Zeit, ein paar Monate in einer exklusiven Privatschule in Vevey, in der Schweiz, und einer ähnlichen in Sussex, in England, zuzubringen, um sich den letzten Schliff der großen Welt zu holen und ihre Sprachkenntnisse in Englisch und Französisch zu vervollständigen.
Reiten, das für den Umgang, den sie pflegte, ebenfalls unumgänglich war, hatte ihr Prinzessin Metternich beigebracht, die sich ihrer, seit sie zwölf Jahre alt war, annahm. ›Fanni‹ Metter-

nich, verwitwet, kinderlos, um fünfundvierzig Jahre älter als Steffi und eine frühere Klientin ihres Vaters, half ihrem Protegé nicht nur beim Reiten in den Sattel. Der illustre Name Metternich, den ihr Prinz Lothar Metternich, als er 1904 starb, mit sonst fast nichts hinterlassen hatte, öffnete jede Tür der höchsten Gesellschaft.

1912 konnte Steffi es sich leisten, ihrer Mutter die Rückkehr in die Wiener Innenstadt zu ermöglichen. Tochter und Mama übersiedelten von der Theobaldgasse im 6. Gemeindebezirk wieder in den 1. Bezirk, Opernring 11. Keine zwei Minuten von der k.u.k.-Hofoper entfernt und ebenso nahe beim Hotel Sacher, in dessen intimen ›chambres separées‹ Mademoiselle Richter häufig in Herrenbegleitung, tête-à-tête und ungestört, soupierte. Steffi wollte es der zigarrenrauchenden Besitzerin des Hotels, Frau Anna Sacher, gleichtun und ließ sich von ihren Begleitern ebenfalls gerne eine Havanna offerieren.

Im folgenden Jahr übersiedelten die Damen Richter noch einmal. In das prächtige Wohnhaus gegenüber der Oper, Kärntner Ring 2. In diesem Haus, in der elegant eingerichteten Wohnung seiner Großmutter, sollte Sohn ›Franzi‹ Hohenlohe den größeren Teil seiner ersten Lebensjahre verbringen.

Der Krieg, der wie alle glaubten, dem Kaiserreich durch die Ermordung des Thronfolgerpaares in Sarajewo aufgezwungen worden war, ließ der standesbewußten Prinzessin wenig Zeit für ihren Sohn. Die Pflicht für Kaiser und Vaterland rief sie. Sie hatte patriotische Aufgaben zu erfüllen. Wie die meisten anderen Damen der Hocharistokratie ließ sie sich vom Roten Kreuz als Krankenschwester ausbilden, damit sie sich fachmännisch um die Verwundeten kümmern könne. Nach einem Schnellsiedekurs wurde sie an die russische Front abkommandiert. Ins Feldlazarett nach Llow, wo sie mit Kammerzofe, Diener, ihrer eigenen Badewanne, einem Vorrat an Havannazigarren und in Begleitung ihrer Schwester Milla eintraf. Sie blieb nicht lange. Der Chefarzt des Feldspitals, Professor Dr. Zuckerkandl, hatte keine Verwendung für die Angereiste. »Kann sein, daß sie eine

Prinzessin ist, aber Krankenschwester ist sie keine«, soll der Befund des berühmten Mediziners gelautet haben.
Nach Wien zurückgekehrt, nahm die verhinderte Rotkreuzschwester ihre engen Verbindungen zu Erzherzog Franz Salvator wieder auf, der, zufällig, einer der Hauptorganisatoren des Österreichischen Roten Kreuzes war. 1916, beim Tod Kaiser Franz Josephs, fühlte sich ›Steph‹ durch ihre Liaison dem Kaiserhaus so nahe, daß sie beim Kondolenzbesuch der Würdenträger und der aristokratischen Verwandten der kaiserlichen Familie in der Hofburg sich unter die Trauergäste mischte, um dem toten Kaiser ebenfalls ihren Respekt zu zollen und sich von ihm zu verabschieden. Es wurde ihr nicht gestattet. Prinz Konrad Hohenlohe, zwar ein Verwandter ihres Gatten, aber in erster Linie Vertreter des Hauses Hohenlohe und jetzt Oberster Kämmerer des neuen Kaisers, Kaiser Karl, ließ sie nicht passieren. Er wies sie mit den Worten ab: »Madame, Sie sind nicht würdig, unter den anderen Trauergästen einen Platz an der Bahre dieses großen Monarchen einzunehmen. Bitte gehen Sie nach Hause.« So wurde der Vorfall in Wien jedenfalls sofort kolportiert.
Es war nicht das einzige Mal, daß die eingeheiratete Prinzessin von der Hocharistokratie geschnitten und nach Hause geschickt wurde: Prinz Hohenlohe, der 1879 in Budapest geboren wurde und dessen Mutter die ungarische Gräfin Franziska Esterhazy war, hatte nach dem Zerfall der österreichisch-ungarischen Monarchie aus familiären Gründen für die ungarische Staatsbürgerschaft optiert. Dadurch war auch seine Gattin automatisch ungarische Staatsbürgerin geworden und rechnete sich danach, ebenso automatisch, zum ungarischen Hochadel. Bei einem Ball der Esterhazys in ihrem Palais in Budapest, zu dem Prinz Hohenlohe eingeladen, aber nicht gegangen, seine Gattin jedoch uneingeladen erschienen war, nahm sie der Hausherr beim Arm und geleitete sie zu ihrer Karosse. Wie man sich in Wien bereits am nächsten Tag in den Kaffeehäusern erzählte, soll der Graf dabei gesagt haben: »Es tut mir leid,

aber da meine Gattin nicht das Vergnügen hat, Sie zu kennen, muß ich Sie ersuchen, sich zurückzuziehen.«
Der Kaffee war in den Wiener Kaffeehäusern kriegsbedingt dünn geworden, aber der Tratsch noch immer würzig.
Am 29. Juli 1920 ließ sich Prinz Hohenlohe nach sechsjähriger Ehe, während der die beiden Ehepartner einander nur selten gesehen hatten, in Budapest von seiner Frau scheiden. Es gab keine Schwierigkeiten. Knapp ein halbes Jahr danach heiratete er die ebenfalls geschiedene Gräfin Ella Bathyàny. Die Ehe blieb kinderlos.[5]
Bei ihrer Einvernahme vor der amerikanischen Einwanderungsbehörde 1941 kehrte die Prinzessin die Fakten um. Sie gab zu Protokoll, sie hätte sich von ihrem Mann scheiden lassen, »wegen einer anderen Frau«, nicht er von ihr. Ebenso unwahr war ihre Behauptung gegenüber den Regierungsbeamten, der Prinz hätte bei der Scheidung seinem Sohn, den das Gericht der Mutter zugesprochen habe, die Hälfte seines Vermögens übertragen; die Einkünfte daraus sollten von der Mutter als Vormund des Sohnes verwaltet werden. Dem staunenden Beamten erzählte sie: »Es handelt sich um drei Millionen Kronen in österreichischen und ungarischen Wertpapieren, die von der Prinzessin zuerst beim Bankhaus Rothschild in Wien deponiert, in der Folge in Schweizer Wertpapiere umgetauscht und zuletzt in amerikanische Aktien, in der Hauptsache Standard Oil, konvertiert wurden.«[6]

Mit dem Ende des verlorenen Krieges und der Vertreibung der Habsburger aus dem nun republikanischen Rumpfstaat Deutsch-Österreich verblaßte auch der Glanz des Adels. Der Wert aristokratischer Titel sank. Was nach dem Zusammenbruch zählte, war Geld. Die Prinzessin, nie die letzte, stellte ihre Beziehungen rasch auf die neue Geldaristokratie um.
Einer ihrer ersten nichtadeligen Goldfische der Nachkriegsjahre war ein griechischer Abenteurer und Millionär, der sich George de Woré nannte. Sein wirklicher Name war Anasta-

sios Damianos Vorres. Wer ihn näher kannte, durfte ihn ›Tassis‹ nennen.

›Tassis‹ stammte aus einer vermögenden Athener Familie, war um die Jahrhundertwende nach Deutsch-Südwestafrika ausgerissen und durch Landspekulationen reich geworden. Bei Kriegsausbruch war er als ›darling der griechischen Gesellschaft‹, auch des Königshauses, endgültig nach Athen zurückgekehrt. Nach einem Skandal, bei dem es um ein verschwundenes kostbares Kollier der Prinzessin Nicholas ging, mit der ›Tassis‹ angeblich intim befreundet war, floh er nach Berlin und Wien, wo er 1918 die Prinzessin Hohenlohe kennenlernte.

›Steph‹ und ›Tassis‹ waren wie füreinander geschaffen; fast gleichaltrig, abenteuerlustig, den Luxus und die vornehme Gesellschaft liebend, reisten sie in den Nachkriegsjahren kreuz und quer durch Europa, von einem Nobelort zum andern, wie ›Steph‹ es vor dem Krieg mit ihren aristokratischen Verehrern getan hatte. Sie gestand später, daß sie ›Tassis‹ geheiratet hätte, wäre er nicht der Spielleidenschaft und dem Alkohol verfallen gewesen.[7]

Ein weiterer Gönner der Prinzessin während dieser hektischen Nachkriegsjahre war, wie ihr Sohn Franz in der Biographie seiner Mutter schreibt, der Berliner Fabrikant Julius Bernstiel. Er sei »einer ihrer Sklaven« während der ganzen Inflationszeit gewesen, schreibt Franz Hohenlohe. Die Prinzessin hatte den Fabrikanten auf einer der Parties ihrer Tante Clotilde kennengelernt, der jüngsten Schwester ihrer Mutter, die 1900 in Wien den britischen Journalisten Herbert Arthur White geheiratet hatte. Ein paar Jahre später war das junge Ehepaar nach Berlin übersiedelt, wo Mr. White zum Korrespondenten für *United Press* und den *Daily Express* avancierte und Mrs. White einen bekannten gesellschaftlichen ›Salon‹ unterhielt. Obwohl Herr Bernstiel verheiratet war, verwöhnte er ›Steph‹ »mit kleinen Sträußen Frühlingsblumen, um die Perlenstränge gewunden waren«.

Aber ›Stephs‹ bevorzugte Jagdgründe waren in Wien. Sie war nach wie vor einer der häufigst gesehenen Gäste in den ›Sépa-

rées‹ des Sacher. Nur daß ihre Begleiter gewechselt hatten. Statt mit Grafen soupierte sie nun intim mit Männern aus der Wirtschaft, wie dem österreichischen Munitionskönig und Waffenfabrikanten Fritz Mandl. Auch der spätere Vizekanzler, Rüdiger von Starhemberg, und dessen Bruder gehörten zu ihrem Kreis.
Doch bald wurde Wien, ›der große Wasserkopf des kleinen Landes‹, der an Glanz und Glamour gewöhnten Prinzessin zu provinziell, gesellschaftlich zu dürftig und finanziell zu unergiebig. Das Leben der Reichen und Neureichen spielte sich anderswo ab. In London, Paris, auf den englischen Schlössern und in den Villen an der französischen Riviera.
Riviera. Der Name allein verzauberte. Riviera, das war ein starkes Parfüm, eine berauschende Mixtur aus alten Titeln und neuem Geld. Riviera, das war das ›ballet russe‹, mit Diaghilev und Nijinsky, Jazz in den Nightclubs, Eleganz in den Kasinos; das war Coco Chanel und ihr ›dernier cri‹ der französischen Mode. Das waren rauschende Feste, luxuriöse Villen, Yachten, Diamanten, Perlen, Roulettechips, Aktien, heimatlos gewordene russische Prinzen und Großherzöge, blasierte englische Dukes und Lords auf der Suche nach Vergnügen, amerikanische Ölmillionäre, reiche Junggesellen, gute Partien, wenn nicht für eine Heirat, dann für eine profitable Liaison.
Angezogen von diesem Magneten des Luxus und des Überflusses verkaufte die Prinzessin in Wien alles, was sie nicht mitnehmen konnte, und übersiedelte zu Beginn der ›verrückten zwanziger Jahre‹ mit Sohn, Mama, Zofe, Kammerdiener und ihrem heißgeliebten Terrier Peter nach Nizza in einen Prachtbau an der elegantesten Straße der Stadt: Promenade des Anglais Nr. 123.
Die Prinzessin fand sich rasch umgeben von alten Bekannten und Freunden und von Männern, die es werden wollten. Sie teilte ihre Gunst anfänglich zwischen zwei Russen, dem Großherzog Dimitri und dem Prinzen Yussupoff, beide schaurig berühmt durch ihre Beteiligung an der Ermordung Rasputins, des einflußreichen Mönchs am Zarenhof; zugleich rivalisierte

sie mit Coco Chanel um einen Platz im Herzen des Duke of Westminster.

›Franzi‹, der bei dieser gesellschaftlichen Hektik im Wege gewesen wäre, wurde, kaum zehn Jahre alt, in die Schweizer Privatschule ›Le Rosey‹ bei Lausanne geschickt, wo Eltern, die es sich leisten konnten, ihre Sprößlinge zur höheren Erziehung abgaben. Auch der zukünftige Monarch von Monaco, Fürst Rainier, besuchte neben anderen später prominenten Männern dieses Institut. Bald danach wechselte der junge Prinz von ›Le Rosey‹ ans ›College de Normandie‹ bei Rouen. Seine Schulbildung beendete er am ›Magdalen College‹ in Oxford.

Aus dem amerikanischen Kontingent, das in diesen Jahren an der Riviera reich und reichlich vertreten war, wählte ›Steph‹ drei Männer als ihre Amours, die nicht nur Vermögen besaßen, sondern damit auch großzügig umgingen. John Murton Gundy war einer. Groß, blond, ledig und reich, aus Ohio. Er bat ›Steph‹ angeblich um ihre Hand, was sie jedoch – wie so oft – ablehnte, da sie »auch für andere da sein wollte«.

Zum Beispiel für John B. Warden aus Pittsburgh, nicht so jung und gutaussehend wie Gundy und verheiratet, aber von seiner Frau getrennt. Dafür hatte Mr. Warden den Vorzug, daß er eine hohe Funktion bei der Standard Oil Company ausübte. In einem FBI-Bericht aus dem Jahre 1941 heißt es, daß die Prinzessin Hohenlohe von John Warden angeblich einen »gelben Diamanten« erhalten hat. Daß sie ein größeres Paket Standard Oil Aktien besaß, die sie angeblich für ihren unmündigen Sohn verwaltete, hat sie den amerikanischen Behörden im gleichen Jahr bekanntlich selbst gesagt.

Der dritte so bevorzugte Amerikaner war Captain Donald Malcolm, mit dem ›Steph‹ eine über viele Jahre währende Freundschaft unterhielt. Aber die Amerikaner besaßen keine Exklusivität, was die Gunst der amourösen Prinzessin betraf. Sie pflegte mit besonderer Aufmerksamkeit ein langjähriges Verhältnis mit Michel Clemenceau, dem Sohn des früheren französischen Ministerpräsidenten Georges Clemenceau[8]. Auch Michel Clemenceau wollte die Prinzessin angeblich heiraten. Aber auch ihn lehnte sie ab – als Ehemann.

Doch die Bindung an Michel Clemenceau scheint immerhin eng genug gewesen zu sein, daß die Prinzessin ihren ständigen Wohnsitz nach Paris verlegte. In ein luxuriöses Apartment, unweit der Champs Elysées, 45 Avenue George V. Vielleicht war es aber auch die Tatsache, daß Paris und nicht Nizza das Zentrum der mondänen Welt war, die ›Steph‹ in die französische Hauptstadt lockte. Oder ein weiterer Liebhaber: Sir William Garthwaite.

Sir William, ein Versicherungstycoon, damals um die Fünfzig, verbrachte einen Großteil seiner Zeit in Paris. Seine Pariser Adresse war interessanterweise von 1923 bis 1938 das gleiche Haus an der Avenue George V, in dem die Prinzessin mit ihrer Entourage und Dienerschaft von 1925 bis 1932 residierte.

Sir William Garthwaite spielte mehr als einmal den sprichwörtlichen Retter in der Not für seine extravagante und unberechenbare Freundin. Eines Tages behauptete die Prinzessin, sie sei bestohlen worden. Ausgeraubt am hellichten Tag. Sie hätte ihr Schließfach in einer italienischen Bank in der Rue de Péletier ausgeräumt und dessen Inhalt in ihrer Handtasche untergebracht: eine schwere und eine dünnere Perlenkette, sechs Armbänder, davon eines mit Rubinen, Saphiren und Diamanten besetzt, mehrere Ringe und Broschen, 200 Pfund in Bargeld und ihre Retourfahrkarte nach Wien. Ein Mann sei ihr von der Bank in die Parfümerieabteilung eines großes Warenhauses gefolgt, hätte ihr die Handtasche mit dem Schatz entrissen und sei auf Nimmerwiedersehen in der Menge untergetaucht. Die Londoner Boulevardblätter *Evening News* und *Daily Express* bezifferten am 2. Dezember 1921 den angeblichen Wert der Diebesbeute mit 10 000 Pfund. Die konservative *Times* begnügte sich damit, zu konstatieren, daß »der Dieb verschwand, bevor ihn irgend jemand gesehen hatte«. Was zumindest die Möglichkeit zuließ, daß er gar nicht existierte.

Obwohl sie keine Zeugen für den Diebstahl hatte, meldete die

Prinzessin den angeblichen Verlust bei der Versicherungsgesellschaft Lloyds of London an. Das Unternehmen fand jedoch keinerlei Unterlagen, daß die Prinzessin bei Lloyds überhaupt versichert war. Sie selbst konnte keine erbringen. Retter in der Not: Sir William. Er war selbst Firmenteilhaber (underwriter) bei Lloyds und unterstützte als solcher tatkräftig den Rechtsstreit seiner Freundin gegen das eigene Unternehmen. Schließlich vergütete Lloyds »nach jahrelangen gerichtlichen Auseinandersetzungen«[9] der Prinzessin ihren angeblichen Verlust.
Sir William kam ›Steph‹ nicht nur in diesem Falle zur Hilfe. Er trat 1939 bei ihrem Prozeß gegen Lord Rothermere auch als ihr einziger Charakterzeuge vor Gericht auf.

Obwohl nun Pariserin, vernachlässigte die Prinzessin während der Saison auch nicht die anderen Treffpunkte der internationalen Geldelite: Biarritz, Monte Carlo, Cannes, Nizza und den in Mode gekommenen Badeort Deauville, gleich weit von Paris und London entfernt.
Zu den neuen Intimfreunden der Prinzessin in Deauville gehörte der Mann, der als ›Ace of Diamonds‹ in der ganzen Welt bekannt war. Der Multimillionär Solly Joel, der Hauptaktionär der südafrikanischen Diamantengruben ›de Beers Consolidated Mines‹. Er war ebenso seines Reichtums wegen wie wegen seiner opulenten Lebensweise berühmt. Die gegen alle neugierigen Blicke diskret abgeschirmten Parties rund um seinen pompeianischen Swimmingpool aus italienischem Marmor gehörten zu den Highlights jeder Saison; bis Solly Joel 1931, erst sechsundsechzig Jahre alt, unerwartet starb.
Eine zweite wichtige Bekanntschaft, die ›Steph‹ in Deauville machte, war Sir Henri Deterding. Obwohl er Holländer war, besaß Sir Henri einen englischen Adelstitel. Er war ›Baronet‹. Und stolz darauf. Er war superbritisch. Die Prinzessin interessierte an dem über Sechzigjährigen mehr, daß er Vorsitzender im Aufsichtsrat der ›Royal Dutch Shell Gruppe‹ war. Sir Henri Deterding war auch der erste ausländische Großindustrielle,

den ›Steph‹ kennenlernte, der einen politisch aufstrebenden jungen Deutschen namens Adolf Hitler, von dem man damals auch in der ›feinen Gesellschaft‹ gerade Notiz zu nehmen begann, finanziell unterstützte[10]. Sir Henri sollte nicht der einzige ausländische Förderer Hitlers – vor 1933 – aus ›Stephs‹ Bekanntenkreis bleiben.

Die Geschäftstüchtigkeit der Prinzessin erstreckte sich in Deauville jedoch nicht nur auf ihre Amouren. Sie betrieb auch einen regen Handel mit alten Möbeln, die sie als kostbare Antiquitäten ausgab. Sie wandte sich an einen Möbelhändler in Paris, von dem sie wußte, daß er zwei Lagerhäuser voll alter Möbel stehen hatte. Sie überredete ihn, für sie ein elegantes Haus in Deauville zu mieten und es mit den besten Stücken aus seinem Lager einzurichten; den Rest würde sie besorgen; und den Profit sich mit ihm teilen.

Sie lud reiche Amerikaner aus ihrem Bekanntenkreis in ihr Haus zum Tee oder zu Cocktails und ließ sie ihre ›Antiquitäten‹ bewundern. Alles aus Familienbesitz. »Manche Stücke stammen noch von meinem Onkel, dem Kaiser.« Leider müsse sie sich von ihnen trennen. Sie seien verkäuflich. Sie wurden von den düpierten Amerikanern auch gekauft. Als echt. Und zu enormen Preisen.

›Steph‹ scheute nicht davor zurück, sogar den König von Spanien, Alfonso XIII., für ihre Geschäfte einzuspannen. Wie sie später ihren Freunden, Harry Cooke Cushing III, einem Investmentbanker, und seiner Frau Cathleen Vanderbilt, erzählte, die sie beide Mitte der zwanziger Jahre an der Riviera kennengelernt hatte und deren Hausgast in ihrer Sommerresidenz im englischen Dorking Surrey sie häufig war, hatte sie sich bei König Alfonso eine Dinnereinladung verschafft. Während des Dinners überredete sie den König, den Großvater des heutigen spanischen Königs Juan Carlos, daß er zu seinen regelmäßigen Parties auch Amerikaner aus bester Gesellschaft einladen solle, die sie bei ihm kennenlernen und ihrerseits zu Drinks und Tee in ihre Residenz einladen könnte. König Alfonso tat seinem charmanten Gast den Gefallen, ohne zu ahnen, daß er ihr damit neue potentielle Kunden zuführte und ihren schäbigen Geschäftspraktiken das königliche Gütesiegel verlieh.

Den größten Coup landete Prinzessin Stephanie jedoch an ihrer geliebten Riviera. Sie angelte sich den Mann, auf den sie es schon lange abgesehen hatte: Viscount Lord Rothermere. Den Besitzer der Massenblätter *Daily Mail, Evening News und Sunday Dispatch*. Neben Lord Beaverbrook der mächtigste und einflußreichste Pressezar Großbritanniens. Und wie Beaverbrook erzkonservativ.

Anmerkungen

1 Graf Gisycki war mit der amerikanischen Erbin Eleanor Medill Patterson verheiratet gewesen, die von ihm eine Tochter hatte, die sie nach ihrer Scheidung in die USA brachte. Tochter Felicia heiratete 1925 den später außerordentlich einflußreichen amerikanischen Kolumnisten Drew Pearson, der im Leben der Prinzessin Hohenlohe in den USA eine sehr wichtige Rolle spielen sollte.

2 Prinz ›Franzi‹ Hohenlohe, amerikanischer Staatsbürger, unverheiratet, lebt in der amerikanischen Nobelkolonie Palm Springs, unweit von Los Angeles, in der kalifornischen Wüste.

3 Gina Kaus, 1893 in Wien geboren, gehörte 1933 zu den ›verbrannten Autoren‹. Ihre Autobiographie *Und was für ein Leben . . .* erschien 1979 in Hamburg. Sie starb 1985 in Hollywood.

4 Siehe Taufbuch 1884, Dompfarre St. Stephan, Wien.

5 Prinz Franz Hohenlohe ist am 24. Mai 1958 in Curitiba, in Brasilien, gestorben.

6 Die Prinzessin besaß, als sie in die USA kam, tatsächlich amerikanische Aktien, auch Standard Oil, aber sie stammten von einem ihrer Gönner und waren nicht mit dem Geld ihres geschiedenen Gatten gekauft worden.

7 Er nahm sich ein paar Jahre später in St. Gilgen das Leben, wo er ›Steph‹ besucht und zu überreden versucht hatte, seine Frau zu werden, mittellos, an Auszehrung.

8 Der Sohn Michel Clemenceaus, Georges, bestätigte im April 1976 in einem Schreiben an die Autoren das Verhältnis seines Vaters mit Prinzessin Hohenlohe.

9 Prinz Franz Hohenlohe schilderte diese Episode im ursprünglichen Manuskript der Biographie seiner Mutter, in das er Autor Celovsky Einsicht gestattete. In der 1976 in London veröffentlichten Buchfassung fehlt jedoch jeder Hinweis darauf; ebenso wie der Name von Sir William Garthwaite.

10 Sir Henri Deterding unterstützte im stillen auch die rechtsextreme Organisation Sir Oswald Mosleys ›British Union of Fascists‹ (BUF) mit großzügigen Zuschüssen.

1927

Die Emissärin seiner Lordschaft

Freunde aus Amerika: Harry Cushing und seine Frau Kathleen

Auf Besuch bei den Cushings in Dorking: In der Mitte Steph, rechts von ihr Kathleen Cushing, eine geborene Vanderbilt

Freunde aus England: Philipp Snowden und seine Frau Ethel *(unten rechts)*

Für die Restauration der Monarchie:
Die Krone des Heiligen Stephan

»Ungarns Platz an der Sonne«: Lord Rothermere
zur Zeit seiner Kampagne

Bei seiner Ankunft in Budapest: Esmond
Harnsworth, der Sohn Lord Rothermeres

Prinzessin Hohenlohe hatte Lord Rothermere 1925 oder 1926 in Monte Carlo kennengelernt. Das genaue Jahr der für beide Teile so bedeutungsvollen Begegnung läßt sich nicht mehr feststellen, da die Niederschrift der Aussagen, die die Prinzessin 1939 bei ihrem sensationellen Prozeß gegen Lord Rothermere vor Gericht in London machte, bei einem Bombenangriff vernichtet wurde.
Auch über die näheren Umstände gibt es verschiedene Versionen. Fritz Wiedemann erzählte später, er wüßte von der Prinzessin, die beiden hätten sich zum ersten Mal im Spielsaal des Kasinos getroffen. Die Prinzessin hätte dem Zeitungsmagnaten am Roulettetisch mit 40 000 Francs ausgeholfen und dafür von ihm Anteile an seinem Zeitungsimperium erhalten. Sohn ›Franzi‹ schrieb, seine Mutter lernte den damals Spätfünfziger durch die Vermittlung eines englischen Ehepaares, James und Annabelle Kruze, kennen. Captain ›Jimmy‹ Kruze war bei Rothermere angestellt, und Anabelle war vor ihrer Verehelichung eine von Rothermeres rasch wechselnden jungen Bekanntschaften gewesen, die der großzügige Lord, oft für nur eine Nacht, zu ihrer eigenen Überraschung manchmal mit einem Nerzmantel oder einer Brillantbrosche entlohnte.
Gleichgültig. Wichtig ist: Mit Rothermeres Reichtum und seiner publizistischen Macht zu ihrer Verfügung konnte die Prinzessin, als seine engste Vertraute und Beraterin, die sie rasch wurde, und mit dem Stil und Aplomb, die sie selbst mitbrachte, die Bühne der internationalen Politik betreten, die sie schon so lange gelockt hatte und für die sie, ihrer ganzen charakterlichen Disposition nach, wie geschaffen war.
Die erste Frucht des neuen Einflusses auf den Zeitungsmann ließ

nicht lange auf sich warten. Am 21. Juni 1927 überraschte die *Daily Mail* ihre an leichte Boulevardkost, Mord, Raub, Scheidung und Tratsch aus dem Königshaus gewohnte Leserschaft mit einem seitenlangen Artikel außenpolitischer Art. Er war zwar von Viscount Rothermere signiert, aber verriet in allem die Handschrift seiner »ungarischen Prinzessin«. Und ihre politischen Ambitionen.

Das Traktat hieß *Ungarns Platz in der Sonne*. Es schlug auf dem Kontinent – mehr noch als bei den englischen Lesern – wie eine Bombe ein und löste sofort eine Welle wildester Spekulationen über die Absicht des Schreibers und seiner möglichen Hintermänner aus. Eine beigefügte Landkarte Ungarns und seiner Nachbarländer verdeutlichte das Anliegen des Artikels: Ungarn sei von den Siegermächten nach dem Weltkrieg unfair behandelt worden. Es sei 1919 gezwungen worden, den Vertrag von Trianon zu unterzeichnen. Aufgrund dieses Abkommens hätte es einen großen Teil seines Territoriums und seiner Bevölkerung ungerechterweise an seine Nachbarstaaten abtreten müssen. Nun sei der Zeitpunkt gekommen, daß Ungarn sich die Gebiete »solcher unbedeutenden Staaten« wie die Tschechoslowakei, Rumänien und Jugoslawien, in denen Ungarn wohnen, wieder zurückholt.

Viscount Rothermere ging nicht so weit, daß er die Ungarn aufforderte, zu den Waffen zu greifen und die abgetretenen Gebiete gewaltsam zurückzuerobern. Aber er regte immerhin – in der Rolle eines internationalen Schiedsrichters – an, in den fraglichen Gebieten von den Vereinigten Staaten überwachte Plebiszite abzuhalten. Falls die betroffenen Staaten damit nicht einverstanden seien und sich einem solchen Vorschlag »aufgrund engstirniger Vorurteile« widersetzten, so wußte der ›Diplomat‹ auch dafür eine Lösung. Die großen Bankhäuser New Yorks und Londons sollten den widerspenstigen Regierungen einfach den Kredithahn abdrehen. Dann würden sie sich schon fügen.

Ungarn sei ein »natürlicher Verbündeter Großbritanniens und

Frankreichs«, argumentierte der politisierende Zeitungslord, »und außerdem ein bewährtes Bollwerk gegen den Bolschewismus«. Daher hätte Ungarn ein angestammtes Recht auf seinen »Platz in der Sonne«.

Damit nicht genug. Der Weltpolitik machende Artikelschreiber hatte auch noch ein zweites Anliegen: die Restaurierung Ungarns als Monarchie. Die verwaiste heilige St.-Stephans-Krone sollte einen neuen Träger finden. »Warum sollten die Ungarn nicht wieder einen König haben, wenn sie es wünschen . . .?« fragte der Autor seine Leser. Ohne gleichzeitig zu erwähnen, daß diejenigen Ungarn, die sich einen König wünschten, dafür bereits einen Mann ausersehen hatten. Einen Habsburger. Den Thronfolger Otto von Habsburg. Ihn erwähnte Lord Rothermere mit keinem Wort.

Weil er und die Prinzessin, die ihm diesen monarchistischen Floh ins Ohr gesetzt hatte, dafür einen anderen Thronanwärter im Sinn hatten. Viscount Rothermere selbst. Oder wenn nicht ihn, dann sein Sohn Esmond. Und wenn nicht Rothermeres Sohn, so dachte zumindest die Prinzessin im stillen, ohne sich ihrem Gönner gegenüber zu verraten, dann ihr eigener Sohn: Franz Prinz zu Hohenlohe-Waldenburg-Schillingsfürst. Er hatte durch dessen Verwandtschaft mit den Esterhazys ihrer Meinung nach darauf Anspruch.

Viscount Rothermere dagegen, dessen ursprünglicher bürgerlicher Name Harold Sidney Harmsworth gewesen war, entstammte einfachsten Verhältnissen. Seine Vorfahren waren Landarbeiter gewesen. Erst sein Vater hatte es bis zum Schullehrer und Anwalt gebracht, war aber früh an den Folgen seiner Trunksucht gestorben. Um so erstaunlicher war daher der rasche Aufstieg der beiden Harmsworthbrüder, Alfred und Harold. Bevor sie ihren dreißigsten Geburtstag feierten, war jeder von ihnen Millionär. Alfred, später bekannt als Lord Northcliffe, selbst ein guter Journalist, als Eigentümer der ehrwürdigen *London Times*, und Harold, kein Schreiber, aber ein gewiefter Geschäftsmann, als Eigentümer der *Daily Mail* und einiger

anderer Massenblätter, die auf die Sensationslust ihrer Leser setzten.
Harold, immer ein ›Ladies' Man‹, hatte früh geheiratet: Mary Lilian. Sie hatte ihm drei Söhne geboren. Harold, Vere und den jüngsten, Esmond. Harold und Vere waren im Krieg gefallen. Esmond war ihm geblieben. Sein Stolz. Gutaussehend und ambitioniert. Mary Lilian hatte sich kurz nach Kriegsende von ihm getrennt. Sie war nach Frankreich übersiedelt, wo sie ein unabhängiges – nach Ansicht der Familie – eher frivoles Dasein führte und in Gesellschaft von Literaten wie André Gide verkehrte. Aber: Er mischte sich nicht in ihre Privatsphäre, sie nicht in seine; solange seine Schecks zu ihrem Unterhalt pünktlich eintrafen.
Der Aufstieg Harold Sidney Harmsworths im Adelsregister spielte sich zwar etwas langsamer als sein geschäftlicher ab, war jedoch ebenso unaufhaltsam. 1910 wurde er zum Baronet geadelt; 1914 zum Baron. Unmittelbar nach Kriegsende wurde er von seinem Freund, Premierminister Lloyd George, zum Viscount erhoben; gegen den Willen des Königs, George V.
Lord Rothermere hatte sich seine Adelstitel verdient. Durch Geld. Er hatte immer tief in die Tasche gegriffen, wenn es für öffentliche oder karitative Zwecke war. Einmal, während des Krieges, hatte er sich auch für ein öffentliches Amt zur Verfügung gestellt. 1917 war er Luftfahrtminister geworden. Hatte jedoch nach einigen Monaten wegen einer Kontroverse wieder abgedankt. Seither schaltete er sich nur mehr über seine Massenblätter in die Politik ein; meist bei Themen, bei denen er von vornherein mit Erfolg rechnen konnte. Weil sie seinen Lesern am Herzen lagen; zumindest dann, wenn sie in seiner Aufmachung in seinen Blättern darüber lasen.
So hatte er sich in den ersten Nachkriegsjahren, als der ›kleine Mann‹ darbte, für mehr Sparsamkeit der Regierung eingesetzt und gegen ihre angebliche Verschwendungssucht gewettert. Immer ein zügiges Thema. Anfang der zwanziger Jahre, als es wirtschaftlich wieder aufwärtsging und jeder um das bißchen

Besitz bangte, das er sich erkämpft hatte, warnte er vor der »roten Gefahr«, die alles wieder in Frage stellte. Die Angst vor dem Kommunismus war schon damals gut, um die Hysterie der Leser aufzupeitschen und Zeitungen abzusetzen, die in der Hauptsache nur aus Schlagzeilen und Bildern bestanden.

Bei den Parlamentswahlen 1924 hatte er seine Blätter in den Dienst einer antikommunistischen Kampagne gestellt, die den Konservativen zu einem überwältigenden Sieg verholfen und die Liberalen auf Jahre hinaus zurückgeschlagen hatte.

Nun hatte er, dank der Einflüsterungen seiner neuen Gefährtin, ein neues Thema: ›seine‹ Ungarn.

Der Enthusiasmus ›seiner‹ Ungarn kannte nach dem Bekanntwerden des Artikels keine Grenzen. Ihr sprichwörtliches Temperament überschlug sich vor Dankesbezeugungen. Die beiden Zwillingsstädte Buda und Pest wurden zu Ehren des Protektors Ungarns strahlend beleuchtet. Die Stadtväter übersandten ihm einen goldenen Füllhalter; zweifellos mit dem unausgesprochenen Hintergedanken, ihn zu mehr solcher Artikel zu animieren. 1200000 Ungarn unterzeichneten ein Dankesschreiben, das ihm, samt Unterschriften in fünfundzwanzig Lederbände gebunden, vom damaligen Reichsverweser Admiral Nikolaus von Horthy persönlich überreicht wurde. Horthy schrieb dreißig Jahre später in seinen Memoiren: »Wäre nicht bereits ein Datum für die Überreichung festgesetzt gewesen, so hätte sich wahrscheinlich die ganze Nation eingetragen.«

Viscount Rothermere wurde daraufhin als der »kleine Vater Ungarns« bekannt und gefeiert. Es gab keine Stadt und kein Dorf in Ungarn, das nicht eine Straße oder einen Platz nach ihm benannt hätte. Er selbst versäumte keine Gelegenheit, nach Budapest zu reisen und sich im Glanz seiner Popularität zu sonnen.

Das Jahr 1928 begann mit einer für ihn bewegenden Geste. Die Liga der ungarischen Revisionisten richtete einen Appell an das ungarische Volk: Schlag zwölf Uhr mittags, am ersten Tag des Neuen Jahres, sollte jeder Magyar ein stilles Gebet beten, daß

Lord Rothermeres Bemühungen, »den Schmerz und das Leiden des ungarischen Volkes zu lindern«, von Erfolg gekrönt würden. Noch im Januar 1928 faßte das ungarische Parlament den Beschluß, Lord Rothermere offiziell den Dank ganz Ungarns auszusprechen. Einen Monat später erbot sich die Universität von Szeged, dem englischen Lord »für seine selbstlosen Bemühungen um das ungarische Anliegen« den Ehrendoktorhut zu verleihen.

Auf den Rat der Prinzessin schickte Lord Rothermere seinen Sohn Esmond an seiner Stelle zu der Zeremonie. Die Ungarn sollten seinen strammen Nachkommen kennenlernen, riet sie; und Esmond täte es gut, ungarische Luft zu atmen und etwas Lokalkolorit aufzusaugen.

Der junge Mann aus London wußte nicht, was ihn in Budapest erwartete. Die Prinzessin, die ihn in allen ungarischen Protokollfragen instruierte, hatte ihn nicht darauf vorbereitet. Sie konnte es selbst nicht ahnen.

Die Stadt war mit tausend Fahnen beflaggt, als Esmond Harmsworth im offenen Wagen vom Bahnhof zur Stadtmitte fuhr. Eine halbe Million Menschen drängte sich entlang seines Weges, die ihn alle begrüßen und, wenn möglich, wenn sie nahe genug an ihn herankamen, ihm dankbar die Hand küssen wollten. Der Bürgermeister empfing ihn vor dem Rathaus und überreichte ihm Brot und Salz, die traditionellen Symbole des Willkommens. Der ungarische Primas, Kardinal Szeredy persönlich, spendete ihm den feierlichen Segen der katholischen Kirche.

Am Abend wurde zu Ehren des englischen Gastes im königlichen Palast ein Festdinner gegeben, und am nächsten Tag nahm Esmond, im Namen seines Vaters, ein Geschenk entgegen, das für einen orientalischen Potentaten nicht zu gering gewesen wäre: ein handgefertigtes Automobil, dessen gesamtes Chassis aus verstärktem Silber bestand und dessen Kühlerhaube mit gehämmertem puren Gold überzogen war. Es war ein Geschenk des ungarischen Autoherstellers Franz Bert und stellte einen Wert von 200000 Dollar[1] dar.

Im Foreign Office in London zog man wohl die Brauen hoch über den ›Zirkus‹, aber das allgemeine Urteil lautete: »Der geriebene Lord hat die . . . leichtgläubigen Ungarn düpiert.«
In den übrigen Regierungskanzleien Europas nahm man die Sache ernster. Vor allem in den Anrainerstaaten Ungarns war man alarmiert. Die Geheimdienste wurden eingeschaltet. Sie sollten herausfinden, wer hinter diesen merkwürdigen Machenschaften des englischen Lords steckte, von dem man wußte, daß er in keiner Weise die Unterstützung der konservativen britischen Regierung Stanley Baldwins dabei hatte; und schon gar nicht die der Labour Party unter Ramsay MacDonald. Im Gegenteil, die britische Regierung hatte der ungarischen diskret den diplomatischen Wink gegeben, vorsichtig zu sein, was Lord Rothermere betrifft.
Es dauerte nicht lange, bis man in Prag, Bukarest und Belgrad die treibende Kraft kannte. Die Inspiratorin war die österreichisch-ungarische Prinzessin Stephanie Hohenlohe.
Lord Rothermere selbst machte kein Hehl aus ihrer dominierenden Rolle. Am 30. April 1928, als die Ungarn-Kampagne in vollem Schwung war, schrieb er an die Prinzessin:

»Wie ich Ihnen schon bei verschiedenen Gelegenheiten sagte, mein Interesse an Ungarn wurde in erster Linie durch die Gespräche mit Ihnen geweckt. Ich hatte keine Vorstellung, daß die Aufzählung der Leiden und Benachteiligungen Ungarns ein so weltweites Mitgefühl auslösen würde.«[2]

Weniger leicht waren die Motive der Prinzessin zu durchschauen – für Außenstehende. Wer ›Steph‹ kannte, kannte auch diese. Es waren nicht, wie sie später behauptete, ihre »patriotischen Gefühle für Ungarn«, die sie bewegten. Was sie pausenlos antrieb, war ihre Lust an politischer Intrige und ihre Leidenschaft, die Mächtigen dieser Welt, Staatsmänner, Könige, Finanziers, Ölmillionäre, Zeitungsmagnaten, Großindustrielle, alle, die Einfluß hatten, nach Belieben wie Figuren auf dem Schachbrett der Geschichte hin- und herzuschieben und dafür bezahlt zu werden.

Als gut honorierte Emissärin und politische Beraterin Rothermeres konnte sie sich dieses nervenkitzelnde Spiel jahrelang leisten. Das Kapital, das sie selbst einsetzte, waren ihre ›Verbindungen‹. Die verkaufte sie. Vom Erlös lebte sie.

Daß ihr Lord, der alternde Viscount, manchmal auch andere Ansprüche an sie stellte, berührte sie kaum. Weder er noch sie waren sentimental. Ihre sexuelle Verbindung wurde von den meisten als gegeben hingenommen. Nazi-Würdenträger, die die beiden später kennenlernten, unterlagen sogar dem Irrtum, daß sie verheiratet wären.[3]

Die Prinzessin wurde für ihre Gunstbezeigungen jedesmal reichlich beschenkt. Sollte Lord Rothermere einmal den Obolus vergessen haben, so fand die Prinzessin offensichtlich nichts dabei, ihn daran zu erinnern. So schrieb der Viscount, allerdings einige Jahre später, 1936, an seine bereits langjährige Gefährtin:

»Ich habe es schon für nötig gefunden, Ihnen klarzumachen, daß, wenn ich Sie wiedersehen soll, Ihr ständiges Drängen auf Geld und Juwelen aufhören muß.«

Aber bis Lord Rothermere der Verbindung überdrüssig wurde, war es noch eine lange Zeit. Noch waren der Lord und die Prinzessin Alliierte und Liierte.

Es war im Winter 1928, als Lord Rothermere die monarchistische Katze aus dem Sack ließ. Er schickte ›seinen‹ Ungarn als Weihnachtsgeschenk eine politische Botschaft, in der er ihnen auseinandersetzte, daß eine Revision des Vertrags von Trianon zu ihren Gunsten wenig Erfolgschancen habe, solange sie lautstark darauf bestünden, auf den Königsthron von Ungarn einen Habsburger zu setzen. Niemand konnte übersehen, daß Lord Rothermere nicht sagte, sie könnten – oder sollten – überhaupt keinen König haben; nur keinen habsburgischen. Seiner Agentin, der Prinzessin, die zu dieser Zeit noch in Paris residierte, hatte er bereits vorher in einer persönlichen Note die Richtung für ihre Bemühungen angegeben:

»Wenn Sie die Monarchie in Ungarn retten wollen, so gibt es

nur einen Mann, der dazu fähig ist – Esmond Harmsworth. Kein Habsburger oder königlicher Prinz von sonstwo schafft es.«

Die *New York Times* interpretierte die verschlüsselte Weihnachtsbotschaft auch sofort richtig, als sie den Bericht darüber mit der Überschrift versah: »Britischer Verleger schlägt ausländischen Prinzen statt Habsburger als König vor.« Die legitimistische Bewegung Ungarns fühlte sich ›von ihrem Lord‹ schmählich hintergangen. Diejenigen, die auf einen habsburgischen König setzten, zeterten: »Betrug! Der heilige Thron St. Stephans soll für britische Pfund verschachert werden!«

Aber es gab auch Elemente in Budapest, die den Wink aus London verstanden und darauf positiv reagierten. Federführend bei dieser Gruppe monarchistischer Aktivisten, die auch einen Ausländer als König akzeptierten, war der Schriftsteller Eugene Rakosi. Er teilte Lord Rothermere mit, er und seine Anhänger seien bereit, ›Ihre Lordship‹ oder ›Ihrer Lordships Sohn Esmond‹ als Kandidaten für den ungarischen Königsthron aufzustellen. Lord Rothermere, geschmeichelt in seiner Eitelkeit über die Möglichkeit, der Begründer einer Harmsworth-Dynastie in Ungarn zu sein, war, wie er später schrieb:

». . . zutiefst gerührt durch die Ehre, die mir meine ungarischen Freunde erwiesen, indem sie meinen Namen für einen der ältesten und historischsten Throne Europas vorschlugen . . .«

Rakosi hatte für diesen Vorschlag sogar die Unterstützung des italienischen Regierungschefs Benito Mussolini. Wie Rakosis Sekretär, Dr. Josef Schiller, 1933 in seinen Memoiren schrieb, verurteilte der Duce in einem Gespräch mit Rakosi, bei dem auch der Korrespondent der *Daily Mail* Ward Price anwesend war, von vornherein jeden Versuch eines Habsburgers, den verwaisten Thron von Ungarn zu besteigen, während er die Kandidatur Rothermeres ausdrücklich begrüßte.

Ein weiterer Befürworter der Idee, einen Ausländer auf den ungarischen Thron zu berufen, war der nachfolgende ungarische Ministerpräsident Julius Gömbös. Die politische Fraktion, an deren Spitze er stand, hatte ebenfalls keinen Einwand gegen

Lord Rothermere oder seinen Sohn. Gömbös, der sich nach seinem Amtsantritt als Ministerpräsident rasch mit dem eben erst zur Macht gekommenen Nazi-Regime in Deutschland anfreundete, hatte auch diese politische Linie mit dem englischen Lord und seiner Beraterin gemeinsam.

Auch die *New York Times* – vielleicht mehr aus Loyalität gegenüber einem Zeitungsherausgeber als aus politischer Einsicht – unterstützte Lord Rothermeres Thronanwärterschaft:

»Ein Land könnte wesentlich schlechter fahren«, hieß es in einem Leitartikel, »als einen englischen Zeitungsmagnaten, mit enormem Reichtum und Einfluß hinter sich, zum Lenker seines Geschickes zu berufen ... Es hat während der ganzen Geschichte immer wieder Nationen gegeben, die sich Ausländer zu ihren Herrschern wählten, weil sie selbst entweder zu schwach, zu arm oder untereinander zu zerstritten waren ... Die Magyaren würden nichts anderes tun, als einfach Macht und Führerschaft zu importieren.«

Der Pferdefuß des gutgemeinten Leitartikels war, daß er in keiner Weise den politischen Realitäten entsprach. Weder hatte Lord Rothermere je wirklichen politischen Einfluß besessen noch sein Führungstalent unter Beweis gestellt; und was seinen stärksten Trumpf, seinen angeblichen enormen Reichtum betraf, so war dieser eher im Ab- als im Zunehmen. Was er besaß, waren die ›Verbindungen‹ seiner Prinzessin und die Faszination, die Macht auf sie ausübte; eigene oder die ihrer Schützlinge; gleichgültig ob im geheimen oder für alle sichtbar.

Der Widerstand gegen die Strategie der Prinzessin kam jedoch nicht nur von den Legitimisten, die auf die Habsburg-Dynastie eingeschworen waren. Es war ›Stephs‹ scharfem Auge nicht entgangen, daß die beiden einflußreichsten Männer Ungarns sich von dem Begeisterungstaumel bei der Begrüßung des jungen Harmsworth in Budapest sichtbar distanziert hatten.

Weder der damalige Ministerpräsident, Graf Stefan Bethlen, noch der eigentliche Regent, Reichsverweser Admiral Horthy, hatte Esmond Harmsworth offiziell empfangen oder sich an den

Begrüßungsfeierlichkeiten beteiligt. Dem Lord gegenüber hatten sie es mit Protokollvorschriften zu erklären versucht. Aber sie wußte es besser. Sie wußte, Graf Bethlen war nach wie vor ein Verfechter der habsburgischen Thronfolge, und Admiral Horthy verdächtigte sie, nicht ohne Grund, sich mit geheimen Plänen für seine eigene Dynastie zu tragen.

Die Bemühungen ›Stephs‹ waren daher, solange Graf Bethlen im Amt war, blockiert. Außerdem hatte der Enthusiasmus für ›seine‹ Ungarn beim Pressezaren, der gewohnt war, rasch ans Ziel zu kommen, etwas nachgelassen. Er sponserte 1931 gemeinsam mit einem ungarischen Wursterzeuger in Flint, im amerikanischen Bundesstaat Michigan, noch den Non-Stop-Flug eines auf »Gerechtigkeit für Ungarn« getauften Flugzeugs von Neufundland nach Budapest; das war aber auch alles.

Auch die Prinzessin war durch andere Dinge abgelenkt. Familiäre. 1927, als Rothermeres Ungarn-Kampagne auf Hochtouren lief, und vielleicht nicht ganz zufällig zu diesem Zeitpunkt, ergriff die ungarische Regierung die Initiative und schlug der britischen den Austausch von Militärattachés vor. Für den Posten in London nominierte Budapest einen »Prinzen Hohenlohe, der vor dem Weltkrieg österreich-ungarischer Militärattaché in St. Petersburg gewesen war«.

Der britische Gesandte in Budapest, Sir Colville Barclay, hatte gegen die Bestellung Hohenlohes keinen Einwand. Dafür um so mehr des Prinzen Ex-Gattin. Sobald sie durch ihren steten Verbindungsmann zu Ungarn, den ungarischen Gesandten in London, Baron Rubido-Zichy, von der Berufung erfuhr, setzte sie sofort alle Hebel in Bewegung, um sie wieder rückgängig zu machen. Was sie an ihr vor allem störte, war, daß ihr Ex-Gatte zweifellos nicht allein, sondern natürlich mit seiner neuen Frau, Prinzessin Ella Hohenlohe, geborene Gräfin Batthyani, nach London übersiedeln würde.

Zwei Prinzessinen Hohenlohe in einer Stadt, das war für ›Steph‹ indiskutabel. Noch dazu, wo sie für alle die »frühere« war, während die »jetzige« bei jeder Gesellschaft und jedem Empfang am Arm des Prinzen erscheinen würde. – Nein. Diese öffentliche Zurücksetzung vor ihren Freunden würde sie zu verhindern wissen. Wozu hatte sie ihre Verbindungen? Nur für andere?

Wie ›Franzi‹ schrieb, bedrängte seine Mutter Lord Cromer, der Lord Chamberlain bei Hofe war, die Berufung seines Vaters zu annullieren. Offensichtlich mit Erfolg. Denn Tatsache ist, der neue ungarische Militärattaché in London hieß nicht Hohenlohe, sondern Vitéz Béldy, und Prinz Hohenlohe trat bald danach einen anderen Posten an: bei der ungarischen Schlafwagengesellschaft.

Im Sommer 1932 schien Lord Rothermere die Aussichtslosigkeit des Unternehmens eingesehen zu haben, zu dem ihn seine ›politische Beraterin‹ gedrängt hatte. Er stellte die fünfjährige Kampagne endgültig ein und votierte für einen Habsburger. Am 29. Juli schrieb er an die Prinzessin, er sei nun zu der Überzeugung gekommen, daß »Otto von Habsburg der einzig mögliche Thronfolger für Ungarn« sei. Er bat sie, nach Budapest zu reisen und diesbezüglich die Meinung »hochgestellter ungarischer Persönlichkeiten« auszuforschen, bevor er seine geänderte Absicht publik mache.

Seine Agentin scheint ihm dafür rasch grünes Licht gegeben zu haben. Denn bereits am 24. August blies Lord Rothermere den eigenen Feldzug ab. Er bediente sich dazu wiederum seines Blattes, der *Daily Mail*. In einem von ihm gezeichneten Artikel erörterte er noch einmal die Ereignisse von 1928 und dankte seinen »ungarischen Freunden« für das ihm damals gemachte »ehrenvolle Angebot«. Aber, so behauptete er nun, vier Jahre später, »schon damals schien es ihm nicht im besten Interesse Ungarns zu sein, einen Monarchen außerhalb seiner eigenen Dynastie und Rasse zu suchen«.

Die Harmsworth-Dynastie hatte abgedankt, noch bevor sie den Thron bestieg, und einem Habsburger den Vortritt gelassen. Zweifellos dachte der Zeitungszar, mit dieser großzügigen Geste seinen Millionen Lesern gegenüber sein Gesicht gewahrt zu

haben. Um es auch gegenüber ›seinen‹ Ungarn nicht ganz zu verlieren, schickte er die Prinzessin zwei Monate später noch einmal als seine Botschafterin nach Budapest.
Sie sollte bei den gleichen »hochgestellten Persönlichkeiten« (Horthy und Gömbös) Erkundigungen einholen, »auf welche Weise er der ungarischen Sache weiterhin dienlich sein kann«. Die Antwort für ihren Herrn wurde der Emissärin von Horthy mündlich aufgetragen. Der Schriftverkehr zwischen der ungarischen Regierung und dem gescheiterten Thronbewerber war offensichtlich beendet.
Aber mit Ungarn war das Repertoire der Prinzessin an Staaten und Staatsmännern, die Hilfe brauchten, noch lange nicht erschöpft. Vorerst brauchte sie jedoch selbst Hilfe.
Als das neue Jahr, 1932, begann, standen die Finanzen der Prinzessin nicht zum besten. Die unbezahlten Rechnungen häuften sich. Der Börsenkrach von 1929 in New York und die nachfolgende Weltwirtschaftskrise hatten viele der Quellen zum Versiegen gebracht, die für sie in früheren Jahren scheinbar so unerschöpflich geflossen waren. Von Lord Rothermere bezog sie kein ständiges Einkommen und keine Apanage. Nur einen allfälligen Scheck für dieses und jenes; und das gelegentliche Schmuckstück. Davon konnte sie die teure Miete nicht bezahlen.
Im Januar bat sie ihren Gönner, ihr 1000 Pfund zu leihen. Aber der sonst so großzügige Millionär winkte ab. Es blieb ›Steph‹ nichs anderes übrig, als noch im gleichen Monat, mitten im Winter, ihre ›gute Adresse‹, das geräumige, elegante Appartement an der vornehmen Avenue George V. aufzugeben und in ein billigeres Quartier in der Avenue Montaigne zu ziehen. Es war offensichtlich, etwas mußte geschehen, und zwar rasch.
Dieser Ansicht war auch der Mann, der ihr unter anderem als finanzieller Berater zur Seite stand: Captain Malcolm. Einer ihrer drei Amerikaner aus den unbeschwerten Ferienzeiten in Deauville. Er war ihr auf seine Weise treu geblieben, und sie ihm. Auf ihre Weise. Er führte sie aus, stand ihr zur Verfügung,

wenn sie eine männliche Begleitung brauchte, war ihr Tennispartner und ritt mit ihr aus. So hielt ihre Freundschaft über Jahre. Captain Donald Malcolm, ein stattlicher Neu-Engländer, der seinen Offizierstitel auch nach dem Krieg nicht abgelegt hatte, lebte seit Kriegsende in Europa als internationaler Bankier und Investmentberater. Er hatte sich einen makellosen britischen Akzent angewöhnt und verkehrte, wenn er in London war, im traditionsgeheiligten St. James Club. In Paris, seinem ständigen Wohnsitz, lebte er mit seinem greisen Vater und einem Sohn aus einer früheren Ehe im Hotel St. Regis. Aber der Finanzkrach an der Wallstreet hatte auch ihn um den größten Teil seines Vermögens und um viele seiner reichen Klienten gebracht, so daß er mit dem Rest sparsam umgehen und sich selbst einschränken mußte. Er spielte sogar mit dem Gedanken, in die Staaten zurückzugehen, und bewarb sich um einen Posten in der Roosevelt-Administration, den er jedoch nicht bekam. Er war einer von 550 Bewerbern um die eine Stelle gewesen.

Es war Captain Malcolm, der ›Steph‹ riet, ihre Beziehungen zu Lord Rothermere auf eine gesichertere und vor allem dauerhaftere Basis zu stellen. Als erfahrener Finanzmann schlug er ihr vor, den politisch noch immer ambitionierten, aber auf diesem Gebiet offensichtlich naiven Zeitungsmillionär dazu zu bringen, mit ihr einen schriftlichen Vertrag zu schließen. Das müßte ihr, richtig lanciert und zur rechten Stunde vorgebracht, doch gelingen. Es gelang ihr. Lord Rothermere unterzeichnete den Vertrag, den Captain Malcolm für seine Freundin konzipiert hatte.

Nach ›Franzi‹ Hohenlohe schloß seine Mutter den Vertrag mit Lord Rothermere am 27. Juli 1932[4]. Der Vertrag sicherte der Prinzessin auf die Dauer von drei Jahren ein jährliches Einkommen von 5000 Pfund samt Vergütung aller Spesen. Dafür verpflichtete sie sich, dem Vertragspartner, Lord Rothermere, »Ideen zu liefern«.

Während der fünfeinhalb Jahre, die sich der Zeitungsmillionär an den Vertrag hielt, bis er ihn anfangs 1938 aufkündigte, kassierte die Prinzessin eine Viertelmillion Dollar. Eine für damalige Verhältnisse enorme Summe. Sie hatte auf lange Zeit ausgesorgt und konnte sogar ihrem Freund, Captain Malcolm, die Ehe anbieten, als ihm das Wasser der finanziellen Schwierigkeiten bis ans Kinn reichte; ein Rettungsring, den dieser jedoch nicht ergriff.

Ungefähr um die gleiche Zeit, als die Prinzessin ihre vertragliche Vereinbarung mit dem Viscount einging, erhielt sie unerwartet eine Offerte, die sie nicht ausschlagen konnte, da es wie ein Geschenk der Götter genau zu ihrer neuen Lage paßte.

Ein guter Bekannter, Monsieur Cigolini, der frühere Direktor des Hotel du Palais in Biarritz, in dem sie oft abgestiegen war, hatte die Leitung des soeben fertiggestellten neuesten Luxushotels Londons, des Hotel Dorchester, übernommen. Er machte der Prinzessin das Angebot, sich bei stark reduzierter Miete – offensichtlich als aristokratisches Aushängeschild für die neue Nobelbleibe – permanent in seinem Etablissement niederzulassen. Die Prinzessin nahm das Angebot gnädig an.

Noch im Sommer übersiedelte sie mit ›Mama‹ und Hund nach London; in eine elegante, blitzneu eingerichtete Doppelsuite mit zwei Schlafzimmern, sieben Fenstern und einem weiten Blick auf das Grün des Hyde Parks. ›Steph‹ hatte nun wieder eine ›gute Adresse‹, die ihrer neuen Position entsprach. Captain Malcolm, den nach ihrer Abreise nichts mehr in Paris hielt, übersiedelte mit ihr. Er bezog ein an die Zimmerflucht der Prinzessin anschließendes Appartement.

Sofort nach ihrer Übersiedlung nach London wurde die vertraglich bestallte »Ideenspenderin« des politischen Möchtegerns Rothermere, der, wie ›Steph‹ später dem FBI erzählte, »in jedem Land Europas eine Monarchie etablieren wollte«, auf Reisen geschickt.

Zuerst nach Steenockerzeel in Belgien, zu der dort im Exil lebenden österreichischen Kaiserin Zita. Dann nach Doorn, in Holland, wo Kaiser Wilhelm II. mit seiner Familie im Exil residierte. Die Prinzessin sollte als Rothermeres Emissärin herausfinden, welche Möglichkeiten die beiden verbannten Monarchen sahen, daß ihre Herrscherhäuser, die Habsburger in Ungarn und Österreich, das Geschlecht der Hohenzollern in Deutschland, wieder an die Macht gelangen könnten; und was der englische Zeitungslord mit Geld und Einfluß beizutragen in der Lage wäre.

Lord Rothermere, der immer für autoritäre Machtausübung war, hielt die Restaurierung der beiden Monarchien nur für eine Frage der Zeit. Die Zeit arbeitete für sie, davon war er überzeugt. Die Weltwirtschaftskrise schüttelte Europa. Fast jeden Tag krachten Banken. Kaiser und Könige würden, seiner Meinung nach, der wirtschaftlichen Misere weit besser Herr werden als die gewählten Volksvertreter eines parlamentarischen Systems; also wird man sie zurückrufen.

Am 6. Juni, nach einer Informationsreise durch Deutschland, breitete er seine diesbezüglichen Erkenntnisse vor den Lesern des *Daily Mail*, dem gewohnten Vehikel für seine politischen Phantastereien, aus. Er schrieb, man könne heute keine sicherere Voraussage in Europa machen, als daß »in etwa achtzehn Monaten von jetzt wieder ein Hohenzoller auf dem deutschen Thron sitzen wird«. Denn, so erläuterte er mit naiver Logik: »Monarchies are good for business.«

Die Prinzessin wurde von Ihrer Majestät der Kaiserin, der Witwe Kaiser Karls und der Mutter Otto von Habsburgs, auf Schloß Steenockerzeel zwar empfangen und angehört, aber das Angebot des englischen Lords, der österreichischen Ex-Kaiserin zehn Jahre lang eine jährliche Apanage von 100 000 Dollar zu zahlen, wurde trotz der finanziellen Schwierigkeiten, in denen sich die kaiserliche Familie nach ihrer Vertreibung aus Österreich befand, als ›vulgär‹ zurückgewiesen.

Die Prinzessin kehrte mit dem Rolls Royce, den sie sich von ihrem Auftraggeber als Geschenk für ihre Mission ausbedungen hatte, »da sie nicht mit der Eisenbahn zur Kaiserin reisen konnte«, unverrichteter Dinge nach London zurück. Auch ›Stephs‹ Besuch in Doorn brachte nicht das ersehnte ›go ahead‹ für den monarchiebesessenen Lord.

›Steph‹ ließ für ihre zweite Reise ihre Verbindungen spielen und verschaffte sich durch den Kaiserssproß, Kronprinz Wilhelm, den sie gesellschaftlich gut kannte – nach ›Franzi‹ hatte er mit seiner Mutter längere Zeit geflirtet –, Zugang zum deutschen Ex-Kaiser. Ihr Auftrag war, den abgedankten Monarchen zu bewegen, zur gegenwärtigen Weltlage und zur Möglichkeit einer zukünftigen Rückkehr der Hohenzollern öffentlich Stellung zu nehmen. Wilhelm II. winkte ab. Nur wenn das deutsche Volk ihn zurückriefe, könne eine solche Möglichkeit ins Auge gefaßt werden. Aber auf die Volksmeinung in Deutschland hatte auch ein so mächtiger Mann wie Lord Rothermere keinen Einfluß.
Nach dieser Abfuhr waren die Hohenzollern für Lord Rothermere erledigt. Aber die Habsburger hatte er noch nicht abgeschrieben; wenigstens nicht für Ungarn. Vor Jahresende schickte er seine reisende Botschafterin noch einmal nach Ungarn. Diesmal nicht zu Horthy, von dem er nach dessen letzter Nachricht überzeugt war, daß er selbst ein Auge auf den St.-Stephans-Thron hatte, sondern zu Ministerpräsident Julius Gömbös. Sie sollte bei ihm noch einmal sondieren, ob die Ungarn nicht doch bereit wären, Zitas ältesten Sohn Otto zu ihrem König zu machen; bevor es zu spät sei, ließ Rothermere den ungarischen Ministerpräsident warnen. Denn der Zeitungsmagnat sah wieder einmal die ›rote Gefahr‹ über Europa heraufziehen. ›Steph‹ hatte die strikte Anweisung, Gömbös vor Augen zu halten, daß »das monarchistische Führungsprinzip das mächtigste Bollwerk gegen den Bolschewismus darstellt.«
Ministerpräsident Gömbös empfing die Prinzessin herzlich, hörte sich ihren Auftrag an und gab ihr ein persönliches Schreiben für ihren Lord mit, in dem es hieß, die Antwort auf seine Frage würde ihm die Prinzessin mündlich überbringen. Gömbös, wie Horthy vor ihm bei ähnlicher Gelegenheit, wollte sie offensichtlich nicht dem Papier anvertrauen. Sie kann, nach dem weiteren Verlauf der Geschichte, für Rothermere und seine Pläne kaum ermutigend gewesen sein.
Aber der ambitionierte Zeitungszar gab nicht auf, sich in die

kontinentale Politik zu mischen. Er hatte ein weiteres Eisen im Feuer. Neuester Fasson. Keinen dekadenten Monarchensprößling, sondern einen Mann aus dem Volk: Adolf Hitler. Der aufstrebende Führer der NSDAP warf einen immer länger werdenden Schatten auf die politische Landschaft Deutschlands, der auch in England nicht übersehen wurde, wo sich ebenfalls faschistische Elemente abzeichneten.

Lord Rothermere, der bereits den rechtsradikalen Sir Oswald Mosley unterstützte, hatte schon seit längerem auf Hitler gesetzt und Anweisung gegeben, daß seine drei Massenblätter nur Günstiges über den neuen Mann in Deutschland schrieben. Er selbst hatte bereits am 24. September 1930, fast zweieinhalb Jahre vor Hitlers Machtergreifung, in seinem Hausblatt *Daily Mail*, in einem von ihm signierten Artikel, unter dem Titel »Ein neues Deutschland ersteht vor uns«, eine Lanze für den Nationalsozialismus gebrochen.

Eine Kopie dieses Zeitungsartikels sollte Prinzessin Hohenlohe dem Führer bei ihrem zweiten Besuch in der Reichskanzlei überreichen.

Anmerkungen

1 Das entspräche heute mindestens zwei Millionen Dollar.
2 Korrespondenz Rothermere–Hohenlohe (FBI-Archiv).
3 Siehe: Wilfred von Oven, *Presseoffizier des Propagandaministers, Mit Goebbels bis zum Ende*, Buenos Aires, 1949, Seite 182.
4 Zwei Tage bevor Rothermere ihr mitteilte, daß er den Gedanken, Esmond auf den ungarischen Königsthron zu setzen, aufgegeben hat und statt dessen für Otto von Habsburg votierte.

Stephanie von Hohenlohe bei ihrem Besuch auf dem Obersalzberg (vordere Reihe: ›Steph‹ und Magda Goebbels; hintere Reihe: Lord Rothermere, Ward Price, A. Hitler, Fritz Wiedemann, Joseph Goebbels)

1933

Die »liebe Prinzessin« des Führers

Die Hausherrin und ihre Gäste im Jagdhaus bei Fuschl:
›Steph‹ (links) mit Sohn ›Franzi‹ (daneben) und
›Steph‹ (links) u. a. mit Alan Pryce Jones (rechts außen)

Der »Berghof« im Winter:
Lord Rothermere bei seinem Besuch auf dem Obersalzberg

Gut bekannt mit ›Steph‹
und Rothermere: Kronprinz
Wilhelm

Anfang Dezember 1933 stand Prinzessin Hohenlohe, die gebürtige Wiener Jüdin Steffi Richter, zum ersten Mal vor Adolf Hitler, der weder die Juden noch die Wiener mochte. Die Audienz in der Reichskanzlei war von ihrem guten Freund, Kronprinz Wilhelm [1], arrangiert worden.

Gemeinsam mit ›Steph‹ hatte der Kronprinz, der mit dem engagierten Monarchisten Rothermere in freundlichem Briefwechsel stand, den einflußreichen Zeitungsmann schon seit der Machtergreifung Hitlers gedrängt, doch endlich persönlich Kontakt zu dem neuen Mann in Berlin aufzunehmen, den er aus der Ferne schon lange bewunderte und publizistisch, wie er nur konnte, unterstützte.

Lord Rothermere und seine politische »Ideenspenderin« hatten den Kronprinzen in diesem Jahr mehr als einmal zu Gesprächen in seiner Residenz in Potsdam besucht. Denn trotz der schroffen Abfuhr durch Wilhelms Vater sah Rothermere den Erstgeborenen des Hohenzollerngeschlechts noch immer als zukünftigen Herrscher Deutschlands. Bis der Kronprinz ihn davon überzeugte, daß nicht er, sondern Hitler zum Retter Deutschlands ausersehen sei. »Ich allein werde es nie schaffen«, argumentierte ›Little Willie‹, wie Prinz Wilhelm von seinen Freunden genannt wurde. »Wenn überhaupt, dann nur mit einem Mann wie Hitler als Reichskanzler an meiner Seite. Schon allein meinetwegen müssen Sie mit ihm in Verbindung treten.«

Rothermere ließ sich überzeugen. Einmal überzeugt, war er Feuer und Flamme für ›seinen‹ Mann in Berlin. »Ich habe es immer gewußt«, versicherte er der über seinen raschen Gesinnungswechsel erstaunten Prinzessin während der Heimreise

nach London. »Dieser Hitler ist der Mann, der den Frieden retten wird!«
Kurz nach diesem gemeinsamen Besuch bei Kronprinz Wilhelm reiste die Prinzessin in der ersten Dezemberwoche im Auftrag des vom Monarchisten zum Faschisten konvertierten englischen Lords zurück nach Berlin. Sie sollte dem deutschen Reichskanzler ihre Aufwartung machen und ihm ein Schreiben Lord Rothermeres überreichen.
In Berlin angekommen, brauchte ›Steph‹ nicht lange zu warten. Kaum war sie im Hotel Adlon abgestiegen, ließ sie ihr Hohenzollernprinz wissen, der Führer sei gewillt, sie zu empfangen. Ein Termin war bereits fixiert.
Adolf Hitler empfing die Prinzessin Hohenlohe im Beisein von Staatssekretär Hans Lammers[2], dem Amtschef der Reichskanzlei, charmant mit einem altösterreichischen Handkuß. Er ließ sofort Tee servieren.
Hitler hatte sich bereits im vorhinein von seinem Außenminister, Konstantin von Neurath, über den Wichtigkeitsgrad Lord Rothermeres informieren lassen, dessen Abgesandte ihn zu sehen wünschte. Von Neurath hatte sich enthusiastisch über diese Verbindung gezeigt und ihm geraten, sich unbedingt anzuhören, was Rothermeres Vertraute zu sagen hätte. Wenn es gelänge, den englischen Zeitungszar, der einen großen Teil der öffentlichen Meinung in England kontrolliert, für die Sache des Nationalsozialismus zu gewinnen, so könnte das für das Reich von allergrößter Bedeutung sein. »Wie das Scheusal kam, sagte ich mir, für Gott und Vaterland alles«, erzählte Hitler später bei einem seiner Tischgespräche, am 2. September 1942, als seine ›liebe Prinzessin‹ bei ihm längst in Ungnade gefallen war, seiner amüsierten Tischrunde höchst ungalant über diese erste Begegnung.
Die Prinzessin überreichte dem Führer das Schreiben Lord Rothermeres, das Hitler ungeöffnet an Lammers weitergab. Er bat »Hoheit«, doch bitte Platz zu nehmen. Sie saßen zu dritt in der riesigen Empfangshalle auf niedrigen, breiten, weichgepol-

sterten Fauteuils um einen niedrigen Tisch, auf dem serviert wurde.[3]

Hitler trug wie gewöhnlich seinen hellbraunen Waffenrock, ein weißes Hemd, braune Krawatte, an der ein Hakenkreuz als Krawattennadel steckte, und schwarze Uniformhosen. Dazu, wie die Prinzessin feststellte, schwarze Socken und, »äußerst unpassend«, wie sie fand, schwarze Glanzlederschuhe.

›Steph‹, immer eine gute Beobachterin von Menschen und mit einem exakten visuellen Erinnerungsvermögen ausgestattet, hatte während des zwanglosen Geplauders reichlich Muße, den Führer genau zu studieren. 1940 skizzierte sie für Dr. Kommer ein Porträt aus der Erinnerung für einen Artikel, den er für sie schreiben sollte. Das fünfseitige Manuskript trug den von der Prinzessin gewählten Titel: »Was mir auffiel, als ich Hitler zum ersten Mal begegnete.«[4]

Was die Besucherin sofort überraschte, als sie Hitler zum erstenmal gegenüberstand, war, wie unscheinbar der Führer des Deutschen Reiches aussah. Hätte sie nicht gewußt, mit wem sie es zu tun hatte, schrieb sie, so hätte sie ihn für einen kleinen Angestellten gehalten. Ihr Gesamteindruck – »aus allernächster Nähe« – war der eines äußerst sauberen, einfachen Mannes, der aufrichtig zu sein schien. Was die österreichische Pseudoaristokratin jedoch sofort irritierte, war seine Sprechweise.

Hitler sprach, dem Ohr der Prinzessin nach, 1933 ein Österreichisch der niedrigsten Klasse: »Nicht einmal Mittelstand!« Er redete ihrer Meinung nach wie ein Dienstbote, der seine Herrschaft imitiert: »Wie einer, der sich in einer Sprache auszudrükken versucht, die ihm nicht angeboren ist. Schrecklich steif und geschwollen. Sowohl in der Aussprache als auch in der Grammatik.«

Über Hitlers Äußeres schrieb die Beobachterin in ihrem Artikel, den sie vergeblich an amerikanische Zeitungen zu verkaufen versuchte:

»An seinem Aussehen überraschte mich am meisten seine Haarfarbe. Ich hatte mir sein Haar dunkel, sogar sehr dunkel vorge-

stellt. Was es jedoch nicht ist. Es ist hellbraun. Die oft karikierte Strähne, die ihm bei jeder Bewegung ins Gesicht fällt, ist in Wirklichkeit viel weniger prononciert als auf den Fotos. Er kämmt sie etwas schräg in die Stirn . . .
Das Häßlichste an seiner Erscheinung sind seine Nase, sein Schnurrbart, sein Mund und seine Füße. Seine Nase ist unproportioniert. Nicht am Ansatz, sondern von Nasenloch zu Nasenloch. Der Teil zwischen den Nasenlöchern ist sehr häßlich geformt, so daß man dauernd hinschauen muß und sich fragt, was das ist. Der tatsächlich Chaplin-ähnliche Schnurrbart, der noch kleiner ist als der ohnehin kleine Mund und wesentlich kleiner als die Nasenbasis, macht das Ganze noch auffallender . . .
Wenn Hitler spricht, so sieht man seine Zähne kaum, aber wenn man sie sieht, so ist weder ihre Farbe noch ihre Form attraktiv, und seine Vorderzähne sind mit einem dünnen Goldrand eingefaßt. Der Mund ist klein, viel zu klein für einen Mann, und wenn er ihn öffnet, so wirkt er, besonders im Affekt, äußerst unappetitlich. Er verformt sich zu einem häßlichen kleinen Loch . . .
Seine Augen, die von einem angenehmen hellen Blau sind, könnte man schön nennen, wenn sie nicht etwas hervorquellend wären. Das, zusammen mit seiner feinen, fast durchsichtigen Haut und daß er immer sehr blaß ist oder auf seinen Wangen kleine rosa Flecke erscheinen, machte mir den Eindruck, daß er nicht sehr gesund ist . . .
Das Schönste an ihm sind seine Hände. Sie sind nicht nur schön geformt, sondern tatsächlich die Hände eines Künstlers. Auch jede Bewegung, die sie ausführen, ist die Bewegung von Künstlerhänden. Der Gegensatz zwischen diesen exquisiten Händen und den vulgären Füßen könnte nicht größer sein. Nur daß er die Gewohnheit hat, daß er mit seinem Daumennagel immer nervös die Haut seines Zeigefingers kratzt, die dadurch ständig eine wunde Stelle hat.«

Als Hitler die Prinzessin verabschiedete, küßte er ihr wiederum galant die Hand. Nur ergriff er sie diesmal mit seinen beiden Händen und schüttelte sie lang und herzlich. Dabei sah er seinem Gegenüber tief in die Augen.
›Steph‹ wußte, als sie an den schwarz und silber uniformierten baumlangen SS-Wachen, die für sie Tür um Tür aufrissen, auf

ihren hohen Stöckelschuhen vorbeitrippelte, bis sie im geräumigen Treppenhaus stand, daß sie auch diesen Mann erobert hatte – so weit er sich von einer Frau erobern ließ. Wie weit das gehen könnte, beschäftigte sofort ihre weibliche Neugierde.

In einem Schreiben[5], das Prinzessin Hohenlohe dem Reichskanzler bei dieser ersten Begegnung überreicht hatte, setzte der Amateurpolitiker Rothermere Hitler seine Ansichten über eine Reihe europäischer Probleme auseinander. Als Einstand fügte er einige für Hitler schmeichelhafte Artikel bei, die bereits in seinen Blättern erschienen waren.

Hitler benutzte sein Antwortschreiben, das das Datum vom 7. Dezember trug und das der Prinzessin vor ihrer Rückkehr nach London ausgehändigt wurde, dazu, um den englischen Zeitungsmagnaten seiner ausschließlich friedlichen Absichten zu versichern; was ihm der außenpolitisch naive Lord Wort für Wort als bare Münze abnahm.

Als die Prinzessin mit Hitlers Schreiben in der Hand triumphierend vor ihrem Auftraggeber stand, war Rothermere vom Erfolg ihrer Mission so hingerissen, daß er seiner ohnehin hochdotierten Emissärin als Bonus sofort einen Scheck auf 2000 Pfund ausstellte.

Wie der Führer richtig kalkuliert hatte, startete der englische Zeitungsherausgeber in seinen drei Massenblättern sofort die gewünschte Pro-Hitler-Kampagne. Sie sollte das breite englische Leserpublikum zunächst einmal darauf aufmerksam machen, daß in dem besiegt geglaubten Deutschland ein neuer Tag angebrochen sei, dessen Herold Adolf Hitler hieß.

Kurz nach der ersten Aufwartung schickte Lord Rothermere seine Abgesandte ein zweites Mal nach Berlin; diesmal mit einem Geschenk, das den deutschen Reichskanzler beeindrukken sollte.

Die Prinzessin hatte bei Cartier in Paris für eine große Porträtfotografie Rothermeres einen schweren Goldrahmen besorgen müssen, der rund 2000 Pfund gekostet hatte. Auf die goldgerahmte Rückseite des Fotos hatte der Zeitungsmann die Seite der

Daily Mail vom 23. September 1930 kleben lassen, auf der sein Artikel über das ›Neue Deutschland‹ abgedruckt war. Darin hatte der Viscount, seiner Meinung nach mit politischer Hellseherei, für seine Leser geschrieben, daß Hitler der Mann der Zukunft sei und daß Deutschland, schon heute wiedererstarkt, sehr bald noch viel stärker werden würde. Dieses schmeichelnde Geschenk sollte die Prinzessin dem Führer als Morgengabe seines englischen Bewunderers überreichen.
Wieder, wie beim ersten Mal, wurde sie von Hitler mit einem Handkuß in der großen Empfangshalle der Reichskanzlei begrüßt. Wieder war Staatssekretär Lammers, »diesmal aber ohne Notizblock und Stift«, anwesend. Und wieder saßen sie auf den für die Prinzessin so unbequemen niedrigen weichen Polstersesseln.[6]
»Diese Stellung war für mich höchst unbequem«, schrieb die Prinzessin. »Ich mußte mit einer Hand das Bild mit dem schweren Rahmen halten und mit der anderen immer wieder meinen Rock hinunterziehen, der mir wegen des niedrigen Fauteuils ständig über die Knie hinaufrutschte. Ich hatte vor allem Angst, den streng blickenden Dr. Lammers damit zu schockieren.«
Die Prinzessin sah sich gezwungen, das große Bild ständig hochzuhalten, da sie, »weil weder H. noch sein Staatssekretär ein Wort Englisch verstanden«, von ihrem Chef den strikten Auftrag hatte, seinen Artikel, Wort für Wort, für den Reichskanzler sofort zu übersetzen, »und ihn mit dessen hellseherischem Genie zu beeindrucken«.
Das war Prinzessin Hohenlohe offensichtlich gelungen. Denn, wie sie in ihrem Manuskript berichtet: »Er (Hitler) blickte auf Dr. Lammers, als ob er sagen wollte: Sehen Sie, was für ein großer Mann ich tatsächlich bin. Sogar ein Lord hat schon so früh mein Genie erkannt. Aber der Staatssekretär reagierte überhaupt nicht. Er saß steif wie ein Stock da. Sein Fischauge starrte ausdruckslos durch sein Monokel. Die Narben in seinem Gesicht zuckten kein einziges Mal. Man hätte über den Ausdruck von Stolz und Genugtuung in Hitlers Gesicht gerührt sein kön-

nen, wenn er nicht zugleich so ordinär und komisch gewesen wäre. Die ganze Situation war lächerlich ...«
Da saß ich also und schmeichelte und tat einem Mann schön, der mir nie linkischer und plebejischer vorgekommen ist wie in diesem Augenblick«, erinnerte sich die Prinzessin im Rückspiegel der Zeit, Jahre später in den USA und nicht mehr länger im Dunstkreis des Führers.
Hitler bedankte sich überschwenglich für das Geschenk und bat die Prinzessin, »dem Lord« seinen aufrichtigen Dank zu übermitteln. »Sagen Sie dem Lord, ich bin sicher, daß seine Veröffentlichungen die Briten davon überzeugen werden, daß ein starkes und zufriedenes Deutschland der beste Garant für die Erhaltung eines dauerhaften Friedens ist.« Er entließ die Prinzessin, indem er ihr versicherte, er wisse nun, daß er in Lord Rothermere eine »verwandte Seele« gefunden hätte.
So beeindruckt Hitler von Rothermeres signierter Fotografie und dem Zeitungsartikel in dem kostbaren Goldrahmen als symbolischem Kniefall des englischen Zeitungslords zweifellos war, noch mehr beeindruckte ihn der Hinweis in Rothermeres Begleitschreiben, er sei der Ansicht, »daß einige der früheren deutschen Kolonien dem Deutschen Reich rückerstattet werden sollten«. Ein Vorschlag, den der Viscount kurz danach auch in einem Leitartikel der *Daily Mail* wiederholte.[7]
Am 3. März 1934 übergab der Reichskanzler der nun häufig zwischen London und Berlin pendelnden Abgeordneten Lord Rothermeres, die inzwischen für Hitler längst seine »liebe Prinzessin« geworden war, ein Schreiben, in dem er seine »verwandte Seele«, den Lord, einlud, ihn zu besuchen, da ihm selbst eine Reise nach England nicht möglich sei:

»... es ist mir teils durch meine heutige Stellung, teils durch sonstige Schwierigkeiten unmöglich, die Grenzen des Reiches zu verlassen. Ich habe aber der gütigen Übermittlerin des Briefes und der Andenken von Eurer Lordschaft schon mündlich gesagt, wie sehr es mich freuen würde, bei einem möglichen Besuch in Deutschland Ihnen, Lord Rothermere, im einzelnen das Bild der

Sie interessierenden europäischen Fragen so zu entwerfen, wie es sich mir darstellt.«[8]

Lord Rothermere ergriff sofort die ausgestreckte Hand und machte von der Einladung des deutschen Reichskanzlers noch im Dezember des gleichen Jahres Gebrauch. Das detaillierte Programm arbeitete die Prinzessin aus. Der Viscount, Esmond Harmsworth, den der Vater zu diesem für ihn historischen Besuch mitnahm, und die Prinzessin stiegen wie immer im Hotel Adlon ab. Wohin auch der Europakorrespondent der *Daily Mail*, Ward Price, der zur Berichterstattung zugezogen wurde, der Einfachheit halber übersiedelte.

Der Empfang Lord Rothermeres und seines Sohnes beim Reichskanzler, mit all dem martialischen Pomp der Leibgarde, der zu solchen Anlässen gehörte, war nach Rothermeres eigenen Worten »königlich«. Er war von der Begegnung mit Hitler und deren reibungslosem Ablauf so hingerissen, daß er der Prinzessin während der Rückfahrt ins Adlon versicherte, aus Dankbarkeit für dieses erfolgreiche Treffen zwischen ihm und dem Führer sollte Hitler sie zur Herzogin machen.

Am 19. Dezember lud Viscount Rothermere den Reichskanzler und seine Begleitung zum Gegenbesuch zu einem Abendessen ins Hotel Adlon. Wieder kümmerte sich die Prinzessin bis ins letzte um jedes protokollarische Detail. Trotzdem endete das Abendessen in einem Desaster.

Die Prinzessin hatte für die fünfundzwanzig geladenen Gäste große Abendtoilette vorgeschrieben: Damen in langem Abendkleid, die Herren in Frack oder Uniform mit Auszeichnungen.[9] Die Sitzordnung hatte sie nach dem Protokoll der französischen Diplomatie bestimmt. Dementsprechend saß der Gastgeber, Lord Rothermere, nicht am Kopfende, sondern in der Mitte der langen Tafel; an seiner rechten Seite sein Ehrengast, Hitler. Sie selbst hatte sich Rothermere gegenüber, in der Position der Gastgeberin, plaziert. Neben ihr saß der deutsche Botschafter in London, Joachim von Ribbentrop, dessen Anglophobie sie kannte und der sie auf diese Weise am besten Paroli bieten konnte. Frau von Ribbentrop, die noch scharfzüngiger und englandfeindlicher als ihr Gatte war, hatte sie neben Esmond Harmsworth gesetzt; ein Ehrenplatz, an dem sie am wenigsten Schaden anrichten konnte.

Außer Ward Price, der am Kopfende saß, wohin man nach diesem Ritual für gewöhnlich geduldete Journalisten setzte, war kein anderer Engländer eingeladen worden. Lord Rothermere hatte bei der Zusammenstellung der Gästeliste Wert darauf gelegt, daß sonst kein Landsmann Zeuge der Gespräche bei Tisch sein würde. Sollten sie nur raten in der britischen Botschaft, welche Pläne bei diesem Dinner geschmiedet wurden! Dort glaubten sie ohnehin, daß er das Ganze nur tat, um für die nächsten Parlamentswahlen Popularität und Stimmen zu gewinnen; als ob er kandidierte.

›Steph‹ hatte das Menü aus Rücksicht auf Hitler, der Vegetarier war, betont schlicht zusammengestellt; die anderen sollten nicht vor ihm schlemmen. Das Hauptgericht waren Brathühnchen. Für Hitler war eine vegetarische Platte bestellt worden.

Sobald die Gäste ihre Plätze eingenommen hatten, ergriff Hitler als erster das Wort. Offensichtlich pikiert, daß sich außer ihm niemand daran zu erinnern schien, begann er, so laut, daß man ihn von einem Ende der Tafel zum anderen hören konnte: »Sie wissen natürlich, daß morgen ein besonderer Tag ist. Morgen ist der zehnte Jahrestag meiner Entlassung aus Landsberg.«

Er schien sich an seine neunmonatige Festungshaft ohne jede Bitterkeit zu erinnern, denn er begann sofort ausführlich über diese Zeit zu monologisieren; eher voll Stolz als mit Ressentiment. Es sei für ihn keine verlorene Zeit gewesen, wie er seinem englischen Tischnachbarn auf Deutsch versicherte. Er habe jede Minute dieser neun Monate genutzt, um sich innerlich auf seine große Aufgabe vorzubereiten. Erst als bereits der Hauptgang serviert wurde, ging der Führer zum eigentlichen Thema des Abends über: die deutsch-englische Freundschaft und ihre Bedeutung für den Frieden Europas. Aber auch dabei kam Lord Rothermere nicht zu Wort.

Der Gastgeber hatte sich, abgestimmt mit der Prinzessin, einen Gesprächsplan für das Dinner zurechtgelegt. Einleitend wollte er den Führer über die Aktivitäten der ›Anglo-German Fellowship‹ informieren, so daß diesem bewußt wurde, daß er außer ihm auch noch andere prominente und einflußreiche Freunde in England besaß, die sich zu dieser Organisation zusammengeschlossen hatten und auf die er sich verlassen konnte. Dann wollte er dazu übergehen ...

Er kam nicht einmal bis zur ersten Etappe. Hitler überschüttete seinen Tischnachbarn mit einer pausenlosen Worttirade, von der Rothermere kein Wort verstand und die auch die Prinzessin, quer über den Tisch, nur ungenügend dolmetschen konnte. Plötzlich erschien ihr Hitler wie in einem Film, der zu schnell ablief. Sie mußte wie gebannt auf seinen sich ständig bewegenden Mund blicken und auf das Bärtchen, das darüber auf und ab hüpfte. Sie fühlte, sie hatte die Kontrolle über den Abend verloren. Hitler hatte sie an sich gerissen. Die übrigen Gäste hatten begonnen, sich gedämpft mit ihren Sitznachbarn zu unterhalten und dabei zu essen. Hitler rührte seine vegetarische Platte nicht an und nahm nur ab und zu einen Schluck Wasser – und sprach und sprach.

Als nach den zweierlei deutschen Weinen zum Dessert französischer Champagner serviert wurde – das einzige Zugeständnis, das die Prinzessin ihrem eigenen Geschmack gemacht hatte –, versuchte der Viscount, wie mit seiner Beraterin abgesprochen, einen Trinkspruch auf den ›Führer der deutschen Nation‹ anzubringen. Er stand auf, hob sein Glas, aber mehr gelang ihm nicht. Hitler ließ sich in seinem Redefluß nicht unterbrechen.

Diejenigen Gäste, die weiter entfernt von der Mitte saßen und nicht hörten, was vor sich ging, und nur sahen, daß der Gastgeber mit seinem Glas in der Hand aufgestanden war, erhoben sich ebenfalls mit den Gläsern in der Hand von ihren Sitzen. Dabei stieß jemand eine Blumenvase um, die vom Tisch rollte und klirrend zerbrach.

Alarmiert von dem Lärm und dem Tumult, der durch das Hin-

und-her-Laufen des Personals entstand – Serviererinnen, die sich bückten, um die Scherben aufzulesen, Kellner, die den nächststehenden Damen mit Servietten die kostbaren Abendgarderoben abzutrocknen versuchten –, stürmten die SS-Männer der Leibwache durch die Türen. Mit blanken Pistolen. Der Führer, noch bleicher geworden, sprang auf, winkelte seinen rechten Arm zum deutschen Gruß ab und verließ, umringt von seiner Garde, ohne jedes weitere Wort den Raum.

Die meisten seiner Getreuen, allen voran die Ribbentrops, folgten dem Führer auf dem Fuß. Nach einigen Minuten des betroffenen Schweigens löste sich der Rest der Abendgesellschaft auf.[10]

Nach diesem Abendessen im Hotel Adlon – gleichgültig ob es stürmisch oder friedlich ausging – stand der englische Zeitungslord völlig im Banne Hitlers.

Als Kronprinz Wilhelm seinem bisherigen Freund und Gönner im folgenden Sommer durch ›Steph‹ ein Schreiben zukommen ließ, in dem er Rothermere bat, das Anliegen der Hohenzollern nicht fallenzulassen, antwortete ihm der Viscount nicht einmal. Er wußte, daß sich ›Little Willie‹ von Hitler distanziert hatte, seit dieser sämtliche Feiern zum 75. Geburtstag Kaiser Wilhelms II., am 27. Januar 1934, hatte absagen lassen.

Rothermere verhielt sich auch kühl, als seine Ideenspenderin ihn im Juni 1935, praktisch am Vorabend des Beginns des Spanischen Bürgerkriegs, dazu überreden wollte, König Alfonso XIII., mit dem die Prinzessin seit den Tagen und Nächten in Deauville befreundet war, bei seinen Intrigen zur Rückkehr auf den spanischen Thron zu unterstützen.[11] Der Zeitungsmagnat traf sich zwar auf Drängen der Prinzessin mit dem in London weilenden Ex-König, machte ihm jedoch keinerlei Zusagen.

Rothermeres monarchistische Periode war endgültig zu Ende.

Um so stärker stellte der Zeitungszar die Macht seines Presseimperiums in den Dienst Hitlers. Immer willfähriger machte er seine Blätter zum Sprachrohr der Reichskanzlei. Und Hitler benutzte sie geschickt für seine Zwecke.

Am 10. März 1935 vertraute der Führer Lord Rothermeres Leibkorrespondenten, dem monokeltragenden Junggesellen Ward Price, als einzigem Journalisten an, daß er mit sofortiger Wirkung die Luftwaffe offiziell in die deutschen Wehrverbände eingegliedert habe, was natürlich eine Verletzung der Bestimmungen der Versailler Verträge bedeutete. Rothermeres *Daily Mail*, die diese Meldung exklusiv und in großer Aufmachung brachte, war von Hitler offensichtlich dazu ausersehen worden, die Reaktionen in den Kanzleien der Downing Street Nr. 10 und am Quai d'Orsay zu testen. Der Test fiel zur Zufriedenheit der NS-Machthaber aus. Es gab keine Reaktionen.
Der britische Außenminister, Sir John Simon, teilte dem House of Commons mit, daß er trotz dieser neuen Entwicklung in Kürze nach Berlin reisen werde, um mit Hitler persönlich ein Parallelwerk zum Abkommen von Locarno zu erörtern, das den osteuropäischen Staaten die gleiche Unverletzbarkeit ihrer Grenzen garantieren sollte, wie sie der zehn Jahre vorher in Locarno abgeschlossene Vertrag für die westeuropäischen Staaten vorsah. Sir John war in seinem Glauben an die Aufrichtigkeit der Friedensbeteuerungen des deutschen Reichskanzlers durch seinen Freund Lord Lothian noch bestärkt worden, der gemeinsam mit Lord Allen of Hurtwood im Februar des gleichen Jahres Hitler seine Aufwartung gemacht hatte und tief beeindruckt von diesem nach London zurückgekommen war.
Um gegenüber diesen offiziellen Kontakten nicht ins Hintertreffen zu geraten, mußte die Prinzessin während dieser Periode der Intensivierung der deutsch-englischen Beziehungen immer häufiger, wie ein diplomatischer Postillion d'amour, im Auftrag Rothermeres zwischen London und Berlin hin und her reisen.
Drei Monate nachdem Hitler, nach dem Plebiszit vom 13. Januar 1935, das Saarland ohne merkbaren Protest der Westmächte dem Deutschen Reich eingegliedert und sofort daran anschließend begonnen hatte, durch Ankurbelung der Rüstung, massive Aufstockung des Heeres und Einführung des allgemeinen Wehrdienstes nicht nur die territorialen, sondern auch die

militärischen Bestimmungen der Verträge von Versailles außer Kraft zu setzen, schickte der englische Lord seine aristokratische Abgesandte erneut auf Reisen.

In einem Schreiben vom 29. April, das die Prinzessin Hitler, wie immer, persönlich überreichte, erkundigte sich Lord Rothermere beim Führer, was er in dieser Zeit so weittragender Entscheidungen von sich aus zur »Förderung des englisch-deutschen Verständnisses beitragen kann«.

Hitlers Antwort kam prompt. In einem längeren Traktat mit Datum vom 3. Mai setzte er dem Zeitungsmann sein Konzept für eine künftige Zusammenarbeit zwischen England und Deutschland auseinander. Es war ein Gebäude des Weltfriedens, das der Architekt Hitler entwarf, das auf zwei Grundpfeilern ruhte: Deutschland und England. Sie sollten sich die Weltherrschaft teilen. »Die beiden großen germanischen Völker«, schrieb er, das englische und deutsche Volk, sollen gemeinsam »die Welt beherrschen«.

»Ein solches Abkommen zwischen England und Deutschland würde den gewichtigen Einfluß für Frieden und Vernunft von insgesamt 120 Millionen der wertvollsten Menschen der Welt darstellen. Die historisch einzigartige koloniale Fähigkeit und die Flottenmacht Großbritanniens würden mit der Macht einer der führenden Militärnationen der Welt kombiniert werden.«

Hitler vergaß beim Entwurf seines Zukunftsbildes auch die USA nicht, wo ebenfalls Teile des »germanische Volkes« lebten, und der »Bund«, finanziert von Berlin, seine nationalsozialistische Wühlarbeit begonnen hatte. »Sollte dieses Übereinkommen durch den Beitritt der amerikanischen Nation erweitert werden«, schrieb der Planer Hitler, »dann ist es schwer vorstellbar, daß jemand es wagen würde, den Weltfrieden zu bedrohen, ohne gleichzeitig auch bewußt und gezielt die Interessen der weißen Rasse zu bedrohen.«[12] Der einzige mögliche Krieg wäre demnach ein Krieg der Rassen. Weiße gegen den Rest der Welt.

Im Dezember des gleichen Jahres, 1935, mußte der Zeitungslord bereits wieder politisch aktiv werden. Die öffentliche Meinung Englands war über das kriegerische Abenteuer Benito Mussolinis gegen das Kaiserreich Äthiopien so aufgebracht, daß auch das filigrane Bauwerk einer englisch-deutschen Verständigung einzustürzen und Männer wie Rothermere unter seinen Trümmern zu begraben drohte.

Am 3. Oktober hatten italienische Streitkräfte das militärisch wehrlose Reich Kaiser Haile Selassies angegriffen, das sich praktisch mit Pfeil und Bogen gegen Tanks und Artillerie und Angriffe aus der Luft zur Wehr setzen mußte.

Hitler unterstützte seinen Gesinnungsgenossen, Il Duce, zwar mit Rohstofflieferungen, enthielt sich jedoch jeder öffentlichen Stellungnahme. Der Grund für diese Zurückhaltung wird aus der Tagebuchnotiz des amerikanischen Korrespondenten William S. Shirer[13] vom 4. Oktober, einen Tag nach Beginn der Aktion, verständlich:

»Die Wilhelmstraße ist entzückt. Entweder wird Mussolini stolpern und sich in Afrika so schwer verstricken, daß er in Europa sehr geschwächt ist, wodurch Hitler Österreich annektieren könnte, das bis jetzt vom Duce protegiert wird; oder er gewinnt, England und Frankreich zum Trotz, dann ist er reif für eine Verbindung mit Hitler gegen die westlichen Demokratien. In jedem Fall gewinnt Hitler.«

Zwei Monate nach Beginn der Invasion sprach Prinzessin Hohenlohe in der Reichskanzlei vor. Im Auftrag Rothermeres sollte sie sich bei Hitler erkundigen, welche Möglichkeiten er für die Beilegung des sich international ausweitenden Konflikts sähe. Rothermeres Blätter könnten so die Wünsche des Reichskanzlers berücksichtigen, vor allem in Hinblick auf die bevorstehende »Äthiopien-Debatte« im House of Commons. Wenige Tage später mußte die Emissärin ihrem Auftraggeber allerdings melden, daß eine Stellungnahme des Führers vor dem Termin der bereits angesetzten Unterhausdebatte nicht zu erwarten sei. Rothermere beauftragte seine Botschafterin daraufhin, Hitler »im Interesse der deutsch-englischen Freundschaft« zu einer Antwort zu drängen. »Prinzessin Hohenlohe kann Ihnen alle weiteren Informationen über das, was ich vorhabe, mündlich überbringen«, schrieb er selbst an Hitler, der sich in seinen üblichen vorweihnachtlichen Depressionen befand.

Am 20. Dezember antwortete der Reichskanzler schließlich seinem englischen Propagandisten; vor allem, weil die Prinzessin ihm in der Zwischenzeit die Wichtigkeit dessen vor Augen geführt hatte, was Rothermere plane. Nämlich, Hitlers Stellungnahme zum Abessinienkrieg nicht bloß als Stoff für einen Zeitungsartikel zu benutzen, sondern sofort an die Regierung von Premierminister Stanley Baldwin weiterzuleiten.[14]

Hitler warnte die britische Regierung in seinem Schreiben an Rothermere, daß das von Großbritannien und Frankreich beim Völkerbund beantragte Rohöl-Embargo gegen Italien »wirkungslos« bleiben wird. Gleichzeitig stellte er sich Schulter an Schulter neben Mussolini, »der (...) ganz gleich, was auch geschehen wird, eine der seltensten und bedeutsamsten Erscheinungen der Weltgeschichte ist«. Auf seine vorher propagierte Weltdominanz durch die »germanischen Völker« anspielend, deren Reinheit durch die mediterrane Rasse der neu hinzugekommenen Italiener nun etwas verfälscht erscheinen mußte, führte Hitler aus: »Dazu kommt, daß wir uns menschlich ebenso zu Engländern hingezogen fühlen, wie wir umgekehrt politisch manche Gemeinsamkeit mit dem heutigen Italien besitzen.«

Als die deutsche Wehrmacht am 7. März 1936, 25000 Mann stark, überraschend in die entmilitarisierte Zone des Rheinlands einrückte und Hitler mit diesem Fait accompli die militärische Intervention der Westmächte riskierte, leistete der englische Lord dem Führer sofort publizistische Schützenhilfe. Sämtliche Rothermere-Blätter rechtfertigten Hitlers militärische Aktion. Der Führer sollte sich noch sechs Jahre später, mitten im Krieg, dankbar an diese Unterstützung erinnern: »Aber die Haltung der *Daily Mail* damals«, reminiszierte er 1942 bei einem Tischgespräch, »als wir im Rheinland einmarschiert sind, war doch eine große Hilfe für uns!«

Hitler hatte weniger ein Einschreiten Englands als einen Gegen-

schlag Frankreichs gefürchtet, für den er noch nicht gerüstet gewesen wäre. Beides blieb aus. Das einzige, zu dem die beiden verbündeten Mächte sich aufrafften, war eine gemeinsame Verurteilung durch den ohnehin entmachteten Völkerbund.
In England, wo seit knapp zwei Monaten, nach dem Tod von König George V., der deutschlandfreundliche frühere Prince of Wales nun als König Edward VIII. herrschte, gab es, wie der damalige Außenminister Anthony Eden später in seinen Memoiren schrieb, »zu der Zeit nicht einen unter tausend, der bereit gewesen wäre, gemeinsam mit Frankreich gegen die deutsche Besetzung des Rheinlands physisch tätig zu werden«.
Damit war die englische Appeasement-Linie vorgezeichnet; der erste Schritt des Weges getan, der 1938 nach München führte. Rothermere und die Prinzessin waren eifrige Wegbereiter.
»Adolf Hitler ist heute die hervorragendste Persönlichkeit der Welt«, verkündete der Pressezar den Lesern seines Blattes. »Er ist die Verkörperung der deutschen Rasse. Ich bin zutiefst überzeugt davon, je besser die breite Masse des britischen Volkes ihn kennenlernt, desto höher wird sie ihn schätzen.«
Das Konkurrenzblatt *Daily Express* kommentierte daraufhin: »Die Daily Mail ist offensichtlich die erste Eroberung des Führers in Großbritannien.« Lord Vansittart, damals Staatssekretär im Foreign Office, beschrieb die beiden Presselords, Lord Rothermere und seinen Gesinnungsgenossen Lord Beaverbrook, in seinen Memoiren als das »häßliche Paar« und Lord Rothermere gegenüber Premierminister Baldwin als »Biene, die so laut summt, daß man sie für eine Hornisse hält«.
Aber Lord Rothermere ließ sich durch solch abfällige Bemerkungen nicht von seiner Treue zum Führer abbringen; nicht solange er die Prinzessin als seine Einflüsterin an seiner Seite hatte. »Ich muß Prinzessin Hohenlohe Glauben schenken«, bezeugte Fritz Wiedemann später, »wenn sie behauptet, daß viele der Pro-Nazi-Artikel Lord Rothermeres unter ihrer direkten Einflußnahme geschrieben wurden.«

Im Dezember des gleichen Jahres schickte Rothermere seine Botengängerin erneut zu Hitler. Diesmal mit einem Weihnachtsgeschenk, einem kostbaren Wandteppich, und einem Glückwunschschreiben zum Jahreswechsel.[15]

»My dear Reichskanzler, ich war erfreut, von Prinzessin Hohenlohe zu erfahren, daß sie trotz der ungeheuren Arbeitslast und der Last Ihrer Verantwortung geistig und körperlich in bester Verfassung sind.
Ich habe schon des längeren vorgehabt, Eurer Exzellenz als Zeichen meiner aufrichtigen Freundschaft ein Geschenk zu machen, und habe daher Prinzessin Hohenlohe gebeten, nach Berlin zu reisen und mit meinen besten Weihnachtswünschen die Tapisserie zu überbringen. Ich ließ mich bei der Wahl meines Geschenkes von dem Gedanken an den Künstler Adolf Hitler, und nicht den großen Staatsmann lenken, dessen vollkommene Indifferenz gegenüber weltlichem Besitz allgemein bekannt ist.
Ich hoffe, 1937 wird Deutschland Wohlstand und der Welt Frieden bringen.
In aufrichtiger Bewunderung und mit Ergebenheit, Ihr Rothermere.«

Prinzessin Hohenlohe hatte jedoch außer dem kostbaren Geschenk auch eine ganze Reihe politischer Fragen ihres Chefs an Hitler mitgebracht. Zu deren Beantwortung der Führer wenig Lust zeigte, weil er angeblich keine Zeit hatte. Er war durch die unmittelbar vorangegangene Abdankung des englischen Monarchen, die ihn eines Verbündeten auf dem englischen Königsthron beraubte, verstimmt; außenpolitisch war er mit der wachsenden militärischen Unterstützung Francos im Spanischen Bürgerkrieg beschäftigt – und litt gerade in diesen Tagen besonders an seinen chronischen Magenbeschwerden und an schmerzhaften Ekzemen an den Füßen. Daher schrieb er dem Lord, der die Feiertage in seiner Villa ›La Dragonière‹ an der Riviera verbrachte:

»Zu den mannigfachen Fragen, die mir Prinzessin Hohenlohe vorgelegt hat, schriftlich Stellung zu nehmen, ist nicht so sehr einfach. Außerdem bin ich zur Zeit sehr stark in Anspruch genommen. (...) Würden Sie mir, lieber Lord Rothermere, die Freude machen, etwa zwischen dem 5. und 8. Januar auf dem Obersalzberg für einen Tag mein Gast zu sein? Wir würden uns dann mündlich über alle die angeschnittenen Probleme aussprechen können.«

Die Einladung an Lord Rothermere war nur zum Teil Hitlers eigener Einfall. Sie geht zumindest zum gleichen Teil auf das Konto der Manipulierkunst der Prinzessin, die ihren Chef natürlich begleiten würde. Sie war von Hitler fasziniert – wie von jedem Mann, der Macht und Einfluß besaß – und brannte darauf, ihm persönlich näherzukommen. Sie stand ihr Leben lang unter dem Zwang, ihren Appeal als Frau an solchen Männern erproben zu müssen. Ein ungezwungenes Zusammensein auf dem ›Berghof‹, der zu einer repräsentativen Residenz ausgebaut worden war, in der winterlichen Stille der Berchtesgadener Berglandschaft, fern von militärischem Pomp, den Staatsgeschäften und den ständig anwesenden Parteibonzen in der Berliner Reichskanzlei, schien ihr dafür die beste Gelegenheit.

Das politische Motiv, das Wiedemann, den der Führer als seinen Persönlichen Adjutanten mit der Abwicklung des Besuchs betraut hatte, später der Prinzessin für ihre Bemühungen um dessen Zustandekommen zuschrieb – »sie hat aus der Überzeugung gehandelt, daß die englisch-deutsche Freundschaft wichtig für den Frieden Europas ist« –, war für ›Steph‹ kaum ausschlaggebend. Was sie trieb, war die weibliche Neugier, den Mann Hitler hinter der Maske des Führers ungestört und aus nächster Nähe beobachten zu können und als Frau in dieser Welt der Männer zu glänzen.

Es bedurfte keiner großen Überredungskunst, wie ›Steph‹, um ihren eigenen Anteil noch mehr aufzubauschen, den Cushings gegenüber später behauptete, um den Zeitungslord von der Riviera ins bayerische Oberland zu locken. Hitler sandte dem Gast seinen Sonderzug bis zur österreichischen Grenze entgegen. Lord Rothermere war von dieser Geste – und dem luxuriö-

sen Komfort des Führer-Waggons – so angetan, daß er Hitler nach Beendigung des Besuches bat, den Zug für die Rückreise bis an die Riviera benutzen zu dürfen.
Lord Rothermere und seine Begleiterin verbrachten nicht, wie Hitler ursprünglich vorgeschlagen hatte, nur einen, sondern zwei volle Tage als persönliche Gäste des Führers auf dem Obersalzberg; eine Auszeichnung, die vor ihnen keinem anderen ausländischen Gast zuteil geworden war.
Sie trafen nachts ein, sahen ihren Gastgeber allerdings erst am nächsten Morgen.
Der Tag begann spät am ›Berghof‹. Hitler stand nicht vor zehn Uhr auf, und es war fast elf, als er erschien. Man hatte mit dem Frühstück auf ihn gewartet. Es wurde familiär in einem eher kleinen Wohnraum an einem schweren Eichentisch in der Nähe des wärmespendenden Kachelofens eingenommen. Hitler trug zivile Kleidung, als er seine Gäste begrüßte. Gewohnheitsmäßig bedeutete das, daß er kein militärisches Gehabe wünschte. Er nahm zwischen seiner ›lieben Prinzessin‹ und dem Lord Platz. ›Steph‹, die kein Auge von ihm gewandt hatte, seit er den Raum betrat, bemerkte zu ihrem Entsetzen, daß er die Tasse bis zum Rand mit Zuckerwürfeln füllte, bevor er sich den Tee eingießen ließ; und schon zum Frühstück drei große Stück Kuchen verzehrte. Sie bewunderte erneut seine feingeformten Künstlerhände, die in krassem Widerspruch zu seinem verquollenen Gesicht standen; als gehörten das Gesicht und die Hände zwei verschiedenen Menschen. Sie vermutete, daß er Drogen nahm.[16]
Gleichzeitig mit Lord Rothermere und Prinzessin Hohenlohe waren auch die Goebbels' zu Gast; der NS-Propagandaminister mit seiner Frau Magda, den weder Rothermere noch die Prinzessin goutierten. Vor allem nicht, seit ihr gemeinsamer Freund, Kronprinz Wilhelm, sich in einem Schreiben an den Zeitungsmagnaten bitter über den »ehemaligen Jesuitenzögling Goebbels« beklagt hatte, der zwar »äußerst intelligent ist, aber einen demagogischen Einfluß« auf die Entscheidungen des Führers

habe. ›Little Willie‹ war überzeugt, es war nicht Hitlers, sondern Goebbels' Idee gewesen, daß der Führer ihn im Januar 1935 in die Reichskanzlei beordert und ihm dort mitgeteilt hatte, daß eine Restaurierung der Monarchie der Hohenzollern nicht mehr in Frage käme.

Während der Mahlzeiten, bei denen Hitler vor allem auf seinen englischen Gast einredete, dolmetschte die Prinzessin für ihren Lord und Hitlers persönlicher Dolmetscher, Dr. Paul Schmidt, für den Führer. Auf den langen Spaziergängen, die Hitler, in Lodenmantel und mit Filzhut, trotz der klirrenden Kälte mit seinem Gast unternahm und auf denen er mit Rothermere allein sprach, begleitete die beiden nur Dr. Schmidt.

Die Gespräche drehten sich in erster Linie um die Möglichkeit einer Allianz mit England, auf die Hitler noch immer hoffte, und wer in der britischen Regierung dafür und dagegen war. Rothermere versicherte Hitler, er und sein Freund Beaverbrook seien der festen Überzeugung, daß es zwischen England und Deutschland nie wieder Krieg geben dürfe, und ihre Zeitungen würden sich stets für die Forderungen eines dauerhaften Friedens zwischen den beiden Staaten einsetzen. Hitler war befriedigt. Wenn keine Intervention von seiten Großbritanniens zu fürchten war, so konnte er sich nach außenhin weiter als Fürsprecher des Friedens ausgeben und im geheimen für die kommende Auseinandersetzung rüsten.

Das zweite Thema war die Gefahr des Weltbolschewismus, die nach Ansicht Hitlers und Rothermeres beide Länder gleich bedrohe. Schließlich wurde auch die ›Judenfrage‹ angeschnitten. Hitler monologisierte, nur wiederkäuend, was ihm sein anglophobischer Botschafter in London, von Ribbentrop, vorgekaut hatte, daß die Anti-Nazi-Kampagne in England von Winston Churchill »im Auftrag seiner jüdischen Zahlmeister organisiert« und von »Eden, Vansittart und derengleichen« unterstützt wird. »Genau wie in Deutschland vor der Machtübernahme«, dozierte Hitler, »kontrollieren auch in England die Juden die Presse.«

Rothermere, der – gemeinsam mit Beaverbrook – einen ansehnlichen Teil der englischen Presse kontrollierte, widersprach dem Führer offensichtlich nicht. Wie Hitler sich zu einem späteren Zeitpunkt gesprächsweise daran erinnerte, erzählte ihm der Lord, »daß die Juden ihm die ganzen Annoncen gesperrt haben, um ihn ihren Wünschen willfährig zu machen«.

Die ›jüdische Frage‹ kam aber auch in einem anderen, persönlichen, Zusammenhang aufs Tapet. Dr. Goebbels, immer darauf bedacht, daß dem Führer niemand zu nahe kam, den er nicht selbst kontrollierte, hatte Hitler nach einer Mahlzeit, bei der er sich der Prinzessin gegenüber besonders animiert gezeigt hatte, zugeflüstert, daß die angeheiratete Hocharistokratin Halbjüdin sein soll. Hitler wehrte schroff ab: »Wer in Deutschland ein Jude oder eine Jüdin ist, wird von mir bestimmt.« Fast wörtlich die gleiche Formel, die sein antisemitischer Gesinnungsgenosse Dr. Karl Lueger ein halbes Jahrhundert vorher geprägt hatte.

Der Mann, der Wien und die Wiener haßte, hatte offensichtlich ein Faible für die kleine, mollige Wiener Aristokratin mit dem tizianroten Haar und den für ihn so wertvollen internationalen Kontakten, die sie, ihm zu Gefallen, jederzeit spielen ließ.

Obwohl der Führer fünf Jahre später, nach der Verbannung Wiedemanns und der Prinzessin, bei dem erwähnten Tischgespräch über den Besuch reminiszierend sagte, daß ihm »ein hübsches Kocherl sympathischer ist wie eine politisierende Dame«, erreichte die Beziehung zwischen den beiden nach ›Steph‹ sogar die äußerste Grenze der Intimität, die Hitler sich Frauen gegenüber gestattete. Wie sie nie müde wurde zu erzählen, streichelte ihr der Führer über das Haar und zwickte sie sogar einmal vertraulich in die Wange. Was für sie, die geübte Männerkennerin, sofort der Beweis dafür war, daß der Führer nicht, wie gemunkelt wurde, homosexuell veranlagt, sondern ganz »stocknormal« war.

Über den zweitägigen Besuch der beiden illustren Gäste Hitlers auf dem Obersalzberg drang kaum etwas an die Öffentlichkeit. Die Konsulatsbehörde in München berichtete darüber routinemäßig an das Außenamt in Berlin, die *London Times* erwähnte das Ereignis mit einem Satz, Rothermeres Blätter überhaupt nicht, und in den deutschen Zeitungen erschienen lediglich Bilder, ohne begleitenden Text.

Ministerialrat Alfred Berndt, zuständig für Presseangelegenheiten in Goebbels' Propagandaministerium, teilte Wiedemann, der sich auf Drängen der Prinzessin danach erkundigte, mit: »Der Reichsminister Dr. Goebbels hat in Übereinstimmung mit dem Führer die ausdrückliche Weisung erteilt, daß ausschließlich Fotografien veröffentlicht werden dürfen.«

Die Prinzessin hatte allerdings die Genugtuung, daß ihr der Führer eine davon, in Silber gerahmt, von ihm signiert und mit der Widmung versehen »Zur Erinnerung an einen Besuch in Berchtesgaden« nachsandte. Vor ihrer Rückreise nach London, während sie noch in München war, erhielt sie von Hitler als Zeichen seiner besonderen Freundschaft und Wertschätzung außerdem einen großen Strauß Rosen und einen jungen Schäferhund ins Hotel ›Vier Jahreszeiten‹ zugestellt. Um Hitler zu schmeicheln, nannte sie den Hund sofort nach dem Lieblingshund des Führers ›Wolf‹, ließ ihn jedoch bei seinen Wärtern in München zurück, während sie einen Abstecher nach Österreich machte.

Nach London zurückgekehrt, wo sie nun ein elegantes Appartement am Bryanston Square bewohnte, bedankte sie sich in einem vier Seiten langen Schreiben beim Führer. Im Tonfall eines verliebten Backfischs.

»Sehr geehrter Herr Reichskanzler,
Unser Abschied war so schnell und im Beisein so vieler Menschen – daß ich kaum Zeit hatte, Ihnen richtig für Ihre Gastfreundschaft zu danken. –
Sie sind ein charmanter Hausherr – dazu ihr schönes excellent geführtes Haus in dieser grandiosen Gegend – hinterlassen einen bleibenden schönen Eindruck. – Es ist keine leere Phrase wenn ich Ihnen Herr Reichskanzler sage daß ich jede Minute meines Aufenthalts bei Ihnen genossen habe. –
›Mein‹ Hund hat mich in München besucht; er ist sehr – sehr

schön. Der Mann welcher ihn brachte war der Ansicht daß es nicht gut wäre ihn gleich auf eine Reise mitzunehmen ohne ihn erst an mich zu gewöhnen. Da ich eine Egoistin bin und will daß er auch wirklich nur ›mein Wolf‹ sein soll – habe ich dem gleich beigestimmt und wollte Sie nun fragen ob es möglich ist den Hund bis auf weiteres dort zu behalten wo er jetzt ist – um ihn erst später bis ich zu uns nach Österr. gehe zu übernehmen?
Sie haben mir mit dem Hund eine sehr große Freude gemacht, nicht nur weil ich Hunde überhaupt adoriere – sondern auch weil Hunde für mich das Symbol der Treue und Freundschaft bedeuten – was mich in diesem Fall um so mehr freut. –
Wie schade daß sie kein gewöhnlicher Sterblicher sind, dem man sagen kann – hoffentlich sehen wir uns bald wieder etz.!
Nochmals vielen Dank für die zwei schönen Tage.
In aufrichtiger Freundschaft
Stephanie Hohenlohe

Adjutant Fritz Wiedemann antwortete auf das Schreiben, »im Auftrag des Führers«, am 20. 1. 1937:

»Der Führer läßt Ihnen mitteilen, daß Ihr Hund selbstverständlich solange in München in Pflege bleiben kann, als es Ihnen beliebt.«

Ein silbergerahmtes Führerbild mit Hitlers Widmung, ein rasch welkender Rosenstrauß und ein Hündchen, das sie nie wieder sah, waren jedoch nicht die einzigen Trophäen, die ›Steph‹ bei ihrem Besuch auf dem ›Berghof‹ gewann. Schwerwiegender und für die nächsten Jahre ihres Lebens entscheidender als das Rendezvous mit Hitler war für sie ihre Begegnung mit Wiedemann. Und die intime Beziehung, die sie entfachte und die sie vor Hitler und seinen Spitzeln geheimhalten mußten.
Solange es ging.

Anmerkungen

1 Kronprinz Wilhelm, der älteste Sohn Kaiser Wilhelms II., stand dem Nationalsozialismus anfänglich positiv gegenüber, war jedoch nie wie sein jüngerer Bruder August Wilhelm, der ›braune Prinz Auwi‹, ein begeisterter Anhänger des Regimes.

2 Hans Heinrich Lammers wurde im April 1949 in Nürnberg wegen seiner Mitverantwortung an der ›Endlösung der Judenfrage‹ zu zwanzig Jahren Gefängnis verurteilt, jedoch bereits Ende 1951 aus dem Gefängnis Landsberg entlassen.

3 »Es war für mich schrecklich unbequem«, erzählte die kleine, pummelige Prinzessin, die in der weichen Polsterung fast versank, sieben Jahre später ihrem Ghostwriter, Dr. Kommer, darüber.

4 »What struck me when I first met Hitler.«

5 Kopien dieses Schreibens und der in der Folge zitierten Korrespondenz zwischen Lord Rothermere und Hitler befinden sich u. a. im FBI-Archiv, im Deutschen Bundesarchiv in Koblenz und in der Hoover Institution in Stanford, Kalifornien.

6 Prinzessin Hohenlohe hat über diese zweite Begegnung mit Hitler ein zwei Seiten langes Manuskript verfaßt, das jedoch mitten im Satz abbricht. Es wird in der ›Hohenlohe-Collection‹ der Hoover Institution an der Universität Stanford, in Kalifornien, aufbewahrt.

7 Man hatte sich im Foreign Office in London unmittelbar nach Hitlers Regierungsantritt auf die zu erwartende Forderung des neuen Machthabers auf Herausgabe der ehemaligen deutschen Kolonien diplomatisch bereits eingestellt und ein diesbezügliches Positionspapier ausgearbeitet. Um so erstaunter war man, daß Hitler – trotz aller dahin zielenden Drohungen vor seiner Machtübernahme – keine diesbezüglichen Forderungen offiziell stellte.

8 Das deutschsprachige Konzept dieses Schreibens auf Hitlers persönlichem Briefpapier befindet sich im Bundesarchiv in Koblenz, die englische Version in der Archivsammlung des House of Lords, London, Lloyd George Papers.

9 Hitler trug Frack.

10 Der amerikanische Historiker John Toland erwähnt in seiner Hitlerbiographie (*Adolf Hitler*, New York, 1976) wohl das Dinner, aber nicht diese von der Prinzessin später in den USA kolportierte fatale Wendung des Abends. Nach Toland endete das Abendessen friedlich. Hitler lud die Nichtraucher nach Beendigung der Mahlzeit in einen anschließenden kleinen Salon, um dort die begonnenen Gespräche fortzusetzen. Die Ribbentrops folgten ihm als erste. Aber auch Lord Rothermere, der nach dem Vorbild seines Idols das Rauchen aufgegeben hatte, und die Prinzessin, die sich die gewohnte Zigarette nach dem Essen versagte, schlossen sich an.

11 Der Monarch, der unverändert an dem Gottesgnadentum seines Herrscherhauses Borbón y Austria festhielt, war 1931 außer Landes gegangen, ohne auf seinen Thron zu verzichten.

12 Lord Rothermere veröffentlichte im September 1937 dieses Schreiben Hitlers auszugsweise in der *Daily Mail* und beklagte sich gleichzeitig darüber, daß, »obwohl dieses Schreiben einem weiten Kreis führender Politiker zugänglich gemacht wurde, kein einziger von ihnen Schritte in Richtung einer englisch-deutschen Allianz unternahm«.

13 William S. Shirer *Berlin Diary*, Seite 43.

14 Tatsächlich findet sich eine Kopie des deutschen Textes von Hitlers Schreiben an Rothermere vom 20. Dezember 1935 sowie eine englische Übersetzung davon in den Archiven des Foreign Office.

15 »Bin beauftragt, für Hitler einen Wandteppich zu kaufen«, notierte die Prinzessin später. »Preis des Geschenks: 2200 Pfund. Übergebe es Hitler persönlich.«

16 Hitler hatte zwei Wochen vorher, am 25. Dezember, seinen Leibarzt gewechselt und sich Dr. Theodor Morell anvertraut, der ihm für seine gastritischen Schmerzen ein Medikament verschrieb, das Strychnin enthielt.

Die alte Reichskanzlei (früher Palais Radziwill)

1937

Die Geheimdiplomatin

Ein unversöhnlicher Feind ›Stephs‹
und Wiedemanns:
Joachim v. Ribbentrop

Eine ernstzunehmende Konkurrentin um die Gunst des Führers: Unity Mitford in britischer Faschistenuniform vor dem »Braunen Haus« in München

Auf der »Europa« nach Amerika: ›Steph‹ mit dem Persönlichen Adjutanten des Führers

Auf dem Krönungsempfang der Deutschen Botschaft: Die Gemahlin des Reichsaußenministers im Gespräch mit der Großherzogin von Hessen und der Herzogin von Kent (v. r.)

Enger Freund Wiedemanns und Vertrauter des Herzogs von Windsor: Charles Bedaux

Der als Schürzenjäger bekannte, verheiratete Bajuware Wiedemann und die geschiedene österreichische Prinzessin mit ihrer Demimonde-Vergangenheit hatten sich schon vor der offiziellen Begegnung auf dem Obersalzberg – wenigstens einmal – allein und privat getroffen. Im November 1936. Im Hotel Adlon. Als der Persönliche Adjutant des Führers unter dem Vorwand, ihr eine Fotografie und ein Schreiben Hitlers für Lord Rothermere übergeben zu müssen, bei ihr im Hotel erschien.

Das Rendezvous war von Wiedemann, einem erfahrenen Don Juan, geschickt als dienstliche Angelegenheit eingefädelt worden. Am 19. November hatte er sich bei der Prinzessin schriftlich entschuldigt, daß die Antwort des Reichskanzlers auf ein Schreiben Lord Rothermeres, auf die die Prinzessin in Berlin wartete, sich noch etwas verzögern würde und diplomatisch angefragt:

»Wäre es möglich, hochverehrte Durchlaucht, daß Sie den Brief persönlich hier in Empfang nähmen, und würden Sie mich bitte wissen lassen, wie ich Sie gegebenenfalls erreichen kann?« [1]

Die Prinzessin, die die verschleierte Aufforderung des Frauenhelden offensichtlich verstand und immer an Männern mit Einfluß interessiert war – vor allem, wenn sie wie Wiedemann groß gebaut, massig und der sportliche Typ waren – zögerte nicht lange und empfing den Führeradjutanten in ihrer Suite im ›Adlon‹, »um Hitlers Antwort persönlich entgegenzunehmen«.

Ernst ›Putzi‹ Hanfstaengl, ein Intimus des Führers aus den ersten Kampftagen und Auslandspressechef der Partei, erzählte, fast neunzigjährig, Autor Celovsky bei einem Interview im Mai 1975 in der gleichen Münchener Villa, Pienzenauerstraße 52, in der

Hitler und seine ersten Mitkämpfer in den stürmischen zwanziger Jahren häufig Zuflucht gefunden hatten: »Ja, Wiedemann hat sich in die Prinzessin verliebt, und sie haben eine Zeitlang ein Verhältnis gehabt, das sie vor Hitler geheimhalten mußten.« Dieses Verhältnis datierte wahrscheinlich von dem Novembertag 1936.
Das Gespräch, das der Autor mit ›Putzi‹ Hanfstaengl fast vierzig Jahre später darüber führte, war kurz. Der alte Herr, wenige Monate vor seinem Tod, war zwar bei klarem Verstand und ein charmanter Gastgeber, trieb jedoch eher richtungslos auf dem Meer seiner Erinnerungen: von Hitlers Lieblingsmelodien, die er sofort auf seinem Flügel intonierte, bis zum »jüdischen Blut« in Goebbels, »Synagogenprodukt« Rosenberg und Hitlers Fahrer Emil Maurice. Trotzdem, die Bemerkungen des Zeitgenossen Hanfstaengl sind interessant, da sie beweisen, daß der Background der Prinzessin schon 1936 nicht allen in der Reichskanzlei unbekannt war. Jedenfalls Hanfstaengl nicht.
»Sie war eine Jüdin«, sagte Hanfstaengl sofort, als der Autor das Gespräch auf sie lenkte. »Sie war eine sehr kluge Frau, aber eine Erpresserin. Sie hat dem Prinzen Hohenlohe vorgetäuscht, daß es sein Kind war. Ich hatte untersagt, daß sie von Hitler empfangen wird. Aber Brückner[2] half ihr. Sie wurde Wiedemanns Geliebte. Auch Hitler war vollkommen hingerissen von ihr.«

Bald nach dem Besuch auf dem ›Berghof‹ und nachdem es offensichtlich war, daß der Führer die mollige Wienerin in sein Herz geschlossen hatte, begann Hauptmann Wiedemann die Rechnungen seiner Geliebten aus der Schatulle der Reichskanzlei zu bezahlen, aus der er monatlich 20000 RM unkontrolliert entnehmen konnte. Die Prinzessin, die stets knapp bei Kasse war, hielt sich mit ihren Ausgaben – im Dienste des Führers – daher auch nicht zurück.
Im März bat sie ihren Freund, für sie ein Darlehen bei einer Bank zu arrangieren, und im Juni landete auf Wiedemanns Schreibtisch die erste einer endlosen Flut von Rechnungen seiner

hochstapelnden Geheimdiplomatin. Für ein Gelage, das die Prinzessin für vierzehn ungenannte Gäste im Nobelhotel ›Eden‹ gegeben hatte. Die Getränkerechnung für Cocktails, Whiskys, sieben Flaschen Rheinwein, vier Flaschen Champagner und ungezählte französische Cognacs belief sich auf 411,79 RM, das Monatsgehalt eines mittleren Staatsbeamten. Wiedemann zahlte prompt. Aus der Reichskasse.
›Steph‹ fand auch jedesmal, wenn sie nach Berlin kam, auf ihrem Zimmer im ›Adlon‹ zwanzig langstielige rote Rosen vor, die nicht vom Management stammten, sondern von Wiedemann. Das Stück zu einer RM. Vom exklusivsten Blumengeschäft Berlins, Hermann Rothe, Unter den Linden, geliefert. Auf Rechnung der Reichskanzlei.
Die Prinzessin revanchierte sich bei Wiedemann mit einem goldenen Zigarettenetui, das allerdings statt einer Widmung von ihr die Signatur Lord Rothermeres eingraviert trug. Offensichtlich ein Geschenk ihres früheren Verehrers an sie, das sie nun an ihren neuen weitergab.
Wiedemann versorgte seine Freundin durch das Arbeitsamt auch mit Dienstpersonal, an dem sie einen ungewöhnlich hohen Verschleiß hatte. Weil sie selten gewillt war, die vereinbarten Löhne auch tatsächlich zu bezahlen, sie oft monatelang zurückhielt oder überhaupt schuldig blieb. Diese Einstellung hatte sie von ihrer Mutter geerbt. Deren Motto war: »Dienstboten müssen sich ihren Lohn zweimal verdienen. Einmal durch ihre Arbeit und ein zweites Mal, indem sie darum bitten.«
Eines der Dienstmädchen, das Adjutant Wiedemann durch seine Beziehungen der fürstlichen Herrschaft verschaffte und für das er, wie ›Steph‹ stolz schrieb, nach Wochen auch die ›Arbeitsgenehmigung für das Ausland‹ erwirkt hatte, war ein Frl. Wally Oeler. Ihren häufigen und ausführlichen Briefen an ein Ehepaar Naggatz in Berlin verdanken wir einen intimen Einblick in den Hohenlohe-Haushalt dieser Zeit.[3]
Am 11. November 1937 schrieb das Stubenmädel aus dem Hotel Ritz in Paris an Herrn und Frau Naggatz in Berlin:

»Die Pr. ist dafür bekannt, daß sie ihre Leute nicht zahlt, drum bekommt sie in Paris kein Mädchen geschickt, wenn sie im Büro anfordert. (...) Sie glaubt, wenn sie ihren Leuten das Geld schuldig bleibt, dann sind sie gezwungen, bei ihr zu bleiben.«

Sie fragte ihre Berliner Freunde, was sie tun solle, um zu ihrem Geld zu kommen, das ihr ihre Herrschaft schon seit Monaten schulde:

»Soll ich es machen wie der englische Chauffeur mit dem sie 1936 wochenlang in Europa gereist ist? Dem gab sie nie Geld. Er legte sogar für Pr. aus, und sie zahlte ihm dann nicht. Er hat ihr einfach das Auto fortgenommen, und die englische Polizei sagt, er ist im Recht. Gibt sie Geld, kriegt sie das Auto. Bis jetzt hat sie das Auto entbehren können und noch nicht eingelöst.«

Hauptmann Wiedemann war auf den Tag genau einen Monat älter als die Prinzessin. Fünfundvierzig, als sie einander kennenlernten. Er war seit achtzehn Jahren mit der Tochter eines Züricher Seidenfabrikanten verheiratet. Seine Frau, Anna-Luise, ›Gueggi‹ genannt, war ein Jahr älter als er und hausbacken. Sie hatte ihm drei Kinder geboren: zwei Buben und ein Mädchen.

Fritz Wiedemann war 1,82 m groß, breitschultrig und athletisch gebaut. Als Adjutant des Führers hielt er sich einen Gymnastiklehrer. Er trug sein gekraustes schwarzes Haar militärisch kurz geschnitten. Mit einem Mittelscheitel. Ins rechte Auge klemmte er sich nach Offiziersart ein Monokel. Seine Brauen waren auffallend buschig und über der Nase zusammengewachsen. Die Nase war breit wie die eines Boxers, der Mund eher schmal, aber lang. Von den Mundwinkeln liefen zwei Falten zu den Nasenflügeln, die nach dem Volksglauben auf Ausschweifung deuten. Sein Kinn war kräftig und zeugte von Willensstärke.

Die Tochter des amerikanischen Botschafters in Berlin, Martha Dodd, die mit ihren Freundinnen häufig zu Parties der Nazi-Größen eingeladen wurde, war offensichtlich fasziniert von der erotischen Ausstrahlung dieses Mannes. In ihrem Buch *Through Embassy Eyes* schwärmt sie nach Backfischart von seiner äußeren Erscheinung:

»Groß, dunkel, muskulös, war er zweifellos ein Bild physischer Stärke und männlichen Muts. (...) Wiedemanns großflächiges Gesicht mit den buschigen Brauen und einer extrem niedrigen Stirn wirkte eher anziehend. (...) Aber ich gewann den Eindruck einer eher unkultivierten, primitiven Intelligenz, ausgestattet mit der Schläue und Verschlagenheit eines Tieres und alle Nuancen und Feinheiten. (...) Bestimmt war es gefährlich, sich Wiedemann in den Weg zu stellen, denn trotz seiner gesellschaftlichen Naivität und seiner fesselnden Ungehobeltheit war er genauso ein rücksichtsloser Kämpfer und Intrigant wie einige seiner Landsmänner.«

Der Hauptmann war sich seiner Attraktivität als Mann bewußt und hielt auf sein Äußeres. Für den Staatsbesuch Mussolinis im Herbst 1937 – er fuhr dem Duce bis zum Brenner entgegen – ließ er sich ein Paar Stiefel aus feinstem Glanzleder anfertigen und eine neue NSKK-Uniform nach Maß schneidern. Zusammen mehr als 500 RM. Mehr als ein Monatseinkommen jeder deutschen Durchschnittsfamilie. Fritz Wiedemann ließ sich den Betrag aus der Reichskasse als »Sonderausgabe« rückerstatten.
Dabei war Wiedemanns eigenes Einkommen für seine Bedürfnisse und die seiner Familie mehr als ausreichend: Er hatte ein privates Einkommen von seinem ›Erbhof‹ Fuchsgrub und aus seinem 75%-Anteil an der Molkerei in Pfarrkirchen; seine Hauptmannspension betrug 200 RM und sein Monatsgehalt als Adjutant anfänglich 1000, später 1500 RM. Als Mitglied des lahmgelegten Reichstags bezog er weitere 600 RM monatlich; außerdem stand ihm für »Sonderausgaben« der bereits erwähnte Fonds der Adjutantur zur Verfügung. Und, brauchte der Herr Hauptmann ein neues Privatauto, so war Daimler-Benz glücklich, es ihm mit einem Preisnachlaß von 50% liefern zu dürfen. Eine Ersparnis von 6000 RM. Die dürren Jahre des bayerischen Landwirts, der seinen ehemaligen Untergebenen Hitler um Hilfe anschnorren mußte, um sich über Wasser zu halten, waren endgültig vorbei.
Es ist daher nicht verwunderlich, daß Wiedemann, aufgrund seiner Erscheinung und seiner einflußreichen Position, eine

starke Anziehungskraft auf das weibliche Geschlecht ausübte. Er brauchte sich um seine Eroberungen nicht besonders zu bemühen. Sie fielen ihm zu. Frauen boten sich ihm an. Sie schrieben ihm Briefe, behaupteten, sie seien mit ihm in die Schule gegangen oder sogar mit ihm verwandt; auch wenn es nicht stimmte. »Obwohl Sie sich in Ihrer Annahme irren«, schrieb er im April 1938 einer Dame mit einer Berliner Anschrift, »würde es mich trotzdem besonders freuen, Ihnen zur Verfügung zu stehen.« Die Prinzessin hatte Konkurrenz von allen Seiten.

Da waren zunächst – nach dem Vorbild des Reichspropagandaministers, aber auch Hitlers – die Künstlerinnen: die Sängerin Katharine Voss, die Chansonette Lissie von Rosen, die Bildhauerin Anna Hempel (sie war die Gattin Dr. Erich Hoefkens, eines Arztes in Trier, und zugleich die Bettgefährtin von Dr. Hjalmar Schacht), die nicht ganz arische Schriftstellerin Herta Bergmann, die Wiedemann nicht nur ihre Liebe, sondern auch ihre mediokren Manuskripte aufdrängte und deren Wohnung in Berlin-Charlottenburg er häufig und manchmal zu ungewöhnlicher Stunde aufsuchte. Einmal kündigte sich der Führeradjutant bei ihr telegrafisch zu einem nächtlichen Rendezvous an: »Komme kurz nach 23 Uhr. Dreimaliges kurzes Hupzeichen.«

Besondere Gefühle hegte Wiedemann auch für die Schwester von Hitlers eigener geheimen Liebe. Für Gretl Braun. Die Freundschaft mit der Schwester Eva Brauns datierte von der Neujahrsnacht 1937, die Wiedemann mit Gretl und ihrer Freundin Sophie Stork, die ein Verhältnis mit Hitlers anderem Adjutanten, Brückner, hatte, auf dem Obersalzberg verbrachte.

Aber auch Frauen aus der feinsten Gesellschaft drängten sich dem strammen Fritz auf. Unter ihnen Lilly von Schnitzler, die Gattin des I.G.-Farben-Chefs Georg von Schnitzler, der unter den ersten Großindustriellen war, die Hitler finanziell in den Sattel hoben. Doch die Prinzessin Hohenlohe fesselte ihn am meisten.

Ihretwegen lernte Wiedemann Englisch, um die diplomatischen

Kontakte besser nutzen zu können, die sie ihm erschloß. Er nahm bei einer jungen Engländerin Privatunterricht, einer Miss Rita Ostermann, die ihn ebenso anhimmelte wie alle anderen. Sie blieb noch jahrelang mit ihm in Verbindung und versicherte ihm, daß sie ihm, dem »populären Nazi«, auch nach San Francisco gefolgt wäre.

Vorläufig folgte jedoch Wiedemann seiner Prinzessin. Wo immer sie war, versuchte auch er zu sein. Wußte er einmal nicht, wo sie sich gerade aufhielt, oder war die Verbindung zwischen ihnen aus irgendeinem Grund gerissen, so suchte er sie verzweifelt in halb Europa.

Eine telegrafische Jagd nach der ständig reisenden Prinzessin – allein für die Zeit von Januar bis November 1938 weist ihr Paß sechzig Stempel von Grenzübergängen auf – war für Wiedemann nichts Ungewöhnliches.

Eine solche panische Suchaktion spielte sich zum Beispiel Anfang Januar 1938 ab; gefolgt von einer ähnlichen, Ende des gleichen Monats. ›Steph‹, erfahren im Umgang mit Männern und nicht nur an Wiedemann interessiert, war sich bewußt, je schwerer sie für ihn erreichbar war, desto feuriger entbrannte ihr Liebhaber in Berlin. Außerdem waren die Gewichte der Liebe zwischen den beiden ungleich verteilt: Wo bei ›Steph‹ ein Teil Berechnung in die Waagschale fiel, wog bei Wiedemann eine große Portion Hörigkeit mit.

Am 8. Januar kabelte der verzweifelte Fritz nach London: »Versuche seit 2 Stunden vergeblich, Dich zu erreichen. Telefonieren.« Da kein Anruf kam, telegrafierte er einige Stunden später neuerlich nach London: »Bin in Sorge! Bitte umgehend telegrafische Nachricht.« Nicht sicher, ob die Gesuchte zu diesem Zeitpunkt überhaupt in London war, sandte er gleichzeitig ein gleichlautendes Kabel nach Paris. An das Hotel Ritz. Als weder aus London noch aus Paris eine Antwort kam, telegrafierte er zwei Tage später noch einmal ans Ritz. Diesmal auf Englisch: »I don't know where and how you are. Stop. Please send me a cable.« Endlich, noch am gleichen Tag, kam das ersehnte

Lebenszeichen der Prinzessin. Aus London. Wohin sie soeben aus Paris zurückgekehrt war. Erleichtert dankte ihr Wiedemann telegrafisch für die Nachricht, daß sie wohlauf sei.

Auf der ständigen Jagd nach der Prinzessin, und da er die immer häufiger werdenden Besuche bei ihr in London, aber auch in Paris, dienstlich rechtfertigen mußte, geriet Wiedemann immer mehr in das außenpolitische Fahrwasser; und damit immer mehr in das Gehege von Botschafter von Ribbentrop. Was letztlich zu der bekannten unversöhnlichen Feindschaft zwischen ihm und dem späteren Außenminister führte, die von Frau Ribbentrop, der ihren Mann dominierenden Tochter des Sektfabrikanten Henckel, noch geschürt wurde. Sie erstreckte sich, in vermehrtem Maße, auch auf die in der Londoner High Society bestens eingeführte Prinzessin Hohenlohe.

Das erste öffentliche Auftreten des ungleichen Paares, des Persönlichen Adjutanten des deutschen Reichskanzlers als Eskorte der geschiedenen Prinzessin Hohenlohe, von der man noch dazu munkelte, daß sie Jüdin war, ereignete sich im Mai 1937; anläßlich der Festivitäten zur Krönung des neuen englischen Königs, King George VI. Es wäre dabei fast zu einem von Ribbentrop verursachten Eklat gekommen, hätte nicht der Führer persönlich ein Machtwort zugunsten seiner ›lieben Prinzessin‹ gesprochen.

Ribbentrops Intrige begann damit, daß er das Team seiner verhaßten Feinde zu spalten versuchte. Hauptmann Wiedemann, der zur offiziellen deutschen Delegation bei den Krönungsfeierlichkeiten gehörte, die – vielleicht ein Omen kommender Dinge? – von Reichskriegsminister Generalfeldmarschall von Blomberg angeführt wurde, war natürlich – zusammen mit 1200 anderen Gästen – zu Ribbentrops gigantomanischer Krönungsparty in der restaurierten deutschen Botschaft eingeladen worden. Die Prinzessin nicht.

Das Ehepaar Ribbentrop, unterstützt vom gesamten Stab der Botschaft und von aus Berlin angereisten Helfern, hatte diese Monsterparty – nicht zuletzt zur Rehabilitierung von Ribbentrops angeschlagenem Image in der englischen Gesellschaft und zur Förderung seiner Karriere in Deutschland – seit Monaten mit einem enormen Aufwand von Reichsmitteln vorbereitet.[4]

Wie Wiedemann nach Kriegsende schrieb, »nahm die Prinzessin diesen Affront nicht einfach hin«. Sie hatte ihren quasi offiziellen Status bei der deutschen Delegation zu verteidigen. Lord Rothermere hatte sie mit der Betreuung der deutschen Gäste beauftragt und angewiesen, die wichtigsten unter ihnen, vor allem den Delegationsleiter, Reichskriegsminister Werner von Blomberg, für Interviews für Lord Rothermeres Blätter zu gewinnen.

›Steph‹ appellierte durch Wiedemann an den Führer um seine Intervention bei Ribbentrop.

»Nachdem sie mich von der Situation in London in Kenntnis gesetzt hatte, besprach ich die Sache mit Hitler. Mit dem Erfolg, daß Ribbentrop angewiesen wurde, die Prinzessin einzuladen. Es war jedoch ein zweiter, eindeutiger Befehl ›von oben‹ notwendig, bevor Ribbentrop sich entschloß und der Prinzessin eine Einladung schickte.«

Ribbentrop hatte das Fehlen des Namens der Prinzessin auf seiner Gästeliste Hitler gegenüber damit begründet, daß der englische Adel sich weigere, ›der Hohenlohe‹ auch nur zu begegnen. Der Ehrengast, der Herzog von Kent, der Bruder des neuen Königs, würde die Party, bei der u. a. auch der Bruder des Kaisers von Japan, Prinz Chichibu, erwartet würde, sofort verlassen, sobald die Prinzessin in der deutschen Botschaft auftauchte.

Hitler erlitt über Ribbentrops hartnäckige Weigerung einen Zornausbruch.

Ernst ›Putzi‹ Hanfstaengl, der sich 1939 über England in die USA absetzte, gab 1943 dem Psychiater Dr. Walter C. Langer, der für den Geheimdienst OSS an einem Hitler-Psychogramm arbeitete, ein ausführliches Interview über seine Erfahrungen im Dritten Reich. Er erzählte über den Vorfall:

»Sobald Hitler von Ribbentrops Weigerung erfuhr, packte ihn

die helle Wut. Er schickte Ribbentrop ein Ultimatum und befahl, daß dieser der Prinzessin eine Einladung schickt und sich bei ihr entschuldigt.«

Das Hanfstaengl-Interview ist im Zusammenhang mit der Prinzessin auch deswegen interessant, da Dr. Langer in seinem Transkript notierte, der ehemalige NSDAP-Auslandspressechef hätte behauptet, er habe Hitler des öfteren »vor der professionellen Erpresserin und Vollblutjüdin« gewarnt.

»Hitler war jedoch so eingenommen von ihr, daß er sich damit sogar lächerlich machte. Hitler weigerte sich, diese Warnungen zur Kenntnis zu nehmen. Sogar wenn darauf verwiesen wurde, daß seine enge Beziehung zu einer Volljüdin ernste Auswirkungen unter der deutschen Bevölkerung haben wird, bestand er darauf, die Affäre aufrechtzuerhalten. Hanfstaengl sagte, er hätte alles versucht, um die Beziehung abzubrechen, da er fürchtete, sie [die Prinzessin] würde Hitler ebenso umgarnen, wie sie es bei anderen getan hat, und auf diese Weise seine Karriere ruinieren.
Da Hitler sich weigerte, seinen Berichten über ihre Erpressungen Gehör zu schenken, unterstrich er den jüdischen Aspekt. Schließlich, um ihn zum Schweigen zu bringen, versprach Hitler, er würde ihre Familie überprüfen lassen. Das nächste Mal, als Hanfstaengl ihm wieder zur Vorsicht riet, sagte Hitler: ›Die Gestapo hat den Stammbaum der Richters untersucht und festgestellt, daß er einwandfrei und in Ordnung ist.‹« [Eine offensichtliche Erfindung Hitlers, da auch die nur oberflächlichste Überprüfung das gegenteilige Resultat gezeitigt hätte.]

Keine der Voraussagen Ribbentrops erfüllte sich, als Prinzessin Hohenlohe am 13. Mai am Arm von Hauptmann Wiedemann bei der deutschen Krönungs-Party erschien.

»Als ich die Prinzessin zu dem Empfang begleitete und sie die Räumlichkeiten der deutschen Botschaft betrat, konnte ich beobachten, daß sie von allen Seiten auf das herzlichste begrüßt und überall als zur High Society gehörend akzeptiert wurde. Klug näherte sie sich vor den Augen aller Anwesenden dem Herzog von Kent, der sich höflich von seinem Stuhl erhob und einige Minuten animiert mit ihr plauderte.
(Später sagte sie zu mir: ›Hast du gesehen, Fritz, zwei Mal ist er

von seinem Sessel aufgesprungen, wie ich mich ihm genähert habe.‹)
Es war ein gesellschaftlicher Triumph, den Stephanie Hohenlohe voll auskostete. Solche oberflächlichen gesellschaftlichen Erfolge sollten nicht ernst genommen werden. Aber in diesem Fall war Ribbentrop auf seinem eigenen Feld geschlagen worden. Nun versuchte Ribbentrop, den Spieß umzukehren, und verlangte, da die Prinzessin in die deutsche Botschaft eingeladen worden war, sollte sie in Zukunft auch an den königlichen Hof eingeladen werden; eine Bemerkung, die genauso dumm wie anmaßend war, da geschiedene Damen grundsätzlich nicht an den Hof von St. James eingeladen werden konnten, und Ribbentrop sich nicht einbilden durfte, man würde in diesem Fall eine Ausnahme machen, nur um dem deutschen Botschafter einen Gefallen zu tun.
Trotzdem, von da an war die Beziehung zwischen Ribbentrop und der Prinzessin nach außenhin etwas freundlicher.«

Die *London Times* brauchte volle 400 Zeilen, um alle Geladenen der Ribbentrop-Party aufzulisten; dabei waren »die vielen Mitglieder des Diplomatischen Corps« noch nicht mitgezählt.
Zu den von den Deutschen am meisten hofierten Gästen gehörten vor allem die Vertreter der beiden Londoner Pro-Nazi-Organisationen ›The Link‹ (›Die Verbindung‹) und die ›Anglo-German Fellowship‹ (›Englisch-Deutsche Kameradschaft‹), die, zusammen mit dem zwangloseren sogenannten ›Cliveden Set‹[5], die Basis für die nationalsozialistische Infiltration Großbritanniens – auf politischer und propagandistischer Ebene – bildeten.
Von der ›Anglo-German Fellowship‹ waren u. a. anwesend: ihr derzeitiger Präsident, der frühere Transportminister der Tory-Regierung, Lord Mount Temple; der ehemalige Luftfahrtminister Lord Londonderry; Lord Elibank und Sir Thomas Moore. Lord Rothermere, der im stillen beide Organisationen unterstützte, und sein Sohn Esmond standen selbstverständlich ebenfalls prominent auf der Gästeliste.
Vom ›Link‹, das von Berlin aus finanziell gefördert wurde und dem auch der Herzog von Westminster, Lord Sempill und der

greise Herzog von Bedford angehörten, waren u. a. Lord und Lady Redesdale auf der deutschen Krönungsparty erschienen. Sie waren die Eltern der sechs berühmt-berüchtigten ›Mitford-Girls‹, von denen die beiden jüngsten, Diana und Unity, eifrige Verehrerinnen Hitlers waren; vor allem Unity gehörte von 1935 bis zu ihrem Selbstmordversuch bei Kriegsbeginn, 1939, zum innersten Zirkel des Führers.

Lord Redesdale, ein ultrakonservatives Mitglied im House of Lords, wo er jedoch nur selten das Wort ergriff und wenn, nicht durch Intelligenz brillierte, war selbst ein fanatischer Anhänger Hitlers. 1936 hatte er sein politisches Denken auf die einfache Formel gebracht: »Nazismus ist von jedem Gesichtspunkt aus dem Kommunismus vorzuziehen.« Und dabei blieb er. Im Parlament schlug er vor, Großbritannien sollte sich von seinen Interessen am europäischen Kontinent zurückziehen und Hitler das Feld überlassen. Als feuriger Antisemit wetterte er 1938 gegen die Minderheit, die gegen den Anschluß Österreichs gewesen war: »Alles Monarchisten, Kommunisten und Juden.«

Noch am 2. Juli 1939, zwei Monate vor Kriegsbeginn, übermittelte der britische Viscount dem Führer ein Geschenk und schrieb in einem Begleitschreiben dazu:

». . . Ich bitte Sie, es als Zeichen meiner tiefen Dankbarkeit für alles, was Sie für meine Tochter Unity, ja für mich und meine ganze Familie getan haben, anzunehmen.

Könnte ich nur Deutsch sprechen, so würde ich viel Zeit in dem wunderschönen Land verbringen, das Sie aus den Ruinen geschaffen haben – und wo ich, vom Einfachsten zum Höchsten im Lande, nichts als herzliche Freundlichkeit erfahren habe.

Mit tiefster Hochachtung und Bewunderung,
Ihr Redesdale.«

Prinzessin Hohenlohe hatte nicht nur enge Beziehungen zum ›Link‹, sondern durch eine gemeinsame Freundin, Violet Lady Melchett, auch zur Familie Redesdale. Lady Melchett war ebenso oft ›Stephs‹ Hausgast in ihrem gemieteten Landhaus in Fuschl wie Gast auf dem Landsitz der Redesdales in Swinbrook.

Ihre Rivalin um die Gunst des Führers und spätere Erzfeindin, Unity Mitford, lernte ›Steph‹ allerdings erst 1935 auf dem Nürnberger Reichsparteitag kennen.

Unity, die jüngste der sechs Töchter des Lords, wurde 1914 geboren. Ihr zweiter Vorname, ›Valkyrie‹, den sie später auf ›Walküre‹ eindeutschte, um dem nordischen Ideal ihrer Weltanschauung und der ihres geliebten Führers auch in ihrem Namen Ausdruck zu verleihen, war ein Einfall ihres Großvaters gewesen, des ersten Viscount Redesdale.

Neunzehnjährig, als Studentin in Oxford, begann Unity sich politisch zu engagieren. Rechtsextrem wie ihr Vater. Im ›Schwarzhemd‹ der ›British Union of Fascists‹ (BUF) ihres späteren Schwagers Sir Oswald Mosley verteilte sie das Parteiorgan. Im gleichen Jahr, im September 1933, schickte sie die BUF, zusammen mit William Joyce, der als ›Lord Haw Haw‹ während des Zweiten Weltkriegs eine unrühmliche Berühmtheit erlangen sollte[6], zum Reichsparteitag nach Nürnberg.

In Nürnberg fing Unity endgültig Feuer. Sie kannte keinen anderen Traum mehr, als in der Nähe des Mannes zu sein, der vor ihren Augen hunderttausende in Ekstase versetzt hatte.

Ein Jahr später übersiedelte sie nach München. Um, wie sie bei der Fremdenpolizei angab, »Sprachen zu studieren«. In Wirklichkeit wollte sie einen Weg zu Hitler finden. Sie wohnte im Studentinnenheim, Kaulbachstraße Nr. 49, lernte Deutsch und, sooft der Führer in der ›Stadt der Bewegung‹ war, stand sie in der Menge und jubelte ihm zu; immer hoffend, er könnte sie bemerken.

Im Frühjahr 1935, »als die Kastanien blühten« und ihre Schwester Diana sie in München besuchte, faßte Unity Mut und näherte sich ihrem Idol. Mit Diana an ihrer Seite drängte sie sich im Gastgarten des Café Osteria an Hitler heran, der dort, wenn er in München war, umgeben von seinen Parteivasallen, gerne hofhielt. Sie sprach ihn an. Hitler war von den beiden nordisch aussehenden jungen Engländerinnen, von denen die Jüngere sogar ausgezeichnet Deutsch konnte, entzückt. Er küßte ihnen die Hand – was einer Engländerin in England nie passiert – und lud sie ein, während er mit ihnen zwanglos plauderte, ihn in der Reichskanzlei zu besuchen, »sollten sie einmal in Berlin sein«.

Mehr als dieser Höflichkeitsformel aus dem Mund Hitlers bedurfte es für Unity nicht. Für sie stand fest: Der Führer hatte sie persönlich eingeladen. Sofort wurde alles arrangiert. Sie würde nach Berlin fahren, im Hotel Adlon wohnen, von dem sie schon so viel gehört hatte, und Diana würde nachkommen. Am 26. Mai schrieb sie ihren ersten Brief an Hitler:

»Mein Führer!
Bitte verzeihen Sie mir, daß ich Ihnen schreibe. Ich wollte Ihnen nur sagen, daß ich am Dienstag nach Berlin fahre; und da Sie so nett waren, zu sagen, daß ich Sie dort einmal besuchen darf, dachte ich es wäre besser, Ihnen vorher zu schreiben. Meine Schwester werde ich dort treffen und wir werden im Adlon Hotel wohnen. Ich weiß natürlich, daß es unwahrscheinlich ist, daß Sie diesen Brief überhaupt erhalten; aber ich schreibe in der Hoffnung, daß Sie ihn doch zufällig bekommen werden.
Es ist schade, daß Sie in der letzten Zeit nicht in München gewesen sind; es war so wunderbar beim schönen Wetter. Ihre wunderbare Rede habe ich im Hofbräuhaus gehört; und ich freue mich, daß ich sie in Deutschland gehört habe, und nicht in England.
Ich werde also hoffen, daß Sie diese Woche in Berlin sind.
Mit Deutschem Gruß, Ihre Unity Mitford.«

Hitler war in dieser Woche in Berlin. Er hatte sich wenige Tage vorher einer Kehlkopfoperation unterziehen müssen. Natürlich erreichte der Brief der jungen Schwärmerin seinen Schreibtisch, und natürlich lud sie der Führer, der ein Faible für Engländerinnen hatte, vor allem, wenn sie jung, blond, blauäugig und noch dazu aristokratischer Abstammung waren, ein, ihn zu besuchen.

Weniger entzückt von der »Neuen« war Hitlers verheimlichte Geliebte Eva Braun, die in München lebte. Die Vernarrtheit des Reichskanzlers in die junge Engländerin muß sich in Parteikreisen rasch herumgesprochen haben, denn bereits am 10. Mai – offensichtlich kurz nach Unitys Begegnung mit Hitler im Café Osteria – schrieb Eva Braun in ihr Tagebuch:

»Wie mir Frau Hoffmann[7] liebevoll und ebenso taktlos mitteilte hat er jetzt einen Ersatz für mich. Er heißt Walküre und sieht so aus die Beine miteingeschlossen. Aber, diese Dimensionen hat er ja gerne. (...) Sollte die mir mitgeteilte Beobachtung der Frau H. stimmen, fände ich es bedenklos von ihm mir das nicht zu sagen. Schließlich könnte er mich doch so weit kennen, daß ich ihm nie etwas in den Weg legen würde, wenn er plötzlich sein Herz für eine andere entdeckt. Was aus mir wird kann ihm ja gleich sein. Ich warte nun noch bis zum 3. Juni. Dann ist ein Viertel Jahr seit unserer letzten Zusammenkunft vergangen (...)«

Eva Braun wartete nicht bis zum 3. Juni. Da sie sich von Hitler verlassen fühlte, unternahm sie in den frühen Morgenstunden des 29. Mai einen Selbstmordversuch. Sie schluckte zwanzig Tabletten des Betäubungsmittels Vanoform. Ihre Schwester Ilse fand sie bewußtlos auf. Sie brachte Eva zu dem jüdischen Chirurgen Dr. Martin Marx, für den sie arbeitete und von dem sie wußte, daß er die Angelegenheit für sich behalten würde. Hitler wurde mitgeteilt, Eva hätte einen Schwächeanfall erlitten. Eine Notlüge, die er akzeptierte.

Im September 1935 nahm Prinzessin Hohenlohe zum ersten Mal an einem Reichsparteitag teil. Begleitet von ihrer besten Freundin, Lady Ethel Snowden[8], einer freischaffenden Journalistin, die ihre Eindrücke für Lord Rothermeres *Daily Mail* niederschreiben sollte, kam sie aus London angereist. Prinzessin Hohenlohe und Lady Snowden saßen als Zuschauer des NS-Spektakels auf der Tribüne für ausländische Ehrengäste, wo auch Unity Mitford saß. Sie erlebte nach ihrem ersten Parteitag, 1933, bereits ihren zweiten und benahm sich dementsprechend überheblich. Ihre hünenhafte Figur war ebensowenig zu übersehen wie ihr ständig zum Hitlergruß ausgestreckter Arm und ihre aufdringliche Vulgarität, die vor allem jene im Zirkel um Hitler

irritierte, die noch etwas auf gesellschaftlichen Anstand hielten, wie z. B. die ebenfalls in England geborene Winifred Wagner, die Schwiegertochter von Richard Wagner, in deren Haus in Bayreuth Hitler »Miss Mitford ab und mal brachte«.[9]
Unity Mitford war bekannt dafür, daß sie es mit jedem trieb, der eine Naziuniform trug, »frère et cochon«[10], was ihr, zu ihrem Bedauern, nur bei Hitler nicht gelang. U. a. war sie die Bettgenossin des altgedienten SA-Führers Viktor Lutze, »der«, wie sie Freundinnen gegenüber prahlte, »vorher immer sein Glasauge herausnimmt«.
Eine Begegnung der Prinzessin mit Unity auf der Ehrentribüne des Reichsparteitags ließ sich also nicht vermeiden. Nun kannten sich die Rivalinnen, die bisher nur voneinander gehört hatten, persönlich und haßten einander sofort. Der Zweikampf um die Gunst des Führers und welcher von beiden er mehr Gehör schenkte, wenn es um die politische Situation in England ging, konnte beginnen.
Unity war auf Eva Braun ebenso eifersüchtig wie auf die Prinzessin. Aber Eva konnte sie als Geliebte Hitlers nicht ausstechen. Gegen ›die Hohenlohe‹ begann sie jedoch sofort zu intrigieren. Wie Prinzessin Carmencita Wrede dem Mitford-Biographen David Pryce-Jones erzählte, beklagte sich Unity beim Führer:

». . . daß Stephanie Hohenlohe Jüdin war. Sie sagte zu Hitler: ›Hier sind Sie antijüdisch, und trotzdem haben Sie die ganze Zeit eine Jüdin um sich, die Prinzessin Hohenlohe.‹ Hitler antwortete nicht darauf.«

Hitler wollte die Warnung Unitys offensichtlich ebensowenig hören wie vorher die seines langjährigen Mitarbeiters Hanfstaengl. ›Putzi‹ Hanfstaengl ließ sich 1941 in seinem Interview mit Dr. Langer ebenfalls über die Eifersucht zwischen Unity Mitford und Prinzessin Hohenlohe aus:

»Unity war äußerst eifersüchtig auf den Einfluß, den Stephanie auf Hitler hatte. Die beiden wetteiferten hart auf hart miteinander, welche von ihnen die größte öffentliche Aufmerksamkeit und den höchsten Propagandawert in England erringen konnte.

Unity wurde glühend vor Wut, als sie erfuhr, daß Hitler Stephanie eine große signierte Fotografie von sich gegeben hatte. In mancher Hinsicht hatte Unity einen Vorsprung, da sie in den meisten diplomatischen Kreisen in London empfangen wurde, wo Stephanie aufgrund ihres schlechten Rufes der Zutritt verwehrt war.«

Eines hatten ›Steph‹ und Unity jedoch gemeinsam – außer ihrer Verehrung für den Führer –, daß sie beide Front gegen seinen Botschafter in London, Joachim von Ribbentrop, machten. Sie grollten Hitler, wenn er dessen Lageeinschätzung akzeptierte, statt ausschließlich auf die eine oder andere seiner beiden ›Englandexpertinnen‹ zu hören.

Daß Hitler einen Fehler beging, indem er häufiger auf Unity als auf ›Steph‹ hörte, darüber bestand für Wiedemann kein Zweifel. Noch nach dem Krieg beklagte er sich in seinen Memoiren darüber:

»Sie hat ihrem Vaterland einen schlechten Dienst damit erwiesen, daß sie Hitler defaitistische Vorstellungen über England und das englische Volk beibrachte. Alles, was Unity Mitford erzählte, hat er für bare Münze genommen; dagegen konnten andere, die England richtig beurteilten, mit ihrer Meinung nicht durchdringen.«

Unity gelang es auch, Hitler zu bewegen, daß er 1936 am Hochzeitsmahl ihrer Schwester Diana teilnahm, die in Berlin, von Frau Goebbels arrangiert, heimlich den englischen Faschistenführer Sir Oswald Mosley heiratete.

Diana, 1910 geboren, war zweifellos die attraktivste der sechs Mitford-Töchter. Sie hatte, neunzehnjährig, Bryan Walter Guinness, den Besitzer des gleichnamigen berühmten Brauereiunternehmens geheiratet. Die Ehe war jedoch fünf Jahre später geschieden worden.

Lady Diana Mosley, die ihre Briefe allerdings auch weiterhin mit ›Diana Guinness‹ unterschrieb, hielt bis unmittelbar vor Kriegsbeginn Kontakt mit Hitler. Unter den Wiedemann-Papieren befinden sich neun Schreiben von ›Diana Guiness‹ an den Persönlichen Adjutanten des Führers und sechs Antwortschreiben des Hauptmanns; sämtlich zwischen August 1937 und Mai 1938 geschrieben. Der mysteriöse Gegenstand dieser regen Korrespondenz, die Lady Mosley jedesmal mit ›Deutschem Gruß, Heil Hitler‹ schloß, während sich Wiedemann das ›Heil Hitler!‹ ersparte, ist eine nicht näher identifizierte »Sache«; ein Projekt, das Lady Mosley offensichtlich Hitler persönlich vortragen wollte. Im Mai 1938 kam es dazu. Denn in ihrem letzten Schreiben teilte Lady Mosley Hauptmann Wiedemann mit, sie hätte soeben mit dem Führer in München gesprochen, und er hätte gesagt, »ich kann die Sache haben«.

Die Lösung des Rätsels, was sich hinter der geheimnisvollen »Sache« verbarg, findet sich in Prinzessin Hohenlohes Aufzeichnung über ein Gespräch mit Wiedemann. Darin schreibt sie, daß Diana Mosley Hitler besuchte. Dabei wurde die Finanzierung einer Radiostation auf einer Nordseeinsel besprochen, von der aus deutschfreundliche Propaganda nach England ausgestrahlt werden könnte.

Am 21. August schrieb Lady Mosley zum letzten Mal an Adolf Hitler, bevor unmittelbar danach der Krieg für immer einen Schlußpunkt hinter ihre Korrespondenz mit dem Führer setzte:

»Mein Führer!
Ich danke Sie tausend mal, für meinen Besuch nach Bayreuth. Es war für mich eine besondere Freude und Ehre, und es waren unvergessliche Tage dort. Wir freuen uns auf den Parteitag jetzt. Ich werde schon nächste Woche nach München fahren, mit meinem ältesten Sohn, um die Unity zu besuchen. Mit deutschem Gruß, bin ich mein Führer immer Ihre Diana Mosley.
Heil mein Führer!«[11]

Der Reichsparteitag, auf den Diana Mosley sich freute, fand nicht mehr statt, und sie reiste nicht mehr zu ihrer Schwester nach München. Unity schoß sich zwölf Tage später, am Tag der Kriegserklärung Englands an Deutschland, im Englischen Garten in München mit einer kleinen Handpistole eine Kugel in den Kopf. Wie sie Diana bei den Bayreuther Festspielen vorausgesagt hatte: »Wenn es zu einem Krieg kommt, nehme ich mir das

Leben.« Sie könne nicht weiterleben, hatte sie ihrer Schwester anvertraut, wenn die beiden Länder, die sie liebt, gegeneinander zu den Waffen greifen.

Unity wurde in die Chirurgische Universitäts-Klinik in der Nußbaumstraße eingeliefert und dort auf direkte Weisung Hitlers, der sofort verständigt wurde, von Professor Dr. Magnus behandelt. Der erfahrene Chirurg konnte jedoch die Kugel nicht entfernen, ohne Unitys Leben aufs Spiel zu setzen. Hitler besuchte sie im November in der Klinik. Er versprach ihr, sie zu ihren Eltern nach England zu schicken. Hitler hielt sein Versprechen, und Unity wurde, sobald sie transportfähig war, über die neutrale Schweiz nach England gebracht.

Sie erholte sich nie wieder zur Gänze. 1948, als das unentfernbare Geschoß sich etwas verlagerte, starb sie an den Folgen. Drei Jahre, nachdem ihr Idol sein eigenes Leben durch Selbstmord ausgelöscht hatte. Sie wurde auf dem Familienbesitz der Redesdale in Swinbrook beigesetzt. Ihr Grabstein trägt die Aufschrift: »Unity Valkyrie Mitford. Saget nicht, daß der Kampf umsonst gewesen sei.«

Ob ›Steph‹ 1936 am Reichsparteitag teilnahm, läßt sich nicht feststellen, aber 1937 war sie jedenfalls wiederum dabei. Sie reiste mit ihrer Freundin, Lady Snowden, von Fuschl im Salzkammergut an, wo sie in den dreißiger Jahren jeden Sommer ein Jagdhaus mietete, das dem Freiherrn von Melnhof gehörte, der mit einer anderen Hohenlohe, Prinzessin Maria Franziska, verheiratet war. Dort versammelte sie, wessen sie aus der internationalen Gesellschaft gerade habhaft wurde und wer sich ihrer Einladung nicht durch eine plausible Entschuldigung rechtzeitig entziehen konnte. Obwohl sie ständig schwach bei Kasse war, versuchte sie stets, einen großen Kreis von ›Namen‹ um sich zu versammeln; häufig Besucher der Salzburger Festspiele, die sie, oft mit der Finte »hoffentlich macht es Ihnen nichts aus, daß wir allein sein werden«, zum Frühstück, zum Mittagessen, zum Abendessen oder auch zum Übernachten lockte und dann mit einer Schar weiterer Gäste konfrontierte, von denen oder mit denen sie im Haus der Prinzessin absolut nicht gesehen werden wollten.

Zu ihren Getreuesten zählte nach wie vor der nun bereits siebzigjährige Erzherzog Salvator; aber auch Prinz Tassilo von Fürstenberg, der später die Fiat-Erbin Claire Jeanne Agnelli heiratete, Prinz Tassilos Freund, Graf Felix Schaaffgotsche, Maurice de Rothschild, das ›Schwarze Schaf‹ der Familie, und der noch immer anhängliche Captain Donald Malcolm kamen mehr oder weniger regelmäßig. ›Franzi‹ brachte Schulfreunde vom Magdalene-College mit; und zu den weiblichen Gästen gehörten außer der Busenfreundin Ethel Snowden häufig die Redesdale-Freundin Lady Violet Melchett, Lady Bird, die Gattin des Fabrikanten Sir Robert Bird, Madame Octave Homberg, die Präsidentin der Pariser Gesellschaft für Mozartstudien, und die Prinzessin Josephine de Polignac, die Tante des Prinzen Rainier von Monaco.

Die jüngeren Herren trugen ungezwungen Lederhosen und weiße Kniestrümpfe und die Damen österreichische Dirndl. In einer solchen Aufmachung versammelte die Prinzessin einmal im Sommer 1934 ihre gerade anwesenden Gäste zu einem Gruppenfoto, das sie – nicht zum Plaisier jedes oder jeder der Fotografierten – in der englischen Society-Zeitschrift *The Tatler* veröffentlichen ließ; es zeigte, wie der Text verlautete, »eine Haus-Party in ihrem Château bei Salzburg«.

Mit dem Reichsparteitag 1937, der am 6. September eröffnet wurde und bei dem der Führer, wie üblich, am nächsten Tag sprach, begann für Prinzessin Hohenlohe und Hauptmann Wiedemann die Periode intensivster politischer Zusammenarbeit. Von ›Steph‹ inspiriert und mit Wiedemanns aktiver Unterstützung schrieb Ethel Snowden für Lord Rothermeres *Daily Mail* ihre enthusiastischen Schilderungen der Vorgänge in Nürnberg. Sie hätten, wie der Erste Sekretär der britischen Botschaft in Berlin, Sir Ivone Kirkpatrick, an das Foreign Office meldete,

»... genausogut vom Reichspropagandaministerium geschrieben sein können«, und »kosteten« Lady Snowden – wie sich ›Steph‹ nach dem Krieg erinnerte – »ihre letzten jüdischen Freunde in London«.

›Steph‹ und Ethel waren 1937 als journalistisches Team für Nazi-Propaganda schon aufeinander eingespielt. Bereits im Frühjahr waren sie im Auftrag Rothermeres nach Wien gereist; Ethel als die eigentlich Schreibende, ›Steph‹ als ihre ortskundige Inspiratorin und Dolmetscherin. Gleich im ersten, unsignierten Artikel, der in der *Daily Mail* erschien, verkündete das Paar den englischen Lesern, daß es den Anschein habe, der ›Anschluß‹ Österreichs an das Deutsche Reich »stünde unmittelbar bevor«. Der Tenor der Artikelserie aus Wien war, die Österreicher seien ohnehin praktisch zu »100% nationalsozialistisch eingestellt«.

Die österreichische Regierung unter Bundeskanzler Kurt von Schuschnigg, die innen- und außenpolitisch in einer permanenten Krise steckte, suchte sofort nach dem Urheber der politisch äußerst gefährlichen Darstellung der Situation im Lande, die Wasser auf die Mühlen der österreichischen Parteigenossen war. Sie brauchte nicht lange zu suchen, bis sie wenigstens eine Hälfte des Teams aufgespürt hatte. Wie die britische Botschaft in Wien darüber an das Foreign Office meldete:

»... verfolgte sie die Spur zu den Eingebungen einer gewissen Prinzessin Hohenlohe, die in Österreich als Agentin des Deutschen Reiches angesehen wird und von der man weiß, daß sie der gegenwärtigen österreichischen Regierung gegenüber feindlich eingestellt ist.«

Die Prinzessin wurde für ihre publizistischen Bemühungen bald belohnt. Wenige Wochen nach dem Nürnberger Parteitag wurde Prinzessin Stephanie Hohenlohe für ihre unermüdliche Tätigkeit im Dienste des Deutschen Reiches ausgezeichnet. Mit ausdrücklicher Genehmigung des Führers wurde ihr vom Präsidenten des ›Deutschen Roten Kreuzes‹, dem Herzog von Sachsen-Coburg-Gotha, das ›Ehrenkreuz des Deutschen Roten Kreuzes‹ verliehen. Es wurde ihr – von wem sonst? – von Hauptmann

Fritz Wiedemann, zusammen mit einer Autorisierungsurkunde Hitlers, persönlich überreicht. Aus diesem Anlaß reiste der Persönliche Adjutant des Führers wieder einmal zu einem Rendezvous mit seiner Geliebten nach Paris, die, wie gewöhnlich, in ihrer Lieblingsherberge, im Hotel Ritz, abgestiegen war.

Das neugierige Stubenmädchen Wally Oeler, dem die Prinzessin noch immer den überfälligen Lohn vorenthielt, ließ das Liebespaar nicht aus den Augen oder aus seiner Hörweite. Wally schrieb am 11. November an ihre Freunde, die Naggatz' in Berlin, daß sie daran gedacht habe, sich wegen ihrer Lohnforderungen an Wiedemann zu wenden, es sich aber wieder überlegt hätte:

»Mit dem Hauptmann Wiedemann schläft sie dann immer, drum vertraue ich ihm nicht. Sie will aus ihm einen Minister machen, er muß ihr schon unter Todesstrafe verschrieben sein. (...) Wenn er Minister werden soll, so muß er doch etwas besonderes getan haben; das bereitet die Meine ihm vor. Er war derjenige, der den Herzog von Windsor eingeladen hat offiziell nach Deutschland, sobald man merkte, er will drüben Besuch machen. (...) Jedenfalls gehen täglich Luftpostbriefe mit Bleistift geschrieben per Expreß hin und her und fast täglich Telephongespräche. Ich denke, es ist besser, wenn ich mich nicht bei dem W. beklage, denn dann werde ich vielleicht heimgeschafft, das möchte ich nicht gern.«

Wenn wir der Briefschreiberin Glauben schenken, die sich, wie sie schrieb, »immer schrecklich blöd stellte«, daß sie nicht hinausgeschickt wurde, »wenn sie (die Prinzessin) sich mit der Alten (ihrer Mutter) unterhält«, damit sie ab und zu »einen Brocken auffangen kann«, dann war es ›Steph‹, die ihrem Freund die Idee gab, die Vorbereitungen des Besuchs des abgedankten englischen Königs und seiner morganatischen Gattin in Deutschland an sich zu ziehen. Und Ribbentrop damit als Konkurrenten auszustechen. Denn darum ging es den beiden, wie das Stubenmädchen richtig urteilte und nach Berlin meldete:

»Man hat jedenfalls Schreckliches vor. Wahrscheinlich soll der W. dann gleich Minister werden oder an Rippentr. seine Stelle.«

Der Duke und die Duchess von Windsor waren bei ihrem zwölftägigen Besuch in der zweiten Oktoberhälfte offiziell die Gäste des Leiters der Reichsarbeitsorganisation Dr. Robert Ley. Die Reise und ihr Aufenthalt wurden aus der Reichskasse finanziert und, nach außenhin, von den zuständigen Dienststellen kurzfristig organisiert. In Wahrheit war es jedoch Wiedemann, der hinter den Kulissen die Fäden zog, wie es ihm seine intrigierende Freundin eingegeben hatte.

Der Adjutant des Führers hatte den Besuch des englischen Herzogpaares zusammen mit seinem Freund, dem Multimillionär Charles Bedaux, arrangiert. Bedaux war bei den Windsors bestens eingeführt, seit er ihnen im Juni vorher sein Château in Touraine für ihre Hochzeit zur Verfügung gestellt hatte. Das Hochzeitsgeschenk des Gastgebers war eine Skulptur der bereits erwähnten Anna Hempel gewesen, die sowohl eine der zahlreichen Intimfreundinnen Wiedemanns als auch die ständige Gefährtin Hjalmar Schachts war. Schacht wiederum hatte Wiedemann und Bedaux zusammengebracht.

Charles Bedaux[12], ein gebürtiger Franzose, war 1907 in die USA gekommen und hatte sich buchstäblich »von der Pike auf« als Bauarbeiter beim Bau des New Yorker Unterwassertunnels unter dem East River zum Dollarmillionär hinaufgearbeitet. Sein Vermögen hatte er mit der Erfindung einer Systemanalyse für effizientere Produktionsmethoden erworben. Zu seinen Klienten gehörten u. a. Ford, General Motors, ITT, Standard Oil und in Deutschland, durch die Vermittlung Schachts, I.G. Farben. Sein Hauptinteresse galt jedoch der internationalen Politik, zu der ihm seine Freunde unter den Parteigrößen, und nun die Windsors, Zugang verschafften.

Wie verlautet, wollte der Herzog von Windsor bei seinem Deutschlandbesuch die sozialen Einrichtungen des Dritten Reichs studieren. Der wahre Grund war jedoch, daß er der

Herzogin nach der erniedrigenden Behandlung, der sie in England ausgesetzt gewesen war, einen Ersatz für einen königlichen Empfang bieten wollte. Dafür war kein anderer Staat so geeignet und so willig wie Nazideutschland. Die Machthaber in Berlin fühlten sich geehrt. Der Besuch des ehemaligen Königs von England, den sie in nicht allzu ferner Zukunft unter ihrer Schirmherrschaft auf den Thron von England zurückkehren sahen, paßte genau in ihr Propagandakonzept.

Außer der Geste gebenüber der Duchess, wollte der Duke der deutschen Regierung auch seinen Dank für die Sympathien abstatten, die sie ihm als König, und vor allem während der Abdankungskrise, entgegengebracht hatte; bekanntlich beruhten diese Sympathien auf Gegenseitigkeit. König Edward VIII. hatte nie ein Geheimnis aus seiner Bewunderung für Hitler gemacht.

Der Herzog und die Herzogin, die in Berlin in einer Suite im ›Hotel Kaiserhof‹ untergebracht waren, wurden von Reichsmarschall Göring auf seinem Besitz ›Karinhall‹ empfangen, ebenso von Heß und Goebbels. Und der aus London herbeigeeilte Ribbentrop gab zu ihren Ehren im Nobelrestaurant ›Horcher‹ ein Essen, zu dem u. a. auch Heinrich Himmler mit Gattin und die Schauspieler Gustaf Gründgens und Marianne Hoppe eingeladen waren.[13]

Der Höhepunkt des Besuchs der beiden Windsors – und zugleich der Manipulationen Wiedemanns und Bedaux' – war ihre Begegnung mit Hitler. Der Führer empfing die Gäste am vorletzten Tag ihres Aufenthaltes auf dem Obersalzberg zum Tee. Hitler plauderte animiert, dominierte wie immer die Konversation und war offensichtlich bemüht, seine »englischen Freunde« zu beeindrucken. Nach dem Besuch urteilte er über die Herzogin: »Sie hätte eine gute Königin abgegeben.«[14]

Nach der Rückkehr des herzoglichen Paares an seinen Wohnsitz in Paris summierte der Herzog die Eindrücke seines Besuchs in Nazi-Deutschland positiv vor Journalisten: »Ich war sehr beeindruckt von Deutschland und den Leistungen Hitlers.«

Es waren Äußerungen wie diese, die in den amerikanischen Zeitungen unter großer Aufmachung kolportiert wurden, die dem Plan des Herzogpaares, noch vor Jahresende den USA, der Heimat der Herzogin, der früheren Mrs. Wallis Simpson, einen Besuch abzustatten, einen Riegel vorschoben. Die Roosevelt-Administration ließ Charles Bedaux, der auch diesen Besuch arrangieren sollte, wissen, daß ein solcher zur Zeit nicht opportun sei.

›Steph‹ und Fritz hatten dieses Problem nicht. Sie reisten am 20. November auf dem deutschen Ozeandampfer ›Europa‹, dem Flaggschiff der Hamburg-Amerika-Linie, von Cherbourg nach New York. Nicht allein. Mit Fritz reiste seine Frau Anna-Luise; auf die Prinzessin wartete an Bord ein neuer Liebhaber, der ebenfalls nach Amerika fuhr und mit dem sie ein Rendezvous vereinbart hatte.

Die Wiedemanns sollten in den USA Urlaub machen. Eine für Deutsche damals extravagante Idee, die ihnen ›Steph‹ eingegeben hatte, »weil sie selbst plante, nach Amerika zu fahren«.[15] In Wirklichkeit: weil sie kostenlos reisen und ihr amouröses Abenteuer nicht versäumen wollte. Der damalige deutsche Botschafter in Washington, Heinz Heinrich Dieckhoff, bestätigte nach dem Krieg, daß die Initiative für die Reise von der Prinzessin ausgegangen war:

»Die Reise, sagte mir Herr Wiedemann [1937], war eine Urlaubsreise, die durch eine gesprächsweise Anregung von Prinzessin Stephanie Hohenlohe zustande kam. Der Führer gab seine Zustimmung dazu, aber Herr Wiedemann hatte keinerlei Weisungen.«

Weisungen oder nicht, der gewiefte Bayer gab der Ferienreise wenigstens nach außenhin den Anschein einer offiziellen Mission – ». . . reist nach Washington zum Zweck von Konsultationen mit der deutschen Botschaft im Interesse des Reiches«[16] –, damit er die Reisespesen für sich, seine Frau, aber auch für die Prinzessin und ihr Stubenmädchen Wally Oeler, das ebenfalls mit reiste, aus seinem »Sonderfonds« bezahlen konnte.

Die Passage von ›Steph‹ in der 1.-Klasse-Kabine Nr. 259 kostete 1023 Dollar, hin und zurück; die Doppelkabine der Wiedemanns, Kabine Nr. 255, ebenfalls 1. Klasse, nur 800 Dollar. Da Speisen an Bord nicht verrechnet werden, dürften die Differenz die Getränke ausgemacht haben, die die Prinzessin, per ›Room Service‹, in ihrer Kabine konsumierte – wahrscheinlich nicht immer allein, sondern auch mit ihrem neuen Liebhaber.
Prinzessin Hohenlohe hatte den amerikanischen Opernsänger Lawrence Tibbett nach einem seiner Auftritte an der Londoner Covent Garden Opera in seiner Garderobe kennengelernt. Der damals 41jährige Bariton, der als Scarpia in Puccinis ›Tosca‹ im Mai 1937 in London stürmisch gefeiert wurde, war unter seinen weiblichen Fans als »fast worker« bekannt. Er agierte nicht nur auf der Bühne, sondern auch im Leben mit Vorliebe den virilen Helden. ›Steph‹ war daher nicht überrascht, daß er sie – ohne viel Umschweife – um eine Verabredung bat. Denn Tibbett war ein Mann, wie sie sich Männer wünschte: groß, massig, schwer. Er war fast zwei Meter groß und wog über neunzig Kilo. Daß er um fünf Jahre jünger war als sie, störte die Prinzessin nicht. Obwohl sie sonst älteren Herren den Vorzug gab, da diese eher Positionen von Macht und Einfluß besaßen als jüngere. Dafür war ›Larry‹ international berühmt.
Während der Star an den Opernhäusern von Wien, Prag und Paris sang und die Prinzessin sich um Hitler, Rothermere und Wiedemann kümmerte, blieben sie in Kontakt miteinander und vereinbarten schließlich die gemeinsame Schiffsreise nach Amerika. Volle fünf Tage und Nächte ungestört, ein einziges langes Rendezvous; so hatten sie es sich ausgemalt, und so wurde es dann auch. Die letzte Nacht auf der ›Europa‹ verbrachten sie zusammen in Kabine Nr. 259, was der aufmerksamen Wally Oeler nicht entging. Die behielt es jedoch nicht für sich, sondern erzählte davon später einem netten New Yorker Polizisten. Daß der Polizist, der sich mit ihr näher angefreundet hatte, dem Ausländerdezernat angehörte und ein Informant des FBI war, konnte Fräulein Oeler nicht wissen.[17]

Der Persönliche Adjutant des Führers und Reichskanzlers Adolf Hitler, dem der Ruf eines Supernazis vorausgeeilt und von den New Yorker Massenblättern noch aufgebauscht worden war, wurde bei seiner Ankunft in New York am 25. November vom deutschen Generalkonsul Dr. Hans Borchers, einer Schar Journalisten, einem Aufgebot von fünfundsiebzig Polizisten, zum Teil berittenen, und rund fünfzig Sprechchöre skandierenden und Plakattafeln tragenden Demonstranten erwartet.

Die Prinzessin gab sich nicht einmal die Mühe, die Worte der Sprechchöre und Plakataufschriften wie »Hinaus mit Wiedemann, dem Nazi-Spion« oder »Ich bin Wiedemann, Hitlers Agent, und gekommen, um die Demokratie zu zerstören« zu übersetzen. Nicht wichtig, winkte sie ab und drängte die anderen weiter. Die vier Angekommenen und Dr. Borchers folgten rasch den Weisungen der Sicherheitsbeamten in Zivil, die sie so geschickt zu einem Taxi dirigierten, daß die auf und ab marschierenden Demonstranten nicht einmal merkten, daß die Deutschen den Pier inzwischen verlassen hatten. Nur die Journalisten ließen sich nicht abschütteln. Sie drängten nach, mit gezückten Kameras, Notizblock und Bleistift bereit.

Wiedemann, das Monokel ins Auge geklemmt, hochaufgerichtet vor dem Taxi posierend, in das die anderen inzwischen eingestiegen waren, entledigte sich eines kurzen Statements, das er vorher mit der Prinzessin auf Englisch einstudiert hatte. Er sei überzeugt davon, sagte er, daß die Chancen für einen dauerhaften Frieden in Europa jetzt besser seien als vor einem Jahr, daß er hoffe, während seines Aufenthaltes von Präsident Roosevelt empfangen zu werden, und im übrigen, daß er gekommen sei, um sich das Land persönlich anzusehen, von dem er schon so viel Gutes gehört habe.

Die Prinzessin klopfte ihm anerkennend auf die Schulter, als er neben sie in das gelbe Taxi stieg. Sie fuhren zum Hotel Waldorf-Astoria, wo – Zufall oder Verabredung – auch Lawrence Tibbett wohnte. Die Deutschen blieben jedoch nur eine Nacht. Am nächsten Morgen fuhren sie mit der Bahn nach Washington. Wally Oeler schrieb über die Reise an ihre Berliner Freunde:

»Es ist zuerst ein komisches Gefühl, sich von Negern bedienen zu lassen, als im Expreß auf der Fahrt hierher ein Neger mir Sandwiches serviert hat, mußte ich mich erst überwinden zu essen, warum flößt man uns in Deutschland auch einen Abscheu für die Neger ein?«

Die drei Gäste und das Stubenmädchen der Prinzessin wohnten in der deutschen Botschaft. Wiedemann hatte mehrere Unterredungen mit Botschafter Dieckhoff, der ihn vor allem drängte, dem Führer die unbeschönigte Wahrheit über das Kräftepotential der Vereinigten Staaten zu berichten.
»Nehmen Sie so viele Bücher und Bilder über die wirtschaftliche und militärische Bedeutung der USA mit, wie Sie nur können«, beschwor der erfahrene Diplomat seinen Besucher immer wieder. »Und zeigen Sie sie Hitler. Das ist von enormer Wichtigkeit.«
Wiedemann versprach es.
Die Gruppe trennte sich nach einigen Tagen Sightseeing in Washington. Eine Einladung ins Weiße Haus war für Hitlers Adjutanten nicht gekommen, und der Botschafter sagte dem Hauptmann, daß er eine solche von Roosevelt auch nicht erwartet habe. Die Wiedemanns fuhren über Chicago nach Los Angeles und San Francisco, die Prinzessin und Fräulein Oeler zuerst nach Philadelphia, wo Lawrence Tibbett ein Konzert gab, das ›Steph‹ ebensowenig versäumen wollte wie das anschließende Zusammensein mit dem gefeierten Sänger. Als der Star dann an der Chicagoer Oper gastierte, folgte sie ihm, samt Zofe, auch dorthin nach.
Inzwischen war es Winter geworden. Chicago, das nicht umsonst »windy city« heißt, war bitterkalt. Das bekam auch Wally zu spüren, die, nach London zurückgekehrt, nach Berlin schrieb:

»Sie hat mir trotz wiederholter Bitten noch nicht einen Pfennig Gehalt gegeben und dabei ist mein Mantel nicht zur Zeit zum

Schiff gekommen, und ich hatte nichts Warmes in Amerika in dieser unerbittlichen Kälte. In Chicago bin ich umgefallen vor Kälte und Schneesturm, denn der Wind hatte dort eine solche Kraft, daß er einen einfach wegfegte. Dann kommt einem eine so angenehme Schwäche in die Glieder, daß man gar nicht mehr aufstehen möchte.«

Wie Franz Hohenlohe schreibt, holte sich seine Mutter in Chicago eine doppelseitige Lungenentzündung, während sie, nur mit einer Pelzstola um die Schultern, mit Tibbett nach einer seiner Vorstellungen »durch die Stadt bummelte«.

Schließlich versammelten sich die Urlauber aus Deutschland wieder im Waldorf-Astoria zur Heimreise. ›Steph‹ war offensichtlich froh, ihren Fritz wiederzusehen. Und umgekehrt. Wally Oeler dazu:

»Eines Tages, nachmittags 3 Uhr, wollten wir ins Zimmer. Das Zimmermädchen, ein Kellner und ich kommen bis zum Schlafzimmer, die Tür war offen. Da ist der Hauptmann beim schönsten Vergnügen mit ihr, und die haben uns drei noch nicht einmal bemerkt. Das hat eine solche Empörung unter den Deutschen im Hotel gebracht, daß sie gesagt haben, der Kerl wird angezeigt wegen Rassenschande, denn sie wüßten genau, daß die Prinzessin eine geborene Jüdin ist. Ich glaube, einer hat es dann der Frau Hauptmann hinterbracht, aber die hat sich nichts daraus gemacht. Ich tue, als wüßte ich nichts. Der W. hat ein so schlechtes Benehmen und gibt sich aus als rechte Hand von Hitler.«

Allem Anschein nach war die Amerikareise – trotz der Vortäuschung einer politischen Mission des Hitleradjutanten, um sie auf Reichskosten finanzieren zu können – für alle ein reines Vergnügen, für die Prinzessin, die sie in die Wege geleitet hatte, sogar ein doppeltes.

Das Jahr endete für Prinzessin Hohenlohe unter den gleichen günstigen Auspizien, unter denen es mit dem Besuch auf dem Obersalzberg begonnen hatte. Am letzten Tag des Jahres erhielt sie vom Führer ein persönliches Schreiben, in dem er sich bei seiner »lieben Prinzessin« für die Bücher über amerikanische

Hoch- und Brückenbautechnik bedankte, die sie ihm als Weihnachtsgeschenk übersandt hatte. Gleichzeitig dankte er ihr dafür, daß sie sich im abgelaufenen Jahr so nachdrücklich für ihn und sein Werk, den Aufbau eines Neuen Deutschlands, eingesetzt habe, was ihr, wie er wisse, in manchen Gesellschaftskreisen Unannehmlichkeiten eingetragen habe. Er schloß mit den besten Wünschen für das neue Jahr und verblieb mit ergebenen Grüßen »Ihr Adolf Hitler«.

Kein Zweifel, sie stand weiterhin in der Gunst des für sie mächtigsten Mannes der Welt. Alle wußten es und sollten es wissen. Die Blätter auf beiden Seiten des Atlantik schrieben darüber. Der amerikanische Journalist Hugo George Roboz berichtete den Lesern des *New York Mirror* immer wieder mit Staunen über ihren Einfluß auf die internationale Politik.

»Ihr Appartement in Mayfair wurde zu einem der Brennpunkte der britischen Aristokraten, die Nazideutschland gegenüber freundlich eingestellt sind. Ihre Soireen sind der Gesprächsstoff des Tages. In ihrem Salon hängt an prominenter Stelle ein riesiges Portrait Hitlers. (. . .) Es war daher nur natürlich, daß ihre Bemühungen zugunsten des Führers sie auch mit dem ›Cliveden set‹ in Verbindung bringen würden, zu dessen Anhängern einige der wichtigsten Staatsmänner des Empire zählen.«

Auch in London selbst wurde sie von der Presse nicht übersehen. Nicht nur die Rothermere-Blätter schrieben über sie. Beweis hierfür war ein Artikel im *Daily Herald*:

»Sie ist in diesem Land einer von Hitlers Freunden, denen er am meisten vertraut.«

Das stimmte in der Tat. Darauf konnte sie an diesem Silvesterabend mit Champagner anstoßen. Ihr, Prinzessin Hohenlohe, vertraute der Führer des Deutschen Reiches. Sie war sein eigentlicher Botschafter am Court of St. James. Und nicht dieser eitle Parvenue Ribbentrop – mit der Tochter eines Sektfabrikanten zur Frau –, der sich sein bißchen ›von‹, ohne jeden Titel, hatte kaufen müssen und nun glaubte, sich ihr und ihren Plänen bei Hitler in den Weg stellen zu können. Da irrte er sich. Nein, das neue Jahr würde noch besser werden als das vergangene. Wenn Fritz hielt, was sie sich von ihm versprach. Dafür würde sie schon sorgen. Mit allen Mitteln. Prost, Fritz! Prosit Neujahr!

Anmerkungen

1 Die Wiedemann-Papiere werden in 36 umfangreichen Kartons in der Manuskriptabteilung der Kongreßbibliothek in Washington, D.C., aufbewahrt.

2 SA-Obergruppenführer Friedrich Wilhelm Brückner (NSDAP-Mitgliedsnummer 7), war einer der drei Adjutanten Hitlers.

3 Es kann nicht ausgeschlossen werden, daß Frl. Oeler, ohne Wissen Wiedemanns, zur Bespitzelung der Prinzessin beauftragt worden war. Einer ihrer Briefe traf nachweislich am 3. 1. 1937 im NSDAP-Hauptquartier in München ein, nachdem er fünf Wochen vorher in Washington, D. C., aufgegeben worden war.

4 Für Details siehe die Augenzeugenschilderung des damaligen Botschaftsangehörigen Reinhard Spitzy in seinen Memoiren *Wie wir das Reich verspielten*, München 1986.

5 So benannt nach dem Landsitz von Lady Nancy Astor, dem Treffpunkt wechselnder Gruppierungen einflußreicher Engländer, unter ihnen Neville Chamberlain.

6 Der Engländer Joyce sandte während des Krieges von Berlin aus in englischer Sprache antibritische und nationalsozialistische Propaganda. Er wurde von den Engländern nach dem Krieg als Hochverräter hingerichtet.

7 Gemeint ist die Gattin von Hitlers engem Vertrauten und Leibfotografen, dem in München lebenden Heinrich Hoffmann.

8 Ethel, ursprünglich Lehrerin, war ›Lady‹ Snowden geworden, als ihr Mann Philip 1931 seinen Ministerposten in der Regierung Ramsay MacDonalds verließ und ins ›House of Lords‹ übersiedelte.

9 Schreiben von Frau Winifred Wagner an die Autoren.

10 Siehe David Pryce-Jones in seiner Biographie *Unity Mitford*, Seite 227.

11 Diana Mosley schrieb diesen Brief in Deutsch, das sie grammatikalisch nicht beherrschte.

12 Siehe Charles Higham: *Trading with the Enemy*, New York, 1986.
Charles Bedaux kollaborierte während des Krieges mit den Nationalsozialisten, sowohl in Deutschland als auch in Frankreich. Er wurde von den vorrückenden US-Truppen in Nordafrika, wo er einen Besitz hatte, gefangengenommen und beging 1944 in einem Internierungslager der amerikanischen Einwanderungsbehörden in Miami Selbstmord.

13 Reinhard Spitzy: *So haben wir das Reich verspielt*, Seite 178.

14 Paul Schmidt: *Statist auf diplomatischer Bühne*, Bonn, 1949.

15 Aussage Stephanie Hohenlohe, 1943, vor dem FBI.

16 Telegramm des amerikanischen Botschafters in Berlin, William E. Dodd, an das State Department. 16. November 1937.

17 FBI-Bericht vom 21. Mai 1940 über das Intimverhältnis zwischen Lawrence Tibbett und Prinzessin Hohenlohe.
[Basierend auf Informationen des ›Dienstmädchens der Prinzessin an einen New Yorker Polizisten‹.]

Schloß Leopoldskron bei Salzburg

1938

Die Schloßherrin auf Leopoldskron

Vom Führer »der lieben Prinzessin« persönlich in der Reichskanzlei verliehen: das »Goldene Ehrenzeichen der NSDAP«

Von Hermann Göring
als Gegenleistung für ihre Dienste
zugesagt: Schloß Leopoldskron

Wegen ihrer Amerikareise den »Anschluß« ihrer Heimat an das Deutsche Reich versäumt: der Führer auf dem Heldenplatz in Wien

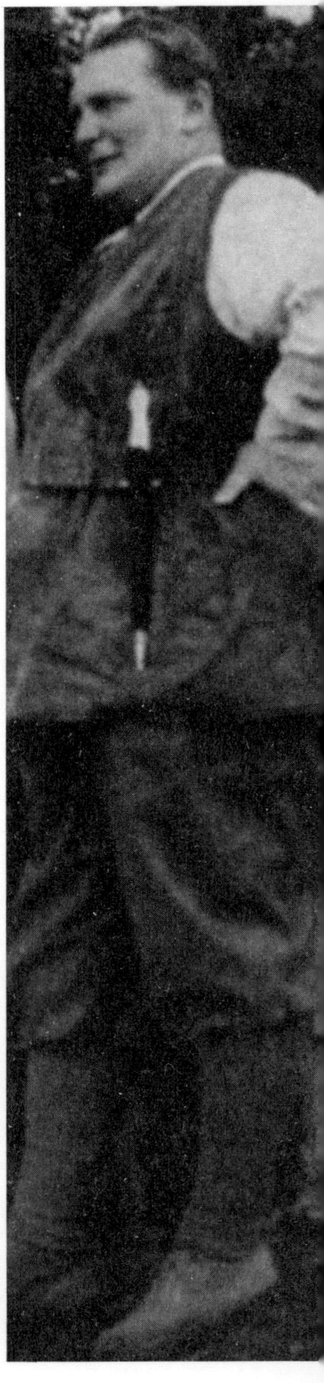

Gedeckte Tafel im Schloß: Die Prinze
erwartet Gäste

Einwände gegen die Nutzung des Schlosses durch ›Steph‹: Gauleiter Friedrich Rainer

Gegen ein hohes Lösegeld von den Wiener NS-Behörden freigelassen: Baron Louis de Rothschild

Prinzessin Hohenlohe versäumte den Anschluß ihrer Heimat Österreich an das Deutsche Reich und Hitlers triumphalen Einzug in ihre Vaterstadt Wien am 14. März. Während ihre Landsleute dem Führer begeistert als ihrem ›Befreier‹ zujubelten, war sie für ihn – dienstlich – in New York.

Zwei Monate nach ihrem letzten Besuch war sie im Februar im Auftrag Wiedemanns neuerlich in die USA gereist; wieder auf der ›Europa‹, begleitet von einer Zofe (nicht mehr W. Oeler) und einer Freundin, Madame Charalambos Simopoulos, der Gattin des griechischen Gesandten in London. Alle drei auf Reichskosten.

›Steph‹ sollte aufgrund ihrer persönlichen Bekanntschaft mit dem Herausgeber von *Time*, Ralph Ingersoll, den sie vor Jahren durch ihre amerikanischen Freunde, die Cushings, kennengelernt hatte, in diesem einflußreichen Newsmagazin, das alles andere als deutschfreundlich schrieb, zum Ausgleich einen für Nazi-Deutschland vorteilhaften Artikel plazieren. Sie brachte ihn fix und fertig mit. Er war von Helmuth von Feldmann, einem Bediensteten von Dr. Goebbels' Propagandafabrik ›Promi‹ fabriziert worden. Vier Schreibmaschinenseiten lang. Wiedemann hatte ihn ihr am 2. Februar – zwei Tage bevor Hitler in einem wütenden Großreinemachen das Militär entmachtete, sich selbst zum Oberkommandierenden einsetzte und den bisherigen Außenminister von Neurath durch Joachim von Ribbentrop ablöste – nach London gesandt:

»Liebe Prinzessin! In der Anlage sende ich Ihnen – wie besprochen – einen Artikel, von dem wir annehmen, daß er günstig wirken würde, falls er in der Zeitschrift ›Time‹ herauskäme. Sie wissen, Herr Ingersoll hat einiges an uns gutzumachen. (...) Also, bitte, tun Sie Ihr Bestes und enttäuschen Sie uns nicht!«

›Steph‹ wollte bestimmt ihr Bestes tun und ihren Fritz nicht enttäuschen, beteuerte sie in ihrem ersten Kabel an ihn aus New York: »Dachte nicht, daß Trennung so schmerzhaft sein kann. Du gehst mir mehr denn je ab.« Während sie zur gleichen Zeit mit dem in Cleveland gastierenden Tibbett telefonierte und versuchte, mit ihm ein Rendezvous zu vereinbaren. Aber das Traktat, das den politisch unverfänglichen Titel »Hitler als Baumeister« trug, war nicht viel mehr als eine primitive Apotheose des Führers, die in der Aussage kulminierte: »Als Staatsmann ist Hitler ein Baumeister, als Baumeister ein Staatsmann.« Fazit: Also kann er nicht daran interessiert sein, daß alle die schönen Bauwerke, die er geschaffen hat, durch einen Krieg zerstört werden.
Es ist fraglich – und es gibt keinen Hinweis dafür –, ob ›Steph‹ Ingersoll, der, wie sie nach Deutschland kabelte, nach einer längeren Abwesenheit erst am 18. März nach New York kam, überhaupt gesehen hat; und wenn, dann ohne Erfolg. Denn statt einen für Hitler schmeichelhaften Artikel zu drucken, kürte *Time* den deutschen Reichskanzler am Jahresende zum ›Mann des Jahres‹ und bildete ihn auf der Titelseite als ›unheiligen Organisten‹ ab, der auf der ›Orgel des Hasses‹ spielt.
Bereits vorher hatte der deutsche Botschafter in Washington, Dr. Dieckhoff, über die permanent deutschfeindliche Haltung des Herausgebers von *Time*, *Life* und *Fortune* – vielleicht nicht ohne Schadenfreude – an seine Dienststelle in Berlin gemeldet: ». . . Herr Ingersoll scheint also leider dem Charme der Prinzessin Hohenlohe nicht völlig erlegen zu sein.«
Die Public-Relations-Emissärin bekam keine Vorwürfe über ihre gescheiterte Mission zu hören, als sie am 29. März wieder in Southampton landete und in ihr Appartement in London zurückkehrte. Ihr Mißerfolg ging im Freudentaumel über den unmittelbar vorangegangenen Einmarsch in Österreich und dessen mehr oder weniger stillschweigende Duldung durch die Westmächte unter. Hitler richtete sein Visier bereits auf sein nächstes Ziel: auf die Befreiung der sudetendeutschen Minderheit in der

Tschechoslowakei. Zu viel gab es zu tun, als daß man Zeit gehabt hätte, sich über die öffentliche Meinung in Amerika Gedanken zu machen – auch für die Prinzessin.
Sie war mit Wirkung vom 1. Januar aus Lord Rothermeres Diensten entlassen worden und wieder ohne jedes regelmäßige Einkommen. Sie stand nun zur Gänze dem ›Reich‹ zur Verfügung und war auch, zur Gänze, auf dessen finanzielle Unterstützung angewiesen.
Obwohl er die Prinzessin nun nicht mehr an seiner Seite hatte, hielt Lord Rothermere seinen Kontakt zu Hitler aufrecht. Er gratulierte dem Führer telegrafisch zum Jahreswechsel, zum 5. Jahrestag der Machtübernahme und, am 4. April, während seiner Überfahrt in die USA, vom Schiff aus, zu dessen »Erfolg in Österreich«. Das Antworttelegramm Hitlers an den Zeitungsmagnaten wurde an die Pariser Anschrift der Prinzessin gesandt; ein Zeichen dafür, daß man die geänderte Situation, in der sich Prinzessin Hohenlohe befand, in der Reichskanzlei noch nicht kannte und daß sie diese – außer vor Wiedemann – geheimhielt. Denn sie wußte natürlich: Ohne den Pressezaren als publizistisches Instrument war sie für die Machthaber und Geldgeber in Berlin nur die Hälfte wert.
Nachdem sie sich einige Tage von den Strapazen ihrer Amerikareise erholt und auf die neue Situation, die sie vorfand – Österreich war nun die Ostmark und ihr und Wiedemanns Gegenspieler nicht mehr Botschafter in London, sondern als Reichsaußenminister in unmittelbarer, und damit gefährlicher Nähe des Führers –, eingestellt hatte, reiste ›Steph‹ nach Berlin, zur Lagebesprechung mit Fritz. Kurz danach, im Mai, kam Wiedemann zu einer ebensolchen auf mehrere Tage zu ihr nach London.
Was die beiden so intensiv beschäftigte, war, daß Hitler, der, wie Wiedemann wußte, nun nicht nur um jeden Preis die Befreiung des Sudetenlandes anstrebte, sondern die militärische Zerschlagung der Tschechoslowakei überhaupt, die Westmächte – aufgrund des internationalen Bündnisgeflechts – zum

militärischen Eingreifen zwingen und damit einen neuen Weltkrieg auslösen könnte.

Der Prinzessin wiederum war durch ihre Freunde im ›Cliveden set‹ und im ›Link‹ bekannt, daß kaum einer im Kabinett Chamberlains gewillt war, wegen dieses ›Kleinstaats in Mitteleuropa‹ in den Krieg zu ziehen. Aber, würde den Expansionsgelüsten Hitlers und den Einflüsterungen Ribbentrops, daß es früher oder später zum Krieg gegen England kommen müsse und »jede Stunde, die nicht zu Kriegsvorbereitungen gegen England genutzt wird, eine verlorene Stunde für Deutschland ist«[1], nicht Einhalt geboten, so könnten die Ereignisse diejenigen auf beiden Seiten überrollen, die auf Aussöhnung hinarbeiteten. Und den auf eine militärische Auseinandersetzung drängenden Elementen freie Hand schaffen. Mit verheerenden Folgen. Das ängstigte die beiden.

Die einzige Möglichkeit, eine solche auf einen Krieg zutreibende Entwicklung aufzuhalten, war: direkte Gespräche zwischen London und Berlin auf höchster Ebene; eine schrittweise Annäherung der Standpunkte; Entschärfung der Lage ohne Gesichtsverlust für eine der beiden Seiten.

Wer sollte diesen ersten Schritt tun?

Es mußte jemand sein, der einerseits Ribbentrop ausschalten konnte, denn der Führer hörte auf seinen neuen Reichsaußenminister, außerdem Unity Mitford, die jetzt häufig an seiner Seite war und ebenso ins Feuer blies wie Ribbentrop, andererseits das volle Vertrauen des Führers hatte.

Ihre Wahl fiel auf Göring.

Hermann Göring war von Hitler im Zuge der Regierungsumbildung am 4. Februar zum Reichsmarschall ernannt worden und hatte dadurch die politische Statur dafür. Er gehörte mit Heß, Goebbels und Himmler nicht zu den kriegerischen Scharfmachern; er war eitel genug, um sich in dieser Rolle zu gefallen. Und – am wichtigsten – Wiedemann hatte durch seinen Freund, Luftwaffengeneral Karl Bodenschatz, der Görings Chefadjutant und langjähriger Vertrauter war, einen direkten Draht zu ihm.

›Steph‹ und Fritz wußten, daß es ein Vabanquespiel war, das sie begannen. Das Risiko war groß, aber der Gewinn verlockend: Aussöhnung mit England. Rettung des Friedens in letzter Minute.
Mit diesem Plan reiste Wiedemann zurück nach Berlin. Die Verschwörung begann.
Am 8. Juni kabelte der Persönliche Adjutant des Führers an Prinzessin Hohenlohe in Paris, wobei er in der Eile das vertrauliche ›Du‹ benutzte, das sie im dienstlichen Verkehr miteinander peinlichst vermieden:

»Empfehle dringend umgehend nach Berlin zu kommen da Chef Dich noch diese Woche sprechen möchte.«

›Steph‹ reiste unverzüglich nach Berlin. Hitler hatte eine Überraschung für sie, von der auch Wiedemann bis zur letzten Stunde nichts wußte, und daher seine Freundin darauf nicht vorbereiten konnte.
Die Zeremonie, die sich am 10. Juni in der Reichskanzlei abspielte, hatte etwas von einer Trauung an sich. Hitler war der Trauungsbeamte und zugleich, symbolisch, mit seiner Unterschrift, der Bräutigam. Prinzessin Hohenlohe-Waldenburg-Schillingsfürst, geborene Steffi Richter, nach beiden Elternteilen jüdischer Abstammung, wurde der Nationalsozialistischen Arbeiterpartei vermählt. Statt eines Traurings steckte ihr Hitler ›das Goldene Ehrenzeichen der NSDAP‹ an, das auf der Rückseite seine Signatur trug.
Damit war Prinzessin Hohenlohe mit Wirkung vom 10. Juni 1938 de facto Parteimitglied. Denn, wie das Parteihauptquartier in München im Fall der langjährigen Hitlervertrauten Frau Helene Bechstein entschieden hatte, die 1934 ebenfalls mit dem ›Goldenen Ehrenzeichen der NSDAP‹ dekoriert worden war, ist »mit der Verleihung des goldenen Ehrenzeichens die Mitgliedschaft zur Partei verbunden«.
Die Prinzessin wurde durch die Verleihung der hohen NS-Auszeichnung, die nur einem kleinen Kreis vorbehalten war,

automatisch auch »Ehrenarierin«. Als Parteigenossin stand ihre jüdische Abstammung nicht mehr zur Debatte. Der Führer hatte sie mit dieser Geste aus der Welt geschafft.[2]

›Steph‹ hatte über Unity Mitford triumphiert. Sie war die Auserwählte, nicht die Engländerin, die beim Führer gegen sie intrigierte. Befriedigt reiste sie am 12. Juni von Berlin, wo sie Wiedemann die Bezahlung ihrer Hotelrechnung im Adlon und der obligaten zwanzig langstieligen roten Rosen hinterließ, nach Paris. Im Hotel Ritz, ihrem zweiten Zuhause, traf sie sich mit einflußreichen Freunden aus London, Lord Elibank und Lord Sempill, der Vorsitzender der ›Royal Aero Society‹ und ein prominentes Mitglied der ›Anglo-German Fellowship‹ war. Lord Elibank und Lord Sempill, eingeschworene Freunde des Neuen Deutschland, gehörten zu jenen Mitgliedern des House of Lords, die ›Steph‹ regelmäßig über die Stimmung innerhalb der Regierung auf dem laufenden hielten.

Nach London zurückgekehrt, unternahm die Prinzessin eine verhängnisvolle Weichenstellung in ihrer Karriere als politische Agentin. Sie verklagte Lord Rothermere, der mit Jahresbeginn die Zahlungen an sie eingestellt hatte, auf Vertragsbruch und Ersatz der angeblichen Schadenssumme, die ihr daraus entstanden war. Das Verfahren sollte allerdings erst am 8. November 1939, also mehr als zwei Monate nach Kriegsausbruch, beginnen.

Ebenfalls im Juni und in London traf ›Steph‹ mit ihrem alten Bekannten aus dem Salzkammergut, Dr. Rudolf Kommer, zusammen, damals noch Agent Max Reinhardts für Projekte des Regisseurs in England und den USA. Wie Dr. Kommer später schrieb, war er es, der das Gespräch auf Reinhardts Besitz, Schloß Leopoldskron, brachte, von dem er wußte, daß es von der Gestapo als jüdisches Eigentum beschlagnahmt worden war und für NS-Zwecke benutzt werden sollte. Das Schloß, ein Barockjuwel aus dem 18. Jahrhundert, war von Reinhardt liebevoll und mit großer Sachkenntnis restauriert worden. Nun wollten sich die Nazi-Bonzen darin breitmachen. Kommer, der

›Stephs‹ gute Beziehungen zum NS-Regime kannte, regte an, sie sollte sich für den verwaisten Besitz seines Chefs interessieren. Reinhardt war zum Zeitpunkt des ›Anschlusses‹ in den USA gewesen und dort geblieben. Als Jude wäre es für ihn Selbstmord gewesen, zurückzukehren. Leopoldskron war daher für ihn verloren.
Warum sollte nicht sie, eine Prinzessin, das Schloß bewohnen? Statt der Kerle von der SA oder SS? Kommer brauchte nicht viel Überredungskunst, um seine aufmerksame Zuhörerin für die Idee zu gewinnen.
Am 27. Juni erhielt ›Steph‹ ein Telegramm ihres Mitverschwörers aus Berlin:

»Bitte umgehend Berlin kommen. Empfang Mittwoch oder Donnerstag.«

Das Telegramm konnte nur bedeuten, daß Fritz durch seine Verbindung zu Bodenschatz erfolgreich gewesen war und Göring für ihr Projekt interessieren konnte. Offensichtlich war der Reichsmarschall bereit, ihr bereits am 29. oder 30. Juni eine ›Audienz‹ zu gewähren.[3] Am gleichen Tag, an dem Wiedemanns Telegramm eintraf, erreichte die Prinzessin eine zweite – ziemlich überraschende – Nachricht aus Berlin: Seine Exzellenz, Reichsaußenminister Joachim von Ribbentrop, würde es sich als eine Ehre anrechnen, wenn Prinzessin Hohenlohe ihn bei ihrem nächsten Besuch in der Reichshauptstadt aufsuchte.
›Steph‹ nahm das nächste Flugzeug. Sie war entschlossen, beide, »Hermann und Joachim«, zu sehen. Zuerst Göring, dann Ribbentrop. Vor dem Treffen mit Göring, das endgültig für den 30. fixiert worden war, besprach sie mit Wiedemann die gemeinsame Strategie: Göring mußte unter allen Umständen in dem Glauben bleiben, daß er es war, der die Fäden zog, während er in Wirklichkeit an ihnen zappelte.
Am Freitag, dem 30. Juli, ließ die Prinzessin sich in einer Dienstlimousine der Reichskanzlei vom Hotel Adlon nach Karinhall chauffieren, dem Landsitz Görings bei Berlin, den er

nach seiner verstorbenen ersten Gattin benannt hatte. Ob der Prinzessin während der Fahrt in den Sinn kam, daß der Tag ihres Treffens mit Göring der Stichtag war, bis zu dem alle Juden, wie Göring als Verantwortlicher für den Vier-Jahres-Plan angeordnet hatte, ihren Besitz anmelden mußten, wenn er den Wert von 5000 RM überstieg? Daß ihnen im Unterlassungsfall eine Gefängnisstrafe von fünf bis zehn Jahren drohte? Kaum. Görings Verordnung betraf sie nicht. Erstens war sie ungarische Staatsbürgerin, zweitens, nach des Führers Willen, ›deutschblütig‹.
Obwohl an modische Exzesse gewöhnt, war die Prinzessin überwältigt von der Erscheinung, die ihr im Salon der Villa entgegenkam. Der korpulente Reichsmarschall trug weiße Hosen und weiße Schuhe, ein nilgrünes Hemd mit gerafften Puffärmeln, eine grüne Lederweste mit goldenen Knöpfen, eine mehrfarbige Krawatte und um den Bauch einen breiten Gürtel mit edelsteinbesetzter goldener Schließe, mit einem Hakenkreuz aus Rubinen in der Mitte. An seiner Seite baumelte an einer Kette ein goldener Dolch mit noch mehr Edelsteinen. An der Brust, an der Lederweste, steckte eine große, feinziselierte Brosche in der Form eines St.-Hubertus-Geweihs mit einem Hakenkreuz aus grünen Smaragden als Krönung.
Als der Reichsmarschall die erstaunten Blicke der Prinzessin sah, mit denen sie jede Einzelheit seines Kostüms studierte, sagte er lächelnd: »Ja, ich gebe zu, ich liebe Gold und Edelsteine.«
Die Konversation begann als vorsichtiges Katz-und-Maus-Spiel. Wer wußte was über wen. »Sie haben kürzlich den Führer gesehen«, eröffnete Göring, »und vier Stunden mit ihm zugebracht.«
»Ja.«
»Sie sehen, ich weiß alles. Ich muß alles wissen. Das gehört zu meinen Aufgaben.«[4]
»Aber wissen Herr Reichsmarschall auch, was während der vier Stunden geschah?«
Göring mußte zugeben, daß er es nicht wußte.

»Der Führer hat mir das ›Goldene Ehrenzeichen der Partei‹ verliehen«, trumpfte die Prinzessin auf.
Göring gratulierte ihr zu der hohen Auszeichnung, worauf sich das Gespräch Auszeichnungen und Dekorationen im allgemeinen und denen, die Göring bisher empfangen hatte, im besonderen zuwandte. Schließlich kam man auf gemeinsame Bekannte zu sprechen; zunächst auf den früheren britischen Luftfahrtminister Lord Londonderry, der dem Reichsmarschall erst zwei Tage vorher einen Besuch abgestattet hatte. Göring fragte die Prinzessin im Zusammenhang mit dem Besuch: »Sagen Sie, Prinzessin, stimmt es, daß Lord Londonderrys Tochter mit einem Juden verheiratet ist?«
Als die Prinzessin es bejahte, ja, Londonderrys Tochter, Helen Maglona, habe einen Mr. Jessel geheiratet, klatschte sich der Reichsmarschall auf die fetten Schenkel und rief: »Das ist entsetzlich! Dann habe ich einen schrecklichen Plunder begangen! Stellen Sie sich vor, wie wir über Religion und Rassen gesprochen haben, habe ich gesagt: ›Was würden Sie tun, Lord, wenn Ihre Tochter einen Juden heiratet?‹«
»Was hat er gesagt?«
»Nichts«, schrie Göring. »Das ist ja das Fürchterliche! Er hätte mich unterbrechen sollen! Aber nein, er ließ mich reden und reden. Das war taktlos von ihm! So etwas hätte ich von Lord Londonderry nicht erwartet. Das war ausgesprochen unfair!«
Zwei Stunden vergingen mit diesem ziellosen Geplauder, bevor Göring auf das eigentliche Thema einschwenkte: Lord Londonderry hätte ihn eingeladen, ihn zu besuchen. »Natürlich kann ich seine Einladung nicht annehmen. Ich kann nicht meinen ersten Englandbesuch aufgrund einer privaten Einladung machen. Anders wäre es, wenn ich von offizieller Seite . . .«
Die Prinzessin erkannte ihr Stichwort. »Natürlich müssen Sie nach England kommen, Herr Reichsmarschall. Wenn die britische Regierung nicht so langsam in ihrem Denken wäre, hätte man Sie schon längst einladen müssen! Die Beziehungen zwischen England und Deutschland verschlechtern sich dauernd.

Sie sind der logische Mann, der dieser gefährlichen Entwicklung Einhalt gebieten kann. Sie müssen zu einem offiziellen Besuch nach England!«

Der Reichsmarschall beteuerte, er sei schon immer für Kooperation zwischen England und Deutschland gewesen, aber er wollte sich offensichtlich von seinem Gast zu dem Entschluß, den er bereits gefaßt hatte, drängen lassen. Er redete sich auf seine arbeitsmäßige Überbelastung aus: »Sie müssen verstehen, der Vier-Jahres-Plan allein . . .«

Die Prinzessin wußte, daß ihr Gesprächspartner wollte, daß man ihm widersprach. Daher entgegnete sie: »Aber, Herr Reichsmarschall! Was nützt der schönste Vier-Jahres-Plan, wenn Krieg ausbricht und alles zerstört, was Sie aufgebaut haben? Ich würde sagen, die Erhaltung des Friedens gehört ebenfalls zum Vier-Jahres-Plan.«

Göring gab vor, sich überreden zu lassen. Er lenkte ein: »Glauben Sie, daß sich eine offizielle Einladung nach England für mich arrangieren ließe? Zum Beispiel eine Einladung von Lord Halifax? Er ist Sportsmann, ich bin Sportsmann. Wir waren einander, glaube ich, sympathisch, als er im vergangenen Herbst in Berlin war.«

›Steph‹ war nun sicher, daß Göring den von Wiedemann ausgelegten Köder geschluckt hatte. Sie bestärkte ihn sofort in seinem Gedankengang: »Natürlich, Lord Halifax wäre der richtige Gastgeber für Sie! Er könnte Sie nach Schottland zur Jagd einladen. Auf diese Weise würden Sie sich einen Aufenthalt in London ersparen, wo es vielleicht zu Demonstrationen gegen Sie kommen könnte.«

»Sie haben recht«, stimmte der Reichsmarschall zu, als hätte er sich von ihren Argumenten überzeugen lassen. Damit hatte man sich auf den britischen Außenminister, dessen Deutschland-Freundlichkeit bekannt war, als Gastgeber geeinigt. Blieb nur die Frage, wer als Unterhändler nach London reisen sollte, um bei Halifax den Besuch des deutschen Reichsmarschalls zu entrieren.

Göring überließ die Entscheidung der Prinzessin. Da ihm die Freundschaft zwischen Prinzessin Hohenlohe und dem Persönlichen Adjutanten des Führers bekannt war, wußte Göring von vornherein, wen sie vorschlagen würde. Die Prinzessin in ihren geplanten Memoiren: »Der Reichsmarschall wollte, daß ich Hauptmann Wiedemann vorschlug, also habe ich Hauptmann Fritz Wiedemann dafür vorgeschlagen.«
Der Reichsmarschall kam nun rasch zur Sache und gab präzise Anweisungen. Er zählte sie an den Fingern ab. (»Wieder degoutierten mich seine lackierten Fingernägel.«) Erstens: die Prinzessin sollte die Mitwirkung Hauptmann Wiedemanns sicherstellen. Zweitens: die Prinzessin sollte in London die Durchführbarkeit des Plans erkunden. Drittens: die Prinzessin sollte sowohl dem Reichsmarschall als auch Wiedemann das Resultat ihrer Erkundungen mitteilen. Viertens: Wiedemann sollte dann aufgrund einer dringenden, jedoch vage formulierten Nachricht der Prinzessin vom Führer die Erlaubnis zu einer Reise nach England erwirken. Fünftens: Hauptmann Wiedemann sollte dem Reichsmarschall über die Ergebnisse seiner Verhandlungen in London Bericht erstatten. Geheimhaltung war oberstes Gebot.
Vor allem der Reichsaußenminister – »dieser Fatzke, dem ich in den Sattel geholfen habe«, sagte Göring abfällig – dürfe davon nichts erfahren, bis nicht der Führer seine Einwilligung gegeben habe. ›Steph‹ später: »Ebenso wichtig war auch, daß Hitler von diesen Präliminarien nichts erfuhr.«
Darauf gaben sich Reichsmarschall Göring und Prinzessin Hohenlohe die Hand. Da eine Hand die andere wäscht, verlangte die Prinzessin, ohne lange zu zögern, eine Gegenleistung für ihre Dienste: die Benutzung von Max Reinhardts leerstehendem Schloß Leopoldskron. Göring sagte zu. Eine Zusage, die er auch hielt.
Die Unterredung mit Reichsaußenminister Ribbentrop, über die ›Steph‹ Reichsmarschall Göring informiert und zu deren Einhaltung er sie – »um keinen Anlaß zu einem Verdacht zu geben« –

ermutigt hatte, fand im luxuriösen Appartement Ribbentrops statt, das der Reichsaußenminister als seine privaten Arbeitsräume im Hotel Kaiserhof angemietet hatte.
Es war nicht mehr als eitles Geschwätz über das falsche Bild, das man sich in der englischen und amerikanischen Öffentlichkeit über den Führer und das Dritte Reich mache und das korrigiert werden müsse, in dem sich der RAM über eine Stunde erging, ohne seine Besucherin viel zu Wort kommen zu lassen. Er wußte offensichtlich, daß sie zur Zeit beim Führer hoch in Gunst stand und wollte sich ihres Wohlwollens versichern. Die Prinzessin: »Ich verließ den ›Kaiserhof‹ höchst erleichtert. Es bestand bestimmt kein Zusammenhang zwischen der Einladung des Reichsmarschalls und der des Reichsaußenministers. Der Name ›Göring‹ wurde kein einziges Mal erwähnt, auch nicht indirekt, weder von mir noch von Ribbentrop.«
Die Prinzessin versäumte keine Zeit, die Anweisungen des Reichsmarschalls in die Tat umzusetzen. Zug um Zug. Punkt eins war von vornherein erledigt; Punkt zwei nahm sie unmittelbar nach ihrer Rückkehr nach London in Angriff. Sie schickte ihrer Freundin, Lady Ethel Snowden, als Vorreiterin zu Außenminister Lord Halifax, der am 8. Juli darüber notierte:

»Am Mittwoch, den 6. Juli, suchte mich Lady Snowden am frühen Vormittag auf. Sie teilte mir mit, sie hätte durch jemanden mit äußerst engen Beziehungen zu Hitler – ich verstand, daß es sich um Prinzessin Hohenlohe handelte – eine Nachricht mit folgender Absicht erhalten: Hitler wolle feststellen, ob die Regierung Seiner Majestät es begrüßen würde, wenn er einen seiner engsten Vertrauten, wie ich es verstand, zum Zweck inoffizieller Besprechungen nach England herüberschickt. Lady Snowden gab mir zu verstehen, es handle sich dabei um Reichsmarschall Göring und man wünsche festzustellen, ob er nach England kommen könne, ohne zu sehr und öffentlich beleidigt zu werden, und welche Haltung die Regierung Seiner Majestät im allgemeinen dazu einnähme.«

Lady Snowden nannte Lord Halifax als Kontaktperson Hauptmann Wiedemann und machte den Foreign Secretary darauf aufmerksam, daß sein reichsdeutscher Kollege, Herr von Ribbentrop, darüber nicht ins Vertrauen gezogen wurde; lediglich der frühere Außenminister, Baron von Neurath, wisse davon. Das Verschwörerpaar, ›Steph‹ und Fritz, beließ es jedoch nicht dabei, sondern schickte, um dem Anliegen Nachdruck zu verleihen, noch einen zweiten Boten zu Lord Halifax: Mr. Oliver Hoare, den jüngeren Bruder des damaligen Home Secretary, Sir Samuel Hoare.

Oliver Hoare, damals 56, verheiratet, kinderlos, privater Entrepreneur, war ein langjähriger Freund der Prinzessin, den sie auch einmal Hitler vorgestellt hatte und der selbst gute Kontakte zur Nazi-Hierarchie besaß. Er war ebenfalls kürzlich in Berlin gewesen, und Wiedemann hatte ihm den Plan des Göring-Besuchs anvertraut und ihn an die Prinzessin verwiesen. Lord Halifax notierte über die Botschaft, die Oliver Hoare ihm überbrachte und die gleichlautend mit der Lady Snowdens war:

»... Man hat ihm zu verstehen gegeben, die Anfrage käme direkt von Hitler. Er hat sich jedoch vorsichtigerweise nicht erkundigt, wen Hitler zu schicken beabsichtigt und wann. Der Zweck des Besuches wäre, sollte es dazu kommen, was er als inoffizielle Gespräche bezeichnete. Die dafür vorgesehene Persönlichkeit wäre, soweit er feststellen konnte, Feldmarschall Göring.«

Wie aus der Notiz zu ersehen ist, operierten sowohl Prinzessin Hohenlohe als auch Hauptmann Wiedemann gegenüber der britischen Regierung mit der Täuschung, daß der geplante Besuch Görings ein persönliches Anliegen des deutschen Reichskanzlers sei, obwohl dieser davon nichts wußte. Aufgrund dieser Unterstellung wurde Wiedemanns Mission von der britischen Regierung als wichtige diplomatische Öffnung betrachtet und auch als solche behandelt.

Am 14. Juli stattete die Prinzessin dem Foreign Secretary in seinen Amtsräumen im House of Lords selbst einen Besuch ab. Sie wurde von Oliver Hoare begleitet. Bei dieser Unterredung teilte sie dem Außenminister mit, »sie hätte soeben erfahren,

daß Hauptmann Wiedemann von Hitler den Auftrag erhalten hat, am folgenden Tag nach London zu fliegen«.
Lord Halifax konnte nicht wissen, daß es sich dabei um den Punkt vier des mit Göring vereinbarten Aktionsplanes handelte. Er nahm an, daß der so plötzliche Besuch des Persönlichen Adjutanten des deutschen Reichskanzlers das Resultat des Telefongesprächs war, das, wie er wußte, Oliver Hoare am Vortag geführt hatte. Dabei hatte Hoare mit seinem Einverständnis dem Hauptmann mitgeteilt, er hätte seine Anfrage »weitergeleitet« und sie sei »mit Interesse« aufgenommen worden. Das war die Sprachregelung, auf die Halifax und Hoare sich geeinigt hatten. »Er würde zweifellos in der Lage sein, die Personen zu sehen, die er zu sehen wünscht.«
Der britische Außenminister schrieb am 17. Juli über die Unterredung mit Prinzessin Hohenlohe in sein offizielles Tagebuch:

»Prinzessin H. sagte, daß es W. nichts ausmache, wenn er Samstag und Sonntag, den 16. und 17. privat verbringt und mich erst am Montag vormittag aufsucht. Dementsprechend 10 Uhr vormittags, 88 Eaton Square vereinbart. (...) Ich beschränkte mich, klarzustellen, daß der einzige Zweck von W.s Besuch war, Fragen über den eigentlichen Besuch zu erörtern. Ohne auf Details einzugehen, wies ich lediglich darauf hin, daß es offensichtlich war, daß G.s Besuchs, falls es dazu kam, überall bekannt werden würde und daß es daher zweifellos wünschenswert sei, schon im vorhinein abzusichern, daß er nicht ohne Ergebnis verläuft.«

Das Ergebnis, das der Foreign Secretary im Sinn hatte, war, wie sich in der Unterredung mit Wiedemann herausstellte, die Lösung der tschechischen Frage.
Am Sonntagnachmittag traf sich Lord Halifax mit Premierminister Neville Chamberlain. Gemeinsam fixierten sie den Gesprächsrahmen für die Unterredung mit Wiedemann, den sie beide für einen Emissär Hitlers hielten. Sie konzipierten eine Erklärung, die Lord Halifax dem Hauptmann als mündliche Botschaft an Hitler verlesen würde. Am Montagvormittag

empfing der britische Außenminister, wie vereinbart, Hauptmann Wiedemann in seiner Residenz.

Bei dem Gespräch, an dem mit Wiedemanns Einverständnis auch der stellvertretende Außenminister, Sir Alexander Cadogan, und mit Einwilligung der Engländer Prinzessin Hohenlohe als Dolmetscherin für Wiedemann teilnahm, redeten die beiden Seiten weitgehend aneinander vorbei.

Der Foreign Secretary wollte – wie mit Chamberlain abgesprochen – von Wiedemann die Zusicherung, daß Hitler »nicht Gewalt anwenden« und Deutschland »seinen Beitrag zur friedlichen Lösung« der Tschechenfrage leisten werde. Eine solche Zusicherung konnte Wiedemann natürlich nicht abgeben. Er sah sich gezwungen, immer wieder zu betonen, daß er zur Diskussion irgendwelcher politischer Aspekte nicht befugt sei; er sei lediglich gekommen, die Möglichkeit für einen Englandbesuch des Reichsmarschalls zu eruieren. Die Wahrheit konnte er nicht preisgeben: Daß er Hitler hatte vorspiegeln müssen, die Initiative zur Unterredung mit den Engländern sei von ihnen ausgegangen. »Der britische Außenminister wünscht mich zu sprechen«, hatte er Hitler gesagt, weil er sonst die Einwilligung des Führers zu seiner plötzlichen Londonreise nicht erhalten hätte. Und vor allem: Daß der Führer von dem ganzen Göring-Projekt nichts wußte. Als er vor seiner Abreise nur vorsichtig angedeutet hatte, das von den Engländern gewünschte Gespräch könne vielleicht etwas mit einer geplanten Einladung an Göring zu tun haben, war Hitler aufgebraust und hatte ihn angeschnauzt: »Dazu muß zuerst ich gefragt werden!«

Wiedemann versuchte daher, die Behandlung der von Lord Halifax angeschnittenen politischen Fragen bis zum Besuch des Reichsmarschalls hinauszuschieben, der, wie er seinen Gesprächspartnern versicherte, »begierig« auf ein diesbezügliches Abkommen sei, das durch »freundliche Verhandlungen« zweifellos erreicht werden könne. Wie aus dem britischen Gesprächsprotokoll weiter hervorgeht, blieb Wiedemann auch bei dieser Unterredung bei der Täuschung, Hitler hätte nichts gegen

einen Besuch Görings in England. Nur Ribbentrop wisse noch nichts davon. Der Reichsaußenminister würde erst informiert, »wenn es sich nicht mehr vermeiden läßt«. – »Er fügte vertraulich hinzu«, heißt es im britischen Protokoll, »daß Herrn von Ribbentrops Stellung bei Hitler nicht mehr die ist, die sie war.«
Als es offensichtlich war, daß Hauptmann Wiedemann nicht zu einem politischen Zugeständnis gedrängt werden konnte, zu dem er nicht autorisiert war, verlas der Foreign Secretary das Statement, das am Vortag von Chamberlain approbiert worden war: Ein Besuch von Reichsmarschall Hermann Göring in Großbritannien setze die Normalisierung der Beziehungen zwischen dem Deutschen Reich und der Tschechoslowakei voraus. Wird diese Voraussetzung erfüllt, sollten alle weiteren Vorbereitungen für den Besuch durch »offizielle Kanäle« erfolgen.
Eine für die beiden »Appeasement-Politiker«, Chamberlain und Halifax, erstaunlich harte Linie. Und eine eindeutige Abfuhr für die Prinzessin und den Hauptmann als Unterhändler.
›Steph‹ und Fritz wußten, als sie das Haus am Eaton Square verließen, daß ihre geheime Mission, eine Einladung für Göring zu erwirken, gescheitert war. Die von den Engländern gestellte Vorbedingung war unerfüllbar; die militärische Zerschlagung der Tschechoslowakei war beschlossene Sache seit Ende Mai. Das wußte Wiedemann. Die beiden Verschwörer konnten sich allerdings damit trösten, daß Lord Halifax dem Hauptmann »seine persönlichen Grüße an den Reichskanzler« aufgetragen und anschließend sehr überzeugend gesagt hatte: »Teilen Sie ihm mit, mein Ziel als Außenminister ist es, den Tag zu sehen, an dem der Führer an der Seite des Königs von England zum Buckingham Palace fährt.«[5] Das konnten sie dem Führer berichten. Wortwörtlich. Dieses Bild, er in der goldenen Staatskutsche neben dem englischen König auf der Fahrt zum königlichen Palast, mit deutschem Gruß die jubelnden Engländer grüßend, das würde seiner Eitelkeit schmeicheln. Damit würden sie weiterhin bei ihm einen Stein im Brett haben, und Fritz würde nicht mit leeren Händen zurückkehren. Den Rest der Unterredung

brauchte Hitler nie zu erfahren. Die Engländer würden von sich aus nichts darüber sagen, wenn von Berlin keine Antwort kam.
Die Bombe platzte jedoch am nächsten Morgen, noch bevor Wiedemann nach Berlin zurückflog. Obwohl man sich gegenseitig strikteste Geheimhaltung des Treffens zugesichert hatte, brachte der *Daily Herald* auf der Titelseite seiner Morgenausgabe einen längeren Bericht über die Begegnung des Persönlichen Adjutanten Hitlers mit dem Foreign Secretary Lord Halifax in dessen Residenz. Da der Gegenstand der Unterredung nicht bekannt war, kursierten sofort die wildesten Spekulationen. Allgemein tippte man darauf, daß es sich bei dem Besuch des hochrangigen Nazi um eine erste Fühlungnahme Hitlers zur Beilegung der Sudetenkrise handelte.
Das Foreign Office ließ sofort untersuchen, woher das Blatt seine Informationen hatte, und kam zu dem Schluß, daß die Indiskretion gegenüber der Presse »nicht von britischer Seite begangen worden war«. Aber auch die Prinzessin und der Hauptmann konnten kein Interesse haben, daß das geheime Treffen publik wurde, bevor Hitler ihre eigene Version über den Verlauf der Unterredung erfuhr.
Viele Jahre später nahm ein Exil-Österreicher für sich in Anspruch, der Verfasser der ›Bombennachricht‹ gewesen zu sein: der Journalist Willi Frischauer, der zum fraglichen Zeitpunkt für den *Daily Herald* schrieb. Er hätte einen Hinweis auf den bevorstehenden Besuch Wiedemanns in London erhalten, ihn am Flughafen Croydon erkannt, wo Prinzessin Hohenlohes große Limousine – nach Franz Hohenlohe »ein teurer Rolls Royce« – auf ihn wartete, und sei dem Wagen der Prinzessin bis zu ihrem Apartment in der Brook Street gefolgt. Von da an hätte er die beiden nicht mehr aus den Augen gelassen, bis sie zur Residenz des Foreign Secretary fuhren.[6]
Wiedemann hielt sich nicht lange in Berlin auf, sondern flog sofort weiter nach Berchtesgaden, wo er am späten Nachmittag eintraf. Am ›Berghof‹ sagte man ihm, daß der Führer sich auf einem Spaziergang mit Unity Mitford befand. Ein böses Omen,

die Gegenseite war bereits in Aktion. Als Hitler um etwa 19 Uhr von seinem mehrstündigen Spaziergang zurückkehrte, forderte er Wiedemann auf, ihm Bericht zu erstatten. Das Gespräch dauerte jedoch nicht länger als drei Minuten. Die persönlichen Grüße des Außenministers und daß dieser hoffe, den Führer einmal triumphierend durch London fahren zu sehen, hörte sich Hitler, gelangweilt wirkend, noch an, aber als sein Adjutant auf die Einladung an Göring zu sprechen kam, unterbrach er ihn: »Nein, kommt nicht mehr in Frage.« Er ließ Wiedemann stehen und wandte sich an die übrigen Anwesenden: »Zu Tisch, meine Herren.«

Das geheime Treffen zwischen dem britischen Foreign Secretary und dem vermeintlichen Abgesandten Hitlers beschäftigte die Außenministerien der betroffenen Staaten jedoch noch eine ganz Weile. Am 22. Juli schrieb der tschechische Botschafter in London, Dr. Jan Masaryk[7], der anzunehmen schien, der Tag der Aussöhnung zwischen Großbritannien und Hitler-Deutschland auf Kosten der Tschechoslowakei sei bereits angebrochen, aufgeregt nach Prag:

»Wenn noch etwas von Anstand in dieser Welt verblieben ist, dann wird es eines Tages einen großen Skandal geben, wenn die Rolle aufgedeckt wird, die Steffi Hohenlohe, geborene Richter, bei Wiedemanns Besuch gespielt hat. Diese weltbekannte Geheimagentin, Spionin und Schwindlerin, die eine Volljüdin ist, bildet heute den Mittelpunkt der Hitler-Propaganda in London. Wiedemann hat bei ihr gewohnt. Auf ihrem Tisch steht Hitlers Fotografie mit der Aufschrift ›Für meine liebe Prinzessin Hohenlohe – Adolf Hitler‹ und daneben steht eine Fotografie von Horthy, gewidmet der ›großen Staatsmännin‹.«

Auch am Quai d'Orsay wollte man sofort wissen, wessen Idee das Treffen des deutschen Unterhändlers mit dem britischen Außenminister war und was es für die ›entente cordiale‹, das traditionelle englisch-französische Bündnis, zu bedeuten habe. Der französische Botschafter in Berlin, André François-Poncet, informierte daraufhin sein Amt am 1. August:

»Die Idee, daß Hauptmann Wiedemann von Lord Halifax emp-

fangen wird, wurde von Prinzessin Hohenlohe ausgeheckt, die allen Geheimdiensten der Großmächte bestens bekannt ist und die im Augenblick anscheinend den Interessen Englands dient, obzwar Hauptmann Wiedemann, der sich der engsten Beziehungen zu ihr erfreut und sie häufig in London besucht, der Meinung ist, daß sie sich hauptsächlich den Interessen Deutschlands verpflichtet fühlt. (. . .)
Im übrigen ist Wiedemann, der kein Englisch spricht, ebenso naiv und mäßig intelligent wie er wohlmeinend und in seinen Ansichten gemäßigt eingestellt ist. (. . .)
Auf jeden Fall steht fest, daß sowohl die Wichtigkeit Hauptmann Wiedemanns als auch das Maß an Vertrauen und Freundschaft, das er von seiten Hitlers genießt, in England und in Frankreich sehr übertrieben werden.«

Der Tenor des Diplomatenschreibens legt die Vermutung nahe, daß die Informationen aus dem Umkreis des Reichsaußenministers stammen; möglicherweise von Staatssekretär Ernst von Weizsäcker[8], mit dem François-Poncet befreundet war, während er von Ribbentrop wenig hielt.
Nachdem Wiedemann vom Obersalzberg nach Berlin zurückgekehrt war, forderte ihn der Reichsaußenminister auf, ihm schriftlich über seine Londoner Unterredung zu berichten. Der Hauptmann lieferte den Bericht; allerdings so zurechtfrisiert, daß weder er noch die Prinzessin in einem schlechten Licht erschienen. Trotzdem war die Feindschaft zwischen Wiedemann und Ribbentrop mit diesem Vorstoß des Hauptmanns in die Außenpolitik endgültig besiegelt.
Die Prinzessin diktierte ihrem Ghostwriter Dr. Kommer für die geplanten Memoiren:

»Sehr bald danach erfuhr ich, daß Herr von Ribbentrop sofort nach Erhalt der Nachricht aus London bei Hitler erschien, daß er auf das heftigste gegen die Einmischung des Feldmarschalls, des Hauptmanns und meinerseits protestierte und daß es ihm gelang, Hitler gänzlich umzustimmen. (. . .) Ribbentrops Stern war zu dieser Zeit im Aufgehen, aber auch das Wetterleuchten des Krieges kam näher. Für mich war das Kapitel abgeschlossen.«

Ein neues Kapitel war jedoch bereits in Vorbereitung: die Prinzessin als Schloßherrin. Unmittelbar nach Görings Zusage hatte Freund Fritz beschlossen, den Einzug seiner Geliebten auf Schloß Leopoldskron zu arrangieren. Er hatte sich dabei gegen den massiven Widerstand der Salzburger NS-Größen durchzusetzen, die andere Pläne für das »von der Gestapo für das Reich beschlagnahmte Schloßgut Leopoldskron bei Salzburg« hatten, wie Ribbentrops Adlatus und Zuträger, Alt-Parteigenosse Rudolf Likus, seinem Chef »aufgrund persönlicher Feststellungen« in einem »vertraulichen Bericht« mitteilte. Allerdings zu spät – erst am 1. November –, als daß Ribbentrop diese Pläne unterstützen und seinen Widersacher Wiedemann hätte bremsen können:

». . . Durch die Bedeutung Salzburgs als erstklassiger, internationaler Platz (Festspiele, Kreuzung wichtiger Eisen- und Autobahnen, Nähe des Obersalzbergs, Wintersportplatz) veranlaßt, beabsichtigte die Landesstatthalterei, das Schloß Leopoldskron einem besonderen kulturellen Zweck zuzuführen, der der Geltung Salzburgs auch im Ausland erhöhte Bedeutung geben sollte.«
Doch:
»Da erschien im späten Frühjahr der Adjutant des Führers, Hauptmann Wiedemann, in Salzburg und teilte dem zuständigen Gauleiter Rainer mit, daß es Wunsch des Führers sei, das Schloß Leopoldskron der Prinzessin Hohenlohe zur Verfügung zu stellen. Auch sei der Generalfeldmarschall Göring im gleichen Sinne interessiert. (. . .)
Da die Gauleitung selbstverständlich den ihr übermittelten Wunsch des Führers, den auch der Generalfeldmarschall unterstützte, sofort erfüllte, erhielt der Landesstatthalter, Dr. Reitter, die Weisung, das Schloß für die Prinzessin zur Verfügung zu halten.«

Was Likus jedoch verschwieg (oder nicht wußte), war, daß der Gauleiter von Salzburg, Dr. Friedrich Rainer[9], noch im letzten Augenblick versuchte, die in Berlin getroffene Entscheidung rückgängig zu machen. Wie er an Hauptmann Wiedemann schrieb, sollte das Hauptgebäude des Schlosses seiner Meinung nach zu einem Heim für Künstler umgestaltet werden, die man nach Salzburg ziehen wolle, um der »kulturellen Sendung

Salzburgs zu entsprechen«. Und das anschließende Nebengebäude, der sogenannte ›Meyerhof‹, würde der SA als Sportzentrum zur Verfügung gestellt werden.

»Wenn es möglich ist, den Herrn Feldmarschall für den Plan zu gewinnen«, lockte der Gauleiter, »würden wir die ganzen Anlagen als ›Hermann-Göring-Anlagen‹ einweihen.« Könnte er Schloß Leopoldskron jedoch nicht auf diese Weise nutzen, so drohte er, brauche er 4,75 Millionen Reichsmark zum Bau »neuer Einrichtungen«.

SS-Obergruppenführer Rainer, der Wiedemann, der nur dem NSKK und nicht der SS angehörte, rangmäßig und auch in der Dauer seiner Zugehörigkeit zur NSDAP überlegen war, pochte auf sein persönliches Prestige, das für ihn auf dem Spiel stünde:

»Es ist auch vom Standpunkt meines äußeren Ansehens politisch nötig, daß ich für Leopoldskron einen entsprechenden Ersatz beschaffe. Ich bitte Sie daher, mir den Bescheid des Generalfeldmarschalls telefonisch übermitteln zu wollen. Sollten Sie es für richtig halten, daß ich oder mein Vertreter in dieser Angelegenheit, Landesstatthalter Dr. Albert Reitter, den Generalfeldmarschall besuchen, so bitte ich gleichfalls um telefonische Nachricht.«

Wiedemann ging in seiner Antwort an Dr. Rainer auf die angeschnittene Frage einer eventuellen Revision des Verwendungszwecks von Leopoldskron gar nicht ein, sondern erinnerte den Salzburger Gauleiter lediglich daran, daß »das Schloß Leopoldskrone (!) vom Führer selbst für den Ihnen ja bekannten Zweck beschlagnahmt ist, daß alles, was damit zusammenhängt, prompt und bestens erledigt wird«. Obendrein erteilte er dem Salzburger Gauleiter noch weitere Anweisungen zur Instandsetzung des Schlosses und zur Vorbereitung der Ankunft der Prinzessin, u. a., daß Prinzessin Hohenlohe die frühere Haushälterin von Professor Reinhardt, Frau Gwinner, weiter anzustellen wünscht, »unter der Voraussetzung, daß sie Vollarierin ist«.

›Steph‹ reiste per Bahn von Paris über Straßburg nach Salzburg und traf am 30. Juli in Leopoldskron ein. Nur einen Monat nach ihrer Unterredung mit Göring.

Frau Gwinner, die vollarisch war und der niemand zu sagen brauchte, daß ein neuer Wind wehte und der »Herr Professor« und die »Gnädige Frau«, die Wiener Schauspielerin Helene Thimig, nie mehr zurückkommen würden, begrüßte die neue Schloßherrin.

Gemeinsam unternahmen sie einen Rundgang durch das Hauptgebäude. Die Prinzessin konstatierte, daß das Schloß im jetzigen Zustand »bewohnbar« war, aber baulich renoviert und was Küche, Badezimmer, Heizung und sonstige Installationen betraf, modernisiert werden mußte, um ihren und den Ansprüchen der internationalen Gäste zu genügen, die sie schon zu diesen Festspielen erwartete.

Sobald die Kunde von der Ankunft der Prinzessin nach Salzburg gedrungen war, eilten Gauleiter Dr. Friedrich Rainer und Landesstatthalter Dr. Albert Reitter nach Leopoldskron, um Prinzessin Hohenlohe willkommen zu heißen; aber auch, um mit ihr die »Rechtslage« zu besprechen. Für die Prinzessin war diese klar. Sie war bereits in Berlin von höchster Stelle entschieden worden. Und ihr Freund Wiedemann hatte sie, wie sie von ihm wußte, den beiden auch eindeutig klargemacht: Das arisierte Schloß und Gut Leopoldskron war ihr von Reichsmarschall Göring, mit ausdrücklicher Zustimmung des Führers, zur Benutzung übertragen worden. Auf Wunsch des Führers – angeregt durch ihren eigenen Vorschlag – sollte sie im Schloß für hochrangige Gäste aus dem Ausland, Spitzen der Politik, der Diplomatie und der Kunst, einen repräsentativen ›politischen Salon‹ einrichten und führen.

Die »Rechtslage«, die die beiden Herren mit der Prinzessin zu erörtern wünschten, war jedoch etwas anderes: nämlich, daß Schloß Leopoldskron Eigentum des Landes Salzburg war und bleiben würde und daß »Ihre Fürstliche Hoheit« nur die Benutzungsrechte innehabe. Der Grund für diese penible Feststellung war, wie Rudolf Likus an Reichsaußenminister von Ribbentrop meldete, die anrüchige Vergangenheit der Prinzessin:

»Da die Person der Prinzessin Hohenlohe im früheren Lande Österreich kritisch beurteilt wird, hat die Landesstatthalterei sich grundbuchmäßig das Eigentumsrecht am Schloßgut Leopoldskron gesichert. Die kritische Beurteilung der Prinzessin beruht auf dem Umstande, daß die Prinzessin Hohenlohe in Salzburg bei Volksgenossen in einem schlechten Leumund steht, die sie von ihrer in Wien als Fräulein Steffi Richter verlebten Mädchenzeit her kennen.«

Daher wurde die Prinzessin samt ihrem ›politischen Salon‹ überwacht.

»Sowohl die Gauleitung wie die Landesstatthalterei haben infolgedessen jedwede Sicherungs-Maßnahmen getroffen, um die Benutzung des Schlosses auf unauffällige Weise zu kontrollieren, falls diese Benutzung in politischer Beziehung dem Reichsinteresse abträglich sein sollte ...
Es ist Vorsorge getroffen, daß dem Herrn Reichsaußenminister von Empfängen und Vorgängen politischer Art auf geeignetem Wege Kenntnis gegeben wird ...
Es steht fest, daß Gauleitung und Statthalterei die ganze Angelegenheit mit peinlichster Vorsicht und Diskretion behandeln, um sich in keiner Weise zu belasten, falls sich diese Angelegenheit als nicht seriös erweisen wird.«

Der »liebe Kamerad Likus« bezog seine Informationen über die Prinzessin vor allem von seinem Wiener Zuträger, dem österreichischen Nationalsozialisten »Professor« Dr. Franz Wehofsich[10], der ihn im Telegrammstil über die Vergangenheit der neuen Schloßinhaberin aufklärte: »... geborene Richter, Wiener Flitscherl (= Nutte) bekannt«. Wehofsich wiederum erhielt seine Informationen vom ehemaligen k.u.k.-Militärattaché (und früherem Kollegen des Gatten der Prinzessin), Friedrich von Czörnig[11], ebenfalls einem illegalen österreichischen Nationalsozialisten.

Die neue Bewohnerin von Schloß Leopoldskron stürzte sich sofort in die hausfraulichen Pflichten einer Schloßherrin, zumal die ›Salzburger Festspiele‹ bereits eine Woche vor ihrer An-

kunft, am 23. Juli, von Reichspropagandaminister Dr. Joseph Goebbels eröffnet worden waren und sie jeden Tag damit rechnen mußte, daß ihre ersten Gäste eintrafen.
Die ersten ›Salzburger Festspiele‹ unter dem NS-Regime wurden demonstrativ nicht mit einer Oper des genius loci, W. A. Mozart, sondern mit Wagners *Die Meistersinger* eröffnet. Die Nazipresse wetteiferte, die Erinnerung an Max Reinhardt, der gemeinsam mit Hugo von Hofmannsthal die ›Salzburger Festspiele‹ gegründet und ihnen mit seinen Inszenierungen zu Weltruhm verholfen hatte, zu besudeln und, wenn möglich, überhaupt auszulöschen.
Das *Salzburger Volksblatt* berichtete über die angeblichen Schuldenberge, die der Impresario hinterlassen habe, und der Wiener Korrespondent des in München erscheinenden Parteiorgans *Völkischer Beobachter* geiferte in Haßtiraden über den »Amerikaflüchtling«:

»Zu den markantesten Typen dieser semitischen Kulturkrämer zählt auch der berüchtigte ›Theaterkönig‹ Max Reinhardt oder, wie er mit seinem ursprünglichen Namen hieß: Max Goldmann. (. . .)
Zu all dem kommt noch, daß Reinhardt-Goldmann mit Unterstützung des volksfremden Systems versuchte, eine eigentliche deutsche Kunst in Salzburg tödlich zu treffen. Die Festspiele waren dank seinem Einfluß vollkommen verjudet, das viel gerühmte ›internationale‹ Publikum bestand zum größten Teil aus neureichen Ostjuden, die jedem anständigen Menschen den Aufenthalt in der Festspielstadt verleideten. Das ist das wahre Gesicht des ›großen Künstlers‹ Reinhardt, der als ganz gewöhnlicher Gauner nicht nur den Staat um Riesensummen betrog, sondern auch kleine Leute regelmäßig dadurch schädigte, daß er nach Schluß jeder Festspielzeit unter Hinterlassung eines Rattenschwanzes von Schulden ins Ausland verschwand.«

Der Hauptgrund des Hasses der neuen Machthaber auf Max Reinhardt war – außer seinem Judentum – zweifellos die Tatsache, daß es ihm gelungen war, die Salzburger Festspiele als künstlerische Konkurrenz für die von Hitler verehrten und regelmäßig besuchten Bayreuther Festspiele aufzubauen und diese an Eleganz, Innovation und internationaler Präsenz zu übertreffen. Daher mußte Reinhardt diskreditiert und Salzburg, wie die Wahl der von Furtwängler dirigierten *Meistersinger* zeigt, ›eingedeutscht‹ werden.

Der politisch-gesellschaftliche Höhepunkt der Salzburger Festspiele 1938, bei denen zum ersten Mal auf dem ehemaligen Max-Reinhardt-Platz Hakenkreuzfahnen wehten, war der Empfang des Landesstatthalters Dr. Reitter am 18. August. Die Spitzen des in der Ostmark regierenden NS-Regimes nahmen daran teil. In braunen und schwarzen Uniformen, mit Orden, Silberschnüren, spiegelblank polierten Stiefeln und den unvermeidlichen Hakenkreuzbinden am Arm präsentierten sich der Reichsstatthalter, Dr. Seyß-Inquart, Gauleiter Dr. Rainer, der Sicherheitsbeauftragte, SS-Gruppenführer Ernst Kaltenbrunner und, aus Berlin, der Reichsinnenminister, Dr. Wilhelm Frick den Gästen und Künstlern, mit denen sie steif Konversation trieben. Diejenige, die das Eis der Förmlichkeit rasch gebrochen und aus dem Anlaß ein Fest gemacht hätte, fehlte: Die Schloßherrin von Leopoldskron. Sie war nicht eingeladen worden.

Trotz ihres Nahverhältnisses zu Hitler wurde Stephanie Hohenlohe in Salzburg offiziell geschnitten; nicht verwunderlich von seiten der NS-Größen, bei denen es sich längst herumgesprochen hatte, daß sie jüdischer Abstammung war, und in einer Stadt, in der laut Erlaß vom 18. Juni den Juden sogar »das Tragen von Trachtenkostümen oder Teilen davon, wie weiße Kniestutzen« bei Strafandrohung verboten war.

Es ist nichts bekannt, daß Prinzessin Hohenlohe 1938 an einer offziellen Funktion oder künstlerischen Darbietung der Festspiele teilnahm. Nur einmal lud sie ihrerseits, wie Likus später dem Reichsaußenminister in Berlin meldete, den Gauleiter und den Landesstatthalter nach Leopoldskron ein. Ansonsten widmete sie sich der Ausstattung des Schlosses nach ihren Wünschen und ihren Pflichten als Gastgeberin.

In der Küche ließ sie einen überdimensionalen elektrischen

Herd, einen neuen Eisschrank und diverse andere elektrische Küchengeräte installieren. Kosten 3560 RM. Für die neuen Elektrogeräte wurde ein Transformator benötigt. Kosten 4213 DM. Die Installation einer Zentralheizung und neuer sanitärer Anlagen kostete 14701 RM. Ein Heer von Maurern, Anstreichern und Malern wurde beschäftigt. Ein Tennisplatz wurde angelegt; der Teich vor dem Schloß ausgepumpt und gereinigt. Blumenbeete und Parkanlagen wurden neu bepflanzt. Geld spielte keine Rolle, wie Wiedemann, laut Likus, dem Salzburger Gauleiter, bereits vor Ankunft der Prinzessin versichert hatte:

»Etwaige Baukosten brauche das Land Salzburg nicht zu tragen. Die Rechnungen seien an ihn (Wiedemann) einzureichen.«

Aber auch über ihre privaten Finanzen brauchte sich ›Steph‹ in diesem Sommer keine Sorgen zu machen. Fritz sah darauf, daß der Geldfluß aus Berlin nicht ins Stocken kam und daß die ›liebe Prinzessin des Führers‹ sich und ihre Gäste standesgemäß verwöhnen konnte. Regelmäßig wurden von der ›Adjutantur des Führers – Reichskanzlei Berlin‹ über das Bankhaus Carl Spängler in Salzburg größere Beträge an Prinzessin Hohenlohe überwiesen. Am 3. August waren es 10000 RM; am 16. August der gleiche Betrag; am 6. September 20000 RM, und am 30. September noch einmal die gleiche Summe.

Man muß annehmen – obwohl es darüber keine Belege gibt –, daß der größte Teil dieser Gelder, von denen die Prinzessin ingesamt 21794 RM ins Ausland transferierte, von der Schloßherrin für den Haushaltsaufwand und zur Entlohnung ihres zahlreichen Personals verwendet wurde. Nach ›Franzi‹ Hohenlohe beschäftigte seine Mutter auf Schloß Leopoldskron an einheimischen ständigen Angestellten: die Wirtschafterin, Frau Sina Gwinner, einen Butler, seine Frau und seine Tochter, einen Gärtner und seinen Gehilfen. Aus London hatte sie mitgebracht oder kommen lassen: ihre Zofe, einen Koch, zwei Küchengehilfinnen, zwei männliche Bedienstete und drei

Dienstmädchen. Für die Instandsetzung des Schlosses und der Gründe wurde von diesen privaten Überweisungen an die Prinzessin jedenfalls kein Pfennig ausgegeben.
Die Rechnungen der Instandsetzungskosten wurden von Berlin aus, wo sie bündelweise eintrafen, direkt bezahlt. Zuerst von Wiedemann, dann, nach seinem Ausscheiden aus der Reichskanzlei, von seinem Freund Bodenschatz aus der Kasse des Reichsmarschalls, da Führeradjutant Wilhelm Brückner sich nach dem Abgang Wiedemanns weigerte, dafür den ›Sonderfonds‹ der Adjutantur anzutasten.
Am 3. Februar 1939, als Wiedemann wieder einmal elf Rechnungen in der Gesamthöhe von 22489 RM zur Bezahlung aus Görings Kasse an dessen Chefadjutanten schickte, schrieb er dazu an Bodenschatz, offensichtlich, um das Gewissen seines Freundes zu beruhigen:

»Wie Du siehst, handelt es sich um lauter Rechnungen, die, wie mir der Führer selbst sagte, den Wert des Schlosses erhöhen und da das Schloß heute Staatsbesitz ist, sind diese Verhältnisse ja geklärt.«

Schließlich, als General Bodenschatz der Bezahlung der Rechnungen trotz der Mahnungen des Freundes und des ständigen Drängens der Gauleitung Salzburg nur zögernd nachkam, übernahm Reichsparteiführer Martin Bormann, damals noch im Büro des Führerstellvertreters Rudolf Heß für die privaten Finanzen Hitlers zuständig, die Begleichung der noch immer einlaufenden Rechnungen. Bormann, der sich in eine enge Vertrauensposition zu Hitler vorgearbeitet hatte, wies SS-Sturmbannführer P. Wernicke, den Verwaltungschef der Reichskanzlei an, ihm sämtliche noch ausständige, Schloß Leopoldskron betreffende Rechnungen zu übergeben.[12]
Im Sommer 1939, ein Jahr nach Beginn der Arbeiten am Schloß und den Schloßgründen, waren schließlich – sehr zur Erleichterung von Gauleiter Rainer – auch die letzten Rechnungen der Salzburger Firmen und Lieferanten beglichen. Zu diesem Zeitpunkt gab es allerdings den ›politischen Salon‹, den der Führer

sich gewünscht und den seine ›liebe Prinzessin‹ ihm versprochen hatte, nicht mehr.

Es hat ihn in Wirklichkeit nie gegeben, obwohl Hauptmann Wiedemann im Oktober 1938 Reichsmarschall Göring über den Erfolg der ersten Saison unter der Leitung seiner Freundin vorschwärmte:

»So kurz die Zeit auch war, die von der Entscheidung des Feldmarschalls bis zum Beginn der Salzburger Festspiele blieb, ist es der Prinzessin Hohenlohe doch gelungen, eine ganze Reihe mehr oder minder bedeutender Franzosen, Engländer, Amerikaner nach Leopoldskron zu bringen. Immer mit dem Erfolg: die Leute waren von dem Gesehenen begeistert und haben in ihre Heimatländer geschrieben, wie gut die Salzburger Festspiele seien, und daß man nirgends bessere Musik hören könne, wie in Deutschland.
Wenn auch infolge der Umstände der Besuch der Engländer und Amerikaner in diesem Jahr ein geringer war, geringer im Vergleich zu den vorhergehenden Jahren, so ist doch zu erwarten, daß bei geschickter Propaganda, wozu auch in erster Linie Leopoldskron gehört, in einigen Jahren aufgeholt werden kann.
Nicht unerwähnt möchte ich lassen, daß es die Prinzessin Hohenlohe verstanden hat, aufs beste mit dem zuständigen Gauleiter und dem zuständigen Statthalter zusammenzuhalten, die ihrerseits auch wieder Gelegenheit genommen haben, in Leopoldskron mit den dortigen Gästen zusammenzukommen, um mit ihnen persönlich Fühlung zu nehmen.«

Die ausländischen Gäste kamen, wie Franz Hohenlohe, der den Sommer auf dem Schloß verbrachte, schrieb, »in Scharen«. Aus den USA, aus Großbritannien und zum geringeren Teil aus Frankreich. Aber die ›Spitzen der Politik, der Diplomatie und der Kunst‹, die Prinzessin Hohenlohe ihrem Gönner, Reichsmarschall Göring, und dem Führer in Aussicht gestellt hatte, waren in der Minderheit; obwohl gerade sie das Hauptkontingent hätten stellen sollen, wie Wiedemann am 15. Oktober in einem Schreiben an seinen Freund Bodenschatz den ursprünglichen Plan noch einmal resümierte:

»Anläßlich ihres vorletzten Besuches beim Generalfeldmarschall hat die Prinzessin ihm vorgetragen, daß es zweckmäßig wäre, das Schloß Leopoldskron bei Salzburg für die Aufnahme prominenter Ausländer herzurichten. (...) Ich habe in der darauffolgenden Zeit die Angelegenheit auch dem Führer vorgetragen, der daraufhin entschieden hat, daß das Schloß Leopoldskron für den Besuch prominenter Ausländer, wie von der Prinzessin Hohenlohe vorgeschlagen, reserviert bleiben solle.«

Die Gäste, die auf Leopoldskron auf Reichskosten fürstlich beherbergt und bewirtet wurden, waren jedoch in erster Linie ›Stephs‹ Freunde von früher, aristokratische ›Namen‹, aber ohne Einfluß, und die gesellschaftliche Umgebung, die Stephanie Hohenlohe im Laufe der Jahre gesammelt hatte.

Ausnahmen, deren Wert für die Salzburger Festspiele gerechtfertigt werden konnte, bildeten lediglich der amerikanische Dirigent Leopold Stokowski, mit dem die Schloßherrin, laut Franz Hohenlohe, die Möglichkeit von Opernfreilichtaufführungen im Schloßpark erörterte; der Vorsitzende des Aufsichtsrates der New Yorker Metropolitan Oper, Mr. Paul D. Cravath; der Direktorstellvertreter des gleichen Opernhauses, Mr. Edward Ziegler; und Mrs. Carroll Carstairs, die Gattin eines prominenten New Yorker Kunsthändlers. Das britische Kontingent, soweit es etwas mit Kunst zu tun hatte, war noch dürftiger: der Theaterkritiker Philip Carr und die Schauspielerin Iris Tree (eine Lieblingsschauspielerin des früheren Schloßherrn), die mit Friedrich Graf Ledebur, ebenfalls ein Freund Reinhardts, verheiratet war und aus der bekannten englischen Schauspielerdynastie von Sir Herbert Beerbohm-Tree stammte.

Die französische Kunstwelt war überhaupt nur durch die Präsidentin der Pariser Mozart-Gesellschaft, Madame Octave Homberg, vertreten, die jedoch bereits zu den regulären Gästen der Prinzessin im Jagdhaus Fuschl gezählt hatte. Um diesem Mangel für die nächste Saison abzuhelfen, wandte sich Hauptmann Wiedemann an den deutschen Botschafter in Paris, Johannes Graf von Welczek: den Mann, den Hitler wenige Wochen vorher ein »Arschloch« genannt hatte:

»Die Prinzessin Stephanie von Hohenlohe-Waldenburg hält sich zur Zeit in Paris auf. Sie soll dort im Einverständnis mit und im Auftrage des Gauleiters und Landesstatthalters von Salzburg Verbindungen mit Persönlichkeiten der französischen Musikwelt herstellen, die für die Salzburger Festspiele nutzbar gemacht werden können. Die Prinzessin erbittet dazu Ihre Unterstützung.«

Die deutsche Prominenz machte sich auf Leopoldskron auffallend rar. Lediglich der neue deutsche Botschafter in London, Herbert von Dirksen, (der zweite deutsche Diplomat, der die Ehre hatte, von Hitler als »Arschloch« charakterisiert zu werden) kam mit seiner Stiefmutter, Victoria von Dirksen, beide persönliche Freunde der Prinzessin. Und natürlich kam Fritz Wiedemann.[13] Reichsmarschall Göring, der eigentliche Sponsor des ›politischen Salons‹ der Prinzessin, machte den Abstecher nicht, als er sich am 29. August in Salzburg aufhielt. Auch Adolf Hitler gab seiner ›lieben Prinzessin‹ – trotz der Nähe seiner Residenz auf dem Obersalzberg – nicht die Ehre eines Besuches, als er am 29. Oktober per Bahn aus Wien kommend in Salzburg war. Er fuhr sofort mit dem Auto nach Berchtesgaden weiter, ohne in Leopoldskron anzuhalten.

Einer, der während der Eröffnungssaison auf Leopoldskron jedoch nicht fehlte, war der allgegenwärtige internationale Geschäftemacher Charles Bedaux, der Intimus des Herzogs von Windsor, der, wenn er in Österreich war, nie versäumte, mit der Herzogin in dem nicht weit von Leopoldskron entfernten Schloß Mittersill Ferien zu machen, Golf und Tennis zu spielen.

Das feudale Schloß im Salzkammergut, dessen Pächter Prinz Edouard de Lobkowitz, Graf Hans Czernin und die beiden Brüder, die Barone Kurt und Hubert von Pantz, waren[14], scheint den beiden Salzburger NS-Zwillingen, Dr. Rainer und Dr. Reitter, ebensoviel Überwachung abgefordert zu haben wie Schloß Leopoldskron. Dies geht vor allem aus einem unsignierten »Vertraulichen Bericht« vom 1. November hervor, der an Außenminister von Ribbentrop gerichtet war und, wie die »Vertraulichen Berichte« über Leopoldskron, zweifellos von dessen Adlatus Rudolf Likus stammt, der seine Informationen wieder einmal von seinem österreichischen Informanten PG Hans Wehofsich bezog:

»Auf deutschem Reichsgebiet im Lande Salzburg liegt das der Fürstlich-Liechtensteinischen Gesellschaft SIMAG gehörende Schloß Mittersill. Sitz der Gesellschaft ist Vaduz in Liechtenstein. Die genannte Gesellschaft hat dem ›Schloß Mittersill Sports and Shooting Club‹ das Schloß mit den dazugehörenden Sportplätzen für Golf und Tennis usw. überlassen. Ehrenpräsident dieses Clubs ist der Herzog von Windsor...
Gauleitung und Landesstatthalterei in Salzburg, auf deren Gebiet Schloß Mittersill liegt, haben aus staatspolitischen, außenpolitischen und weltanschaulichen Gründen ein besonders hervorragendes Interesse an einer einwandfreien Betätigung dieses Clubs. Nach einer Mitteilung des Professor Wehofsich – Wien – ist eine einwandfreie Betätigung ohne eine außenpolitische und staatspolitische Kontrollführung deutscherseits nicht gewährleistet. So ist z. B. der in der Mitgliederliste an erster Stelle genannte tschechoslowakische Fürst Dietrichstein vor kurzer Zeit aus Wien geflohen, weil er wegen Homosexualität verhaftet werden sollte. Auch wurde in diesem Zusammenhang auf eine angebliche bisexuelle Veranlagung des Herzogs von Windsor hingewiesen.«[15]

Demnach mußten die Salzburger NS-Sittenwächter gleich in zweien ihrer Schlösser die wechselnden Bewohner überwachen lassen, »damit der Herr Reichsaußenminister« von allen Vorgängen »Kenntnis erhält«, wie der anonyme Verfasser des ›Vertraulichen Berichtes‹ versprach.
Was Ribbentrop durch seine Informanten ebenfalls erfuhr, war, daß die Familie seines Gegenspielers zu den häufigsten Gästen auf Schloß Leopoldskron gehörte. Nicht nur der Hauptmann, der, wann immer er abkömmlich war und Lust verspürte, seine Freundin zu sehen, rasch einmal von Berlin nach München flog, wo er am Flughafen vom großen Mercedes der Prinzessin abgeholt wurde, sondern auch seine Frau Anna-Luise und die drei Wiedemann-Kinder. Kaum hatte die Prinzessin ihr Schloß

in Besitz genommen, telegrafierte der Hauptmann seiner Frau, sie solle mit den Kindern nach Leopoldskron fahren, und schickte gleich fürsorglich 100 RM für die Reisekosten mit. Auch im Herbst und zu Weihnachten und Neujahr machten die Wiedemanns ›Ferien auf dem Schloß‹. Sie waren wahrscheinlich ›Stephs‹ letzte Gäste als Schloßherrin . . .

Umgekehrt besuchte die Prinzessin auch zwei- oder dreimal die Landwirtschaft der Wiedemanns im bayerischen Pfarrkichen, das nicht viel mehr als eine Autostunde von Salzburg entfernt war. Die Dorfbewohner liefen jedesmal staunend zusammen, wenn die ›fürstliche Hoheit‹ mit ihrer noblen Begleitung im offenen Mercedes-Kabriolett, mit einem livrierten Chauffeur am Volant, in Pfarrkirchen einfuhr. ›Hoheit‹ besuchte jedesmal auch den Molkereibetrieb ihres Freundes, plauderte mit dem Personal und beeindruckte alle mit ihrem Charme und ihrer ›Leutseligkeit‹.

Die Pfarrkirchner wären wahrscheinlich noch mehr erstaunt und beeindruckt gewesen, hätten sie gewußt, daß der ›große Mercedes‹, samt livriertem Chauffeur, die Prinzessin keinen Pfennig kostete. Das Achtzylinder-Kabriolett, das »Juwel« der Daimler-Benz AG, samt Chauffeur der Firma, Herrn Sailer, war der Prinzessin vom Autokonzern auf Ersuchen des Persönlichen Adjutanten des Führers kostenlos – leihweise – zur Verfügung gestellt worden. Als die Direktion sich nach vier Monaten bei Wiedemann erkundigte, wann sie ihren teuren Wagen und ihren Chauffeur wieder zurückhaben könnte, antwortete der Hauptmann nonchalant, er würde das Unternehmen im neuen Jahr wissen lassen, wann die Familie Hohenlohe den ›großen Mercedes‹ nicht mehr brauche. Außer dem großen Modell für die Hohenlohe hatte Wiedemann auf die gleiche Weise auch ein kleineres Modell für den jungen Prinzen requiriert.

›Franzi‹ Hohenlohe, nun 23 Jahre alt, war im Grunde arbeitslos wie viele seiner aristokratischen Standesgenossen. Aber im Gegensatz zu den meisten von ihnen, die ein ererbtes Vermögen besaßen, war er auch noch mittellos und mußte ans Verdienen denken. Seinen musischen Interessen folgend hatte er sich zuerst als bildender Künstler versucht. Eine Londoner Galerie stellte im Frühjahr 1938 vierundfünfzig seiner Zeichnungen und Entwürfe aus. Die Prominenz, die zur Vernissage erschien, überschattete die Werke des jungen Künstlers. Die Freunde der Mutter erwiesen dem Sohn die Ehre. Die Patronanz über die Ausstellung hatte der ungarische Chargé d'affaires in London, Franz von Marossy, übernommen, und unter den Gästen befanden sich Damen der Society wie Lady Ethel Snowden und Lady Margot Oxford. Sogar der Herzog von Alba, bis vor kurzem noch Geheimagent Francos in London, nun bereits legitimer Botschafter der neuen spanischen Regierung am Hof von St. James, war erschienen. Die *Times* empfahl die Ausstellung ihren Lesern, nannte die ausgestellten Werke jedoch »mehr künstlerisch als Kunst«. Ein Drittel davon wurde verkauft; zum Großteil an Freunde der Mama.

Der Prinz setzte seine Künstlerkarriere nicht fort, sondern bewarb sich während des Sommers, den er auf Leopoldskron verbrachte, nach Vermittlung des »lieben Hauptmann Wiedemann«, zuerst um Aufnahme in den deutschen Diplomatischen Dienst; als dies scheiterte, in die Luftwaffe. Nachdem auch daraus nichts wurde, obwohl ›Franzi‹ Privatflieger war, drängte ›Steph‹ ihren Fritz, seine Beziehungen in der Wirtschaft spielen zu lassen und ihrem Sohn eine Stellung bei den IG-Farben-Werken zu verschaffen.

Am 25. Oktober informierte Wiedemann den Prinzen, daß er in der Chefetage, bei Dr. Max Ilgner[16], einem der Leiter des Unternehmens, seinetwegen interveniert habe; er solle nun ein persönliches Schreiben an Dr. Ilgner richten, darin Wiedemanns Namen erwähnen und seinen Lebenslauf und Ariernachweis beilegen. Da der Hauptmann wußte, daß ›Franzi‹ mit einer volljüdischen Großmutter dabei Schwierigkeiten haben würde, schlug er vor:

»Dabei kannst Du Dich auf mich berufen, nachdem ich die Unterlagen ja selbst angesehen habe.«

›Franzi‹ richtete ein Bewerbungsschreiben an Dr. Ilgner. Aber da er kein konkretes Angebot erhielt, übersiedelte er, als seine Mutter sich von Deutschland absetzte, ebenfalls nach London, wo er nun versuchte, bei der Presse unterzukommen. Die als Journalistin tätige Lady Snowden nahm ihn unter ihre Fittiche und schickte eine Probe seines Könnens an Lord Beaverbrook. Der Zeitungsherausgeber gab den Artikel kommentarlos an den Redakteur des *Daily Express* weiter, der ihn an Lady Snowden mit dem Urteil retournierte:

»Der Artikel gleitet eher oberflächlich über die eben zu Ende gehende Dekade und enthält sehr wenig persönliche Beobachtung. Die Idee ist gut, aber ohne genügend Autorität gehandhabt.«

Nach diesen vergeblichen Versuchen, in Europa beruflich Fuß zu fassen, kehrte ›Franzi‹ Hohenlohe der ›Alten Welt‹ den Rücken und suchte sein Glück, endgültig, in der ›Neuen‹, wo ihn der Krieg überraschte und er, 1944, freiwillig in die US-Army eintrat. Er brachte es bis zum Gefreiten und war kurze Zeit im Pazifik im Einsatz. Unmittelbar nach dem Zusammenbruch des Deutschen Reiches stellte er als amerikanischer Militärangehöriger bei der amerikanischen Militärverwaltung in Wien einen Antrag auf Rückgabe . . .

». . . gewisser Besitzungen in Salzburg, Eigentum von Prc. Francis Hohenlohe und seiner Familie, ungarische Staatsbürger.«

Ob er damit die gleichen illegitimen Ansprüche im Sinn hatte wie seine Mutter, läßt sich nicht feststellen. Die Prinzessin hatte bereits 1941 den US-Behörden gegenüber fälschlich behauptet, daß sie

». . . in der Nähe von Salzburg, Austria, zwei Häuser besitzt und wertvolle Möbel, Tafelsilber und Ausstattungen, die sie nach ›Schloß Leopoldskron‹ sandte, das sie 1938 gemietet hatte. Der Besitz wurde vom Deutschen Reich konfisziert.«

Außer ›Franzi‹ war auch die Mutter der Prinzessin Hohenlohe in Salzburg eingezogen. Zweifellos ein einmaliger Coup der Prinzessin: Die Jüdin bewohnte im Schloß des durch die Nazis

enteigneten Juden, unter dem Schutz und auf Kosten des NS-Regimes, ihre eigenen luxuriösen Gemächer. Allerdings: oft war die ›Prinzessinmutter‹ die einzige ›Bürgerliche‹ und die einzige ohne aristokratischen Titel in der illustren Gesellschaft, die ihre Tochter um sich versammelte. Ein Umstand, der Stephanie Hohenlohe nicht ruhen ließ, bis sie diesen ›Fehler der Geburt‹ ihrer Mutter korrigiert hatte.
Nach dem Ende des Salzburger Festspielsommers reiste die Prinzessin mit Mama nach Ungarn, wo sie bereits bei einem ihrer früheren Besuche einen geeigneten Bräutigam für sie ausfindig gemacht hatte. Wie geplant, am 10. Oktober heiratete der 90jährige Ungar Kalman Negyessy de Szepessy in dem Provinzstädtchen Boldva die verwitwete deutsche Staatsangehörige Ludmilla Richter, geborene Kuranda.
Der Bräutigam stammte aus einer alten ungarischen Familie, von der ein Zweig, Ende des 18. Jahrhunderts, baronisiert worden war. Daß der neugebackene Ehemann nicht diesem privilegierten Zweig angehörte, störte die Prinzessin nicht. Wer kennt sich schon so genau in der ungarischen Adelschronik aus! Wichtig war: Ludmilla Richter kehrte als Baronin Kalman de Szepessy nach Leopoldskron zurück; ausgestattet mit einem ungarischen Paß, den ihr ›Steph‹ sofort nach der Vermählung in Budapest besorgt hatte. Der Bräutigam, der angebliche ›Baron‹, blieb in seinem ungarischen Nest zurück. Er hatte seine Schuldigkeit getan. Als ungarische Staatsbürgerin war ›Baronin‹ Szepessy, obwohl Volljüdin, jeder Verfolgung durch die Nazischergen entzogen[17], und sie konnte – wann immer sie wollte –, genau wie ihre Tochter und ihr Enkel, ungehindert aus dem Deutschen Reich ausreisen, was ihr als österreichischer Jüdin nach den NS-Gesetzen nicht möglich gewesen wäre.

Der rechtmäßige Besitzer von Leopoldskron erfuhr von den Vorgängen auf seinem Schloß, das er genau zwanzig Jahre vorher, 1918, von einem Salzburger Geschäftsmann gekauft hatte, nur aus spärlichen Zeitungsnotizen und durch Freunde, meist jüdische Flüchtlinge, die nach Hollywood kamen. Für den großen Inszenator Reinhardt war aus seinem luftigen ›Sommernachtstraum‹, mit leichtbeschwingten Elfen, gutmütigen Kobolden, irrenden Liebenden und harmlosem Schabernack, den er im Park seines Schlosses bei Laternenschein zum Applaus seines internationalen Publikums inszeniert hatte, ein mit Ungeheuern, Dieben und Mördern bevölkerter Alptraum geworden, aus dem er nie mehr erwachen würde. Reinhardt hat sein Schloß Leopoldskron, das er, wie Helene Thimig in ihren ›Erinnerungen an Max Reinhardt‹ schrieb, zu seinem privaten Lebenswerk gemacht hatte, nie mehr wiedergesehen:[18]

»Leopoldskron war eine Produktion, auf die Reinhardt besonders stolz war. Zumindest war es die Produktion, der er die meiste Zeit widmete: achtzehn Jahre lang – von 1919 bis 1937 – verwendete er jede Stunde, die sein rastloses Leben ihm ließ, um dieses großartige Bauwerk zu gestalten. Wir verbrachten Tage und Nächte damit, im ganzen Schloß Bilder umzuhängen, bis wir den richtigen Platz für sie gefunden hatten; wir schoben bis in die frühen Morgenstunden Möbel und schoben sie wieder zurück, bis der Eindruck hergestellt war, den ein erlesenes Stück verlangte, das schon jahrhundertelang dort stand.
Unzählige Handwerker, jeder ein Fachmann auf seinem Gebiet, ersetzten, was fehlte, und schufen Neues, das dem Geist des bereits Bestehenden so ähnlich war, daß man es davon nicht unterscheiden konnte. Ganze Nächte bereitete Reinhardt mit ungeheurer Geduld detaillierte und fachmännische ›Produktionsanweisungen‹ vor, nach denen diese große Produktion systematisch ausgeführt werden sollte. Und gerade dann, als alles schön und fast fertig war, marschierten im März 1938 die deutschen Truppen in Österreich ein ... Was für ein makabrer Scherz: Reinhardts Schöpfung – ein Schloß für die Nazis!«

Noch makaberer wurde der Scherz durch die Tatsache, daß die Nazis die jüdische Prinzessin Hohenlohe zur Schloßherrin des ›arisierten‹ Schlosses machten.
Eines Tages besuchte Graf Ledebur auf Wunsch Reinhardts Leopoldskron und hatte eine Aussprache mit ›Steph‹, die, wie

erwähnt, mit seiner Frau, Iris Tree, befreundet war. Reinhardt schrieb an Helene Thimig, was ihm Ledebur über den Besuch später in Hollywood erzählte: »Die Hohenlohe behauptet, daß sie mir Miete zahlt!«

Gottfried Reinhardt ist sicher, daß Prinzessin Hohenlohe seinem Vater nie Miete gezahlt hat:

»Ob sie jemandem Miete gezahlt hat, weiß ich nicht. Aber Reinhardt hat sie nie einen Cent bezahlt.«

Max Reinhardts langjährige Sekretärin, Gusti Adler, ist überzeugt davon, daß die Prinzessin überhaupt niemandem Miete für Leopoldskron bezahlte; auch wenn sie das später, vor allem in den USA, immer wieder behauptete, um nicht als Nutznießerin des Nationalsozialismus dazustehen. Gottfried Reinhardt dazu zu den Autoren:

»Natürlich hat sie versucht, schon in Hinblick auf die Nachhitlerzeit, den Eindruck zu erwecken, als hätte sie Reinhardt in Wahrheit beschützt.«

Es war Freund Kommer, der ›Kümmerer‹, der ehemalige Agent und Freund Max Reinhardts, der sich darum kümmerte, diesem Schwindel wenigstens einen Anschein von Wahrheit zu geben. 1941, als ›Steph‹ sich gegenüber den amerikanischen Behörden in einer äußerst schwierigen Situation befand und ausgewiesen werden sollte, wandte sich ›Franzi‹ an ihn um Hilfe. Am 4. Februar stellte Dr. Kommer, immer gewandt mit dem Wort, der Prinzessin den gewünschten Persilschein aus – gegen sein besseres Wissen:

»Liebe Prinzessin Hohenlohe,
ich höre von Franzi, daß Ihnen Ihre Briefe und Unterlagen von 1938 zur Zeit nicht zugänglich sind und Sie Ihre Position bezüglich Prof. Max Reinhardt, Schloß Leopoldskron und mir zu klären wünschen. Ich beeile mich, Ihnen einen knappen Überblick über die Fakten zu geben:
1) Ungefähr zwei Monate nach der Besetzung Österreichs durch Deutschland (März 1938) wurde ich von Prof. Max Reinhardts Wirtschafterin auf Schloß Leopoldskron informiert, daß das Schloß, das im März beschlagnahmt worden war, einer

militärischen Nazi-Organisation übergeben wird. Das hätte die physische Zerstörung großer künstlerischer Werte bedeutet. Nachdem mir prominente Nazi-Anwälte definitiv mitgeteilt hatten, daß es keinen wie immer gearteten Rechtsschutz für Prof. Max Reinhardt (und für mich) in Nazi-Deutschland gab, dachte ich darüber nach, wie dieses Juwel der Architektur vor den Barbaren gerettet werden könnte. Als ich Sie im Juni 1938 in London sah, erinnerte ich mich plötzlich, daß Sie in den vergangenen Jahren wiederholt versucht hatten, Schloß Leopoldskron von Prof. Max Reinhardt zu kaufen. Daher schlug ich vor, daß Sie nach Salzburg fahren und das Schloß von den Nazi-Behörden entweder kaufen oder mieten. Natürlich hoffte ich, daß Ihre persönlichen Beziehungen Ihnen bei diesen Bemühungen helfen würden. Es gelang Ihnen, einen Mietvertrag auf fünf Jahre zu erhalten, und damit war das Vorhaben, aus dem schönen barocken Besitz Baracken zu machen, aufgehalten. Es war ein äußerst freundlicher Akt Ihrerseits gegenüber Prof. Max Reinhardt und nicht ein feindlicher, wie einige uninformierte Zeitungen berichten.
2) Außerdem boten Sie, im Geiste echter Freundschaft, bei der Rettung des persönlichen Besitzes von Prof. Max Reinhardt (und meines) auf Schloß Leopoldskron Ihre Hilfe und Unterstützung an. Es würde zu weit führen, unsere längerfristigen Pläne zu beschreiben, denen der Kriegsausbruch ein Ende bereitete, aber es genügt, anzuführen, was tatsächlich und mit Erfolg getan wurde. Im August 1938 erhielt ich in London 26 Kisten, die meine Bibliothek enthielten (etwa 6000 Bände), Papiere, Bilder und persönliche Kleidungsstücke. Ein paar Monate später erhielt Prof. Max Reinhardt in Hollywood, Cal., eine Menge Bücher, Porzellan, Silber, Möbel etc. etc. von Schloß Leopoldskron. Das alles wurde von Ihnen auf die großzügigste Weise erledigt, und ich werde Ihnen dafür stets zutiefst dankbar sein.
(. . .)
In der Hoffnung, daß Ihre Verfolgung durch die Presse, die einer gänzlichen Fehleinschätzung Ihrer Persönlichkeit entspringt, bald ein Ende haben wird, verbleibe ich mit den ergebensten Grüßen,
Ihr dankbarer Rudolf K. Kommer.«

»Vielen Dank für das superbe Schreiben«, telegrafierte ›Franzi‹ aus Kalifornien an Dr. Kommer in New York, und verteilte es

sofort an die amerikanische Presse, die jedoch von dieser zurechtfrisierten Version der Ereignisse keinen Gebrauch machte.
Es stimmte: Ein geringer Teil der persönlichen Effekten Max Reinhardts wurde von ›Steph‹ mit Hilfe Wiedemanns in die USA expediert. Die Formalitäten der Verfrachtung waren Prinz Hohenlohe übertragen worden. Am 28. Oktober schrieb dieser an den Persönlichen Adjutanten des Führers, mit dem er auf Du und Du stand:

»Lieber Fritz,
... beiliegend sende ich Dir zur Beachtung die von mir jetzt genau durchgeprüfte Liste der Sachen, welche an Professor Reinhardt zurückkommen (!). Sie ist allerdings noch nicht komplett, und ich fürchte, ich werde Dich in einigen Tagen nochmals mit dem zweiten Teil davon molestieren müssen. Obwohl sie sehr lang erscheint, sind es gar nicht so furchtbar viele Sachen: und Steph hätte damals nicht erschrecken brauchen.«[19]

Wiedemann zeichnete beide Listen ab und schickte ›Franzi‹ am 24. November eine Führervollmacht zur Ausfuhr der aufgelisteten Gegenstände:

»Der Führer hat angeordnet, daß alle persönlichen Gegenstände des früheren Besitzers von Leopoldskron, des Professors Max Reinhardt, diesem ohne weiteres zurückzugeben sind. Der Prinz Hohenlohe ist von mir beauftragt, diese Weisung des Führers auszuführen. Einer besonderen Bewilligung der Devisenstelle, einer Bestätigung der Steuerbehörde oder einer Bewilligung anderer Behörden und Verwaltungen bedarf es demzufolge nicht mehr.«

Zehn Tage später wußte Reinhardt in New York bereits von der positiven Entscheidung. Am 4. Dezember telefonierte er seiner Frau in Hollywood, daß der Adjutant Hitlers sein persönliches Eigentum freigegeben habe. Helene Thimig war skeptisch. Sie fragte ihren Mann noch am gleichen Tag brieflich: »Was heißen nun: persönliche Sachen. (...) Alte Kleider oder auch Bücher u. Gegenstände?«
Nachdem die Fracht, alles in allem sechzehn Kisten, in Kalifor-

nien angekommen und ausgepackt worden war, vermerkte Helene Thimig, nicht ohne Sarkasmus, in ihrem Tagebuch:

»Die Jüdin, Fürstin Hohenlohe, erbarmte sich R's und vermittelte die Möglichkeit gewisse Bilder, Möbel und Haushaltssachen generös ausgewählt, als mir (H. Thg's) gehörig, in einem größeren Transport nach U.S.A., Californien zu expedieren. Darunter auch die Kommedia del Arte Malereien (Bilder). Dies war R. eine der größten Freuden.«

Als ›Franzi‹ Hohenlohe im folgenden Jahr in die USA übersiedelte, schickte er, wie Gottfried Reinhardt den Autoren mitteilte, dessen Vater »einen verschleierten Erpresserbrief«, in dem er versuchte, für seine Mutter ein Leumundszeugnis zur Verwendung bei den amerikanischen Behörden zu bekommen. Max Reinhardt lehnte ab.

Reinhardt blieb allen gegenüber, die vom Nationalsozialismus profitierten, für immer unversöhnlich. Sein letzter Wunsch an seine Frau war, daß alle, die zu seinem Begräbnis kommen, statt Blumen zu spenden, »eine Spende zu einer Kriegsanstrengung zu leisten, die dazu beiträgt, Hitler zu besiegen«.

Prinzessin Hohenlohe nahm auch in diesem außenpolitisch besonders kritischen Jahr als Gast des Persönlichen Adjutanten des Führers ihren gewohnten Platz auf der Ehrentribüne des Nürnberger Reichsparteitages ein. ›Franzi‹, als ihr Sekretär agierend, hatte sämtliche Arrangements mit der Reichskanzlei direkt getroffen. Mit dem Parteiplebs, der, fünfzehnhundert Mann stark, mit der Bahn aus Salzburg angereist war, hatte die Schloßherrin von Leopoldskron nichts zu tun.

Obwohl ›Steph‹ nicht im ›Deutschen Hof‹ wohnte, wo Hitler samt seiner zahlreichen Begleitung, darunter auch Hauptmann Wiedemann, residierte, ging sie in dem schwerbewachten Hotel als bekannte Persönlichkeit und den postenstehenden SS-Hünen vertraute Erscheinung ungehindert aus und ein. Sie genoß alle Privilegien der NS-Elite und hatte freien Zutritt zu sämtlichen Parteiveranstaltungen. Das ›Goldene Ehrenzeichen der NSDAP‹ an ihrer Brust genügte als Legitimation.

Der Parteitag, der am 5. September begann und acht Tage dauerte, stand unter dem Motto »Erster Reichsparteitag Großdeutschlands«. Hitler hatte die Reichsinsignien des Habsburgerreichs, Krone, Zepter, Reichsapfel und Schwert, aus Wien herbeischaffen lassen und geschworen, daß sie für immer in Nürnberg bleiben werden. Nach der ›Heimkehr‹ ihrer Heimat ins Reich hätte es für ›Steph‹ ein besonderer Parteitag sein sollen, aber sie blieb nur wenige Tage.
Den Rest der endlosen Reden – Hitler allein hielt neun – hörte sich die Prinzessin in der vornehmen, gepflegten Atmosphäre ihres Schlosses an, am Radio; nicht inmitten der schwitzenden, brüllenden Massen auf dem Reichsparteitaggelände: Görings provokatorische Tirade am 10. September (»Hinter den Tschechen, dieser Rasse übler Zwerge, steht die Sowjetunion und das Weltjudentum!«), die niemand ernst nahm; weil niemand den feisten, theatralisch ausstaffierten Feldmarschall ernst nahm. Und schließlich, am letzten Tag, dem 12. September, die Schlußrede des Führers, bei der Hitler mit seiner im Falsett sich überschlagenden Stimme seinen sich orgiastisch gebärdenden Anhängern zurief, daß er nicht zulassen werde, »daß mitten im Herzen Deutschlands ein zweites Palästina entsteht«. (»Die armen Araber sind wehrlos und vielleicht verlassen. Die Deutschen in der Tschechoslowakei sind weder wehrlos, noch sind sie verlassen. Das möge man zur Kenntnis nehmen.«)
›Steph‹ wußte, was diese Worte bedeuteten. Sie wußte von Fritz, daß Hitler die militärische Zerschlagung des tschechischen Staates (»Fall Grün«) schon längst für Anfang Oktober festgelegt hatte. Sie wußte auch, daß es zum Krieg mit den Westmächten käme, sollten England und Frankreich zu ihren Bündnisverpflichtungen stehen und der bedrängten Tschechoslowakei zu Hilfe kommen. Der Krieg war bereits einkalkuliert worden, das wußte sie. Sie glaubte aber auch zu wissen, zumindest seit ihrem Besuch mit Fritz bei Lord Halifax, daß Großbritannien wegen ›dieses kleinen Staates in Mitteleuropa‹ keinen Krieg riskieren würde. Sie war daher nicht überrascht

von den Ereignissen, die unmittelbar nach dem Nürnberger Parteitag wie eine Lawine über die politische Landschaft hinwegrollten; und sie für immer veränderten. Beginnend mit dem überraschenden Flug Chamberlains nach Berchtesgaden am 15. September und endend mit der Unterzeichnung des ›Münchner Abkommens‹ – »Peace in our time« – in den frühen Morgenstunden des 30. September.

Prinzessin Hohenlohe hatte mit diesen Ereignissen nichts zu tun. Auch wenn sie es gerne hörte und nie widersprach, wenn sie damit in Verbindung gebracht wurde. Ihr einziger Anspruch, ihre Finger auch nur im entferntesten dabei im Spiel gehabt zu haben, basierte auf einer – ohnehin vergeblichen – Botschaft, die sie Anfang September Lord Elibank, der sie auf Schloß Leopoldskron besucht hatte, an den britischen Außenminister mitgab. Sie ließ Lord Halifax durch ihren Gast wissen, daß in Deutschland innerhalb der Regierung eine Fraktion existiere, angeführt natürlich von Ribbentrop, die England als unentschlossen darstelle und zum Krieg dränge, und daß nur eine eindeutige Haltung Großbritanniens Hitler beeindrucken könne. Es war ›Stephs‹ alter, mit Wiedemann ausgeheckter Friedensplan, Ribbentrops Kriegstreiberei durch eine demonstrativ unnachgiebige Haltung Englands und eine Solidaritätserklärung mit Frankreich abzublocken. Das ›Münchner Abkommen‹ war genau das Gegenteil davon.

Lord Elibank schrieb daraufhin, nach seiner Rückkehr, an Lord Halifax, die Regierung seiner Majestät sollte Hitler – natürlich durch Hauptmann Wiedemann – davon in Kenntnis setzen, daß England entschlossen sei, seinen Bündnisverpflichtungen gegenüber Frankreich nachzukommen, sollte die französische Regierung zum Schutz der Tschechoslowakei militärisch eingreifen.[20]

Es waren in erster Linie europäische Blätter, die die Mär ausbreiteten, ›Prinzessin Steffi‹, der man alles zutraute, sei die eigentliche Drahtzieherin beim Zustandekommen des Münchener Abkommens gewesen. Natürlich habe sie, wie immer, unsichtbar,

›hinter den Kulissen‹ agiert. Wie sich herausstellen sollte, waren die europäischen Zeitungsleser, und später die amerikanischen – sogar FBI-Direktor Hoover – einer Zeitungsente aufgesessen.
Im August hatte Premierminister Chamberlain den konservativen Expräsidenten des ›Board of Trade‹, Lord Runciman, ausgerechnet ein Mitglied der nazifreundlichen ›Anglo-German Fellowship‹[21], gegen den Willen der tschechischen Regierung und ohne die Zustimmung der französischen ›zur Beobachtung der Lage‹ nach Prag entsandt. Der deutschfreundliche Enkel der Queen Victoria sollte, wenn möglich, zwischen dem Gauleiter der Sudetendeutschen Konrad Henlein und dem Staatspräsidenten Edvard Beneš ›ausgleichend‹ wirken. Lord Runciman verbrachte jedoch »seine Wochenenden auf Schlössern deutscher Prinzen und tendierte dazu, sich den tschechischen Standpunkt mit auf die Nazis eingestimmten Ohren anzuhören«.[22] Er kehrte, wie zu erwarten gewesen war, mit einem für die Beneš-Regierung negativen Bericht nach London zurück.
Obwohl die Prinzessin sich zur gleichen Zeit, für alle Welt sichtbar, in Leopoldskron aufhielt, hatte die *Daily Mail* sie, wie das Blatt am 19. August schrieb, »mit Lady Runciman in den wunderschönen Anlagen des Schlosses Rothenau spazierengehen« gesehen. Am nächsten Tag berichtete das Konkurrenzblatt, der *Evening Standard*, Prinzessin Hohenlohe, über deren Anwesenheit die Tschechen »nicht erfreut« seien, hätte Lord Runciman einen Besuch in seinem Hotel in Prag abgestattet. Am 29. August brachte das amerikanische *Time-Magazin* einen detaillierten Bericht, mit genauer Uhrzeit, über eine Unterredung Lord Runcimans auf Schloß Rothenau, »an dem Prinzessin Hohenlohe teilnahm«. Noch zwei Jahre später, 1940, vertrat FBI-Direktor J. Edgar Hoover in einem Bericht an Präsident Roosevelt die Ansicht, »das Schicksal der Tschechoslowakei wurde in Leopoldskron besiegelt«. Im Klartext: Prinzessin Hohenlohe, Herrin auf Schloß Leopoldskron (zu dieser Zeit in den USA), sei die Urheberin dieser für die Tschechoslowakei so verhängnisvollen diplomatischen Lösung.

Die Rolle, die die Presse auf zwei Kontinenten der Prinzessin zuschrieb und die sie stillschweigend mitspielte, kam durch eine Namensverwechslung zustande. Schloß Rothenau in Nordböhmen, wo »Runciman sein Wochenende verbrachte«, gehörte einem entfernten Verwandten von ›Stephs‹ ehemaligem Gatten, dem Prinzen Max zu Hohenlohe-Langenburg.[23] Und die Prinzessin Hohenlohe, die mit Lady Runciman durch den Schloßpark spazierte, war nicht Prinzessin Stephanie Hohenlohe, sondern Prinzessin Piedad Hohenlohe, die vermögende spanische Gattin des Schloßherrn von Rothenau.
Obwohl Prinzessin Hohenlohe mit den diplomatischen Vorbereitungen des Münchener Abkommens nichts zu tun hatte, benutzte sie die Gelegenheit der Unterzeichnung, um jeden der beiden Staatsmänner, die ihre Unterschrift unter das Schriftstück setzten, wenigstens auf ihre Existenz aufmerksam zu machen und ihnen zu applaudieren. Sie meldete sich sowohl bei Chamberlain als auch bei Hitler als Gratulantin.
An den britischen Premierminister, den sie, wie aus dem Schreiben ersichtlich, nicht persönlich kannte, schrieb sie aus dem Hotel Adlon in Berlin:

»Ich weiß nicht, ob Sie wissen, wer ich bin, aber das tut in keinem Fall etwas zur Sache. Denn alles, was ich möchte, ist, Ihnen sagen, wie sehr ich Ihre edlen, mutigen und nimmermüden Bemühungen um die Erhaltung des Friedens bewundere. Niemand hätte Englands Macht besser unter Beweis stellen können, als Sie es auf Ihre edle Art getan haben. Aus tiefster Seele gratuliere ich Ihnen zu Ihrem Erfolg,
Ihre Prinzessin Stephanie Hohenlohe.«

Dem Führer, bei dem kein Zweifel bestand, daß er wußte, wer die Gratulantin war, gestand sie:

»Es gibt Momente im Leben, die so groß sind – ich meine, wo man so tief und viel empfindet, daß es einem fast unmöglich wird – die richtigen Worte zu finden um seine Gefühle auszudrücken. – Herr Reichskanzler, bitte glauben Sie mir daß ich jede Phase der Vorgänge dieser letzten Wochen mitgelebt und mitempfunden habe. Was sich keiner Ihrer Untertanen in seinen kühnsten Träumen zu hoffen wagte – haben Sie wahr gemacht. – Das ist wohl das Schönste was ein Staatsoberhaupt sich und seinem Volk, geben kann. Ich gratuliere Ihnen von ganzem Herzen. In treuer Freundschaft, Ihre aufrichtige Stephanie Hohenlohe.«

Der Herbst war für ›Steph‹ eine Zeit hektischer Geschäftigkeit. Ständig auf Reisen zwischen Berlin, Budapest und Wien. Alle ihre Verbindungen nutzend, ihre Freunde und Gönner wie Figuren auf einem Schachbrett dorthin wie dahin schiebend, spielte sie mit vollem persönlichen Einsatz, und um hohen Gewinn, eine Rolle, deren wahren Charakter sie später, in den USA, ins Gegenteil umzudeuten versuchte.

In der prekären Situation, in der sich ›Steph‹ den amerikanischen Behörden gegenüber befand, hielt sie sich stets zugute, sie hätte prominenten österreichischen und deutschen Juden bei ihrer Flucht vor den Nazis ins Ausland geholfen. In Wahrheit hat sie sich, als Mittelsperson, an der Verschacherung von jüdischem Kunstbesitz und bei der Erpressung von Lösegeldern durch die Nazis beteiligt. In der Hoffnung auf hohen Profit.

Fritz, an der Schaltstelle in der Reichskanzlei, war dabei stets ihr williger Gehilfe. Über seinen Schreibtisch wurde ein großer Teil der notwendigen Korrespondenz abgewickelt: Post von Dr. Simon Meller, dem Leiter des Budapester Kunstmuseums, der am Kauf von Bildern aus dem Reichsbesitz interessiert war (»alle Juden, die Rembrandt gemalt hat«); Schreiben von und an Dr. Erich Gritzbach, der als Görings Kurator Kunstgegenstände für den sammelwütigen Feldmarschall kaufte und verkaufte; Anfragen eines ungarischen Anwalts namens Dr. Stefan Horvath, der angeblich mehrere in Zürich residierende anonyme Damen repräsentierte, die am Kauf bestimmter Wiener Kunstsammlungen interessiert waren, die nur mit den Codenamen ›Louis‹, ›Alfons‹ und ›Rudolf‹ identifiziert wurden; und schließlich ›Stephs‹ ungarischer Anwalt, Dr. Ernö Wittmann, der seinerseits wieder mit dem bekannten Kunstsammler und -händler Lord

Joseph Duveen in Verbindung stand, der ebenfalls als möglicher Käufer auftrat.

1941 übergab die Prinzessin Hohenlohe dem Leiter der US-Einwanderungs- und Naturalisierungsbehörde als Alibi ihrer einwandfreien Vergangenheit eine Liste mit den Namen »einiger prominenter Juden, denen die Prinzessin 1938 behilflich war, Österreich zu verlassen«.[24] Die meisten der angeführten Namen waren Namen von Personen – auch Nichtjuden –, mit denen die Prinzessin entweder überhaupt nichts oder unter gänzlich anderen Umständen zu tun gehabt hatte. So behauptete Prinzessin Hohenlohe, die Akquisiteurin von Leopoldskron, sie hätte Helene Thimig geholfen, aus Österreich zu entkommen.

Ein Name auf dieser Liste fällt jedoch besonders auf. Er ist der deplacierteste von allen. Der Name ›Baron Louis de Rothschild‹. Was hatte die Prinzessin für das Oberhaupt des österreichischen Zweigs des internationalen Rothschild-Clans getan, das sie berechtigte, ihn unter denen anzuführen, denen sie angeblich zur Flucht vor den Nazis geholfen hatte?

Der 56jährige Junggeselle, Baron Louis de Rothschild, wurde wenige Tage nach dem ›Anschluß‹ von der Gestapo verhaftet und in das berüchtigte Wiener Gestapo-Gefängnis im ›Hotel Metropole‹ eingeliefert. Es war von vornherein klar, daß die Nazis für die Ausreisegenehmigung des Barons von der Rothschild-Familie ein exorbitantes ›Kopfgeld‹ verlangen würden. Vierzehn Monate nach seiner Verhaftung, am 13. Mai 1939, wurde Louis de Rothschild von den Wiener NS-Behörden aus der Haft entlassen. Er flog sofort nach Zürich, wo er von seinem Bruder Eugen und einer Batterie von Anwälten erwartet wurde. Sein braunes Haar war in der Gefangenschaft schlohweiß geworden. Er beantwortete keine Frage der wartenden Reporter und blieb für den Rest seines Lebens stumm über die Umstände seiner Entlassung.

Bei seinem Tod, 1955, bezifferte die *New York Times* die Gesamthöhe des von seiner Familie bezahlten Lösegelds mit 21

Millionen Dollar. Enthalten war darin der Wert der tschechischen Stahlwerke in Vitkovice, die den Rothschilds gehörten und vom Deutschen Reich beim Einmarsch in die Tschechoslowakei enteignet und in die »Hermann Göring Werke« umbenannt wurden. Teil des Lösegeldes waren auch die in Wien verbliebenen Kunstschätze des Barons. Die als ›Louis‹ identifizierte Kunstsammlung, für die sich Dr. Horvath bei Hauptmann Wiedemann – und durch ihn bei seiner Freundin, der in ›Kunst‹ reisenden Mittelsperson – interessiert hatte, war seine Sammlung gewesen; die anonymen ›Schweizer Damen‹, die sie kaufen wollten, waren wahrscheinlich Angehörige des Rothschild-Clans oder dessen Anwälte. Der Name der zweiten, als Sammlung ›Alfons‹ kodifizierten Kunstsammlung, deckte sich auffallend mit dem Vornamen des älteren Bruders des inhaftierten Barons, Alfons. Die unausgesprochene, aber von allen Beteiligten verstandene Absicht, mit der sich Dr. Horvath an den Persönlichen Adjutanten des Führers wandte, war offensichtlich, die von den Nazis beschlagnahmten Kunstwerke pro forma zurückzukaufen und den Kerkermeistern auf diese Weise diskret wenigstens einen Teil des Lösegeldes für den Inhaftierten zukommen zu lassen. Denn warum hätte sonst Dr. Horvath angeboten, Kunstwerke zu kaufen, von denen die gesamte Kunstwelt wußte, daß sie gestohlen waren und wer der rechtmäßige Besitzer war?
Prinzessin Hohenlohe ist jedoch in die Erpressung des Rothschild-Clans durch die NS-Machthaber noch unmittelbarer involviert als durch dieses nicht zu Ende geführte Komplott. Am 25. Januar 1941 übersandte der Leiter der New Yorker FBI-Außenstelle, Spezialagent B. E. Sackett, seinem Chef in Washington, FBI-Direktor Hoover, einen zweiseitigen Bericht mit Informationen über ein angebliches Angebot von seiten der Prinzessin Hohenlohe, gegen Bezahlung, die Freilassung eines von den Nazis in Wien Inhaftierten zu arrangieren. Eine zensierte Fotokopie dieses Dokuments wurde im Mai 1977 vom FBI den Autoren ausgehändigt. Der Name des Inhaftierten, um den

es ging, und der Name des FBI-Informanten (oder der Informantin) waren vom FBI-Zensor geschwärzt und dadurch unleserlich gemacht worden. Trotzdem lassen sich durch etwas detektivische Kleinarbeit und Erfahrung im Umgang mit zensierten FBI-Dokumenten die fehlenden Wörter identifizieren.

Der relevante, dritte, Absatz des zensierten FBI-Berichts über die Informationen einer ›in New York residierenden Kontaktperson, die mit Spezialagent Sackett in dessen Büro sprach‹, lautet:

»... teilte mir im Vertrauen mit, daß während der Zeit, in der sich ... in der Haft des Hitler-Regimes im Hotel Metropole in Wien, Österreich, befand, und er war vierzehn Monate in Haft, bevor seine Freilassung bewerkstelligt wurde, sich ein Schweizer Staatsbürger bei Mitgliedern der Familie des ... meldete, die zu der Zeit in Paris im Exil lebten. Er deutete an, daß er Prinzessin Hohenlohe repräsentiere und daß Prinzessin Hohenlohe gegen Zahlung einer entsprechenden Summe vonseiten der ... Familie die Freilassung des ... arrangieren könnte. Dieses Angebot wurde von den Mitgliedern der ... Familie entschieden zurückgewiesen. Alles das wurde in striktester Vertraulichkeit gehalten, und die ... Familie sei nicht gewillt, darüber auszusagen oder in irgendeiner anderen Form Informationen darüber preiszugeben. ... war jedoch zum gegenwärtigen Zeitpunkt der Ansicht, daß ich diese Informationen, was immer für einen Wert sie für uns haben mögen, besitzen soll.«

Der Name des von den Nazis im Wiener Hotel Metropole Inhaftierten war leicht festzustellen. Auf dem FBI-Dokument befindet sich der handschriftliche Vermerk: »Brief an Watson, 2-27-41.« Was bedeutet, daß Direktor Hoover am 27. Februar 1941 dem Leiter der Präsidialkanzlei Präsident Roosevelts, General Edwin M. Watson, schriftlich über den Inhalt der vertraulichen Information berichtete. Bei der Nachforschung in der Franklin D. Roosevelt Bibliothek in Hyde Park, Bundesstaat New York, fand sich auch tatsächlich das Original des Schreibens von FBI-Direktor Hoover an General Watson. Es wiederholte im wesentlichen die Anschuldigungen gegen Prinzessin Hohenlohe. Mit einem Unterschied: Im Schreiben J. Edgar

Hoovers wird der Name des in Wien von den Nazi Gefangengehaltenen genannt: »Baron Louis de Rothschild.«

Aus dem Gesamttext des FBI-Berichts geht hervor, daß es sich bei dem Informanten (oder der Informantin) um eine Person aus dem unmittelbaren Familienkreis der Rothschilds handeln muß. An die Stellen der vier geschwärzten Wörter in der ersten Zeile des FBI-Berichts, dort, wo Spezialagent Sackett seine Kontaktperson mit Namen anführt, paßt nur ein vierteiliger Name, der einen Sinn ergibt. Der Name der Schwägerin von Baron Louis de Rothschild: »Baroness Kitty de Rothschild«. Nicht nur paßt ihr Name und Titel genau in die vier leeren Stellen, wenn man die dafür nötigen Schreibmaschinenanschläge nachzählt; auch die zeitlichen Bezugspunkte und die Lebensumstände der Baronin, die mit ›Steph‹ aus ihrer gemeinsamen Zeit an der Riviera persönlich bekannt war, passen zu den Details des Berichts.

›Kitty‹, Baronin Katherine de Rothschild, gebürtige Amerikanerin, hatte 1924 in dritter Ehe den jüngeren Brüder von Baron Louis de Rothschild, den Wiener Baron Eugen de Rothschild, geheiratet. Zur fraglichen Zeit, als der Abgesandte der Prinzessin sich bei der Familie meldete, wohnte sie – im Exil – in Paris. Nach der Niederlage Frankreichs flog sie am 4. Oktober 1940 mit dem Yankee-Clipper von Lissabon nach New York, wo sie zur Zeit des FBI-Interviews residierte, wie es in dem Bericht über die Kontaktperson heißt.

Selbst wenn Baronin Katherine de Rothschild nicht die Informantin gewesen sein sollte, was höchst unwahrscheinlich ist, so bleibt der Kern der Informationen bestehen: daß Prinzessin Hohenlohe, die mit Baron Maurice de Rothschild intim gewesen und der Familie Rothschild keine Unbekannte war, gegen entsprechende Entlohnung ihre Dienste als Mittelsperson zur Befreiung von Baron Louis de Rothschild aus der NS-Haft angeboten hat.[25]

›Steph‹ hatte jedenfalls die dafür notwendigen Beziehungen. Und sie pflegte sie. Zum Jahreswechsel schenkte sie dem Vielfraß Göring fünf Pfund Kaviar – vom feinsten.

Anmerkungen

1 Siehe John Toland: *Adolf Hitler*, Seite 431.

2 Dieses Ansteckabzeichen mit dem Hakenkreuz wurde im Dezember 1941 bei einer Hausdurchsuchung von FBI-Agenten in einer Schatulle im Schlafzimmer der Prinzessin in Alexandria, Bundesstaat Virginia, gefunden, fotografiert und im Detail beschrieben. Ein Foto davon befindet sich im FBI-Archiv.

3 Die Beschreibung des Treffens zwischen Göring und Prinzessin Hohenlohe basiert zum größten Teil auf dem 74 Seiten umfassenden Manuskript *Appeasement from Carinhall*, das Dr. Kommer als Ghostwriter der Prinzessin nach ihren Erinnerungen verfaßt hat. Es stellt das zweite und zugleich letzte vorhandene Kapitel ihrer geplanten Memoiren dar und befindet sich im FBI-Archiv bei den Hohenlohe-Papieren.

4 Göring hatte als Chef des 1933 gegründeten sogenannten ›Forschungsamts‹ einen der wirksamsten – und am wenigsten bekannten – deutschen Geheimdienste zu seiner Verfügung. Görings ›Forschungsamt‹ begann 1938 die Gespräche zwischen Wiedemann und der Prinzessin abzuhören.

5 Nach dem Gedächtnisprotokoll von Fritz Wiedemann.

6 Professor Willi Frischauer schrieb den Autoren 1976, daß er die Prinzessin bereits in Wien »gesellschaftlich« gekannt habe, da sie mit seinem Freund, »Feichtl« Starhemberg, dem Bruder des Heimwehrführers und Vizekanzlers Rüdiger Graf Starhemberg, bei allerhand »internationalen Machenschaften (Waffen, Finanzen, politische Intrigen)« zusammengearbeitet habe.

7 Der Sohn des ersten Staatspräsidenten der Tschechoslowakei.

8 Ernst Freiherr von Weizsäcker, Staatssekretär im Auswärtigen Amt von April 1938 bis zum März 1943.

9 Dr. Friedrich Rainer, illegales Mitglied der NSDAP seit 1930, Mitgliedsnummer 301.860. SS-Obergruppenführer, wurde 1947 in Belgrad gehenkt.

10 Dr. Franz Wehofsich, illegales österreichisches Mitglied der NSDAP seit 1933, Mitgliedsnummer 1.517.846; Mitglied der SS, Nummer: 275.940. Nach dem Anschluß Stellvertreter des SS-Obergruppenführers Werner Lorenz, Leiter der ›Volksdeutschen Mittelstelle‹.

11 Friedrich von Czörnig, Mitglied der NSDAP seit 1933, Mitgliedsnummer 1.089.117.

12 Die Belege befinden sich im Bundesarchiv Koblenz unter den Dokumenten ›Adjutantur des Führers‹.

13 Die Gästeliste von Schloß Leopoldskron für den Sommer 1938 befindet sich als Exhibit Nr. 38 bei den Hohenlohe-Papieren im FBI-Archiv.

14 Siehe *Town & Country*, November 1986, Seite 255: »Marbella House Party«.

15 Bundesarchiv des Auswärtigen Amtes, Bonn.

16 Dr. Max Ilgner hatte 1928 zum Zweck der Industriespionage in New York die Firma Chemnykon Inc. eingerichtet. Siehe David Kahn« *Hitler's Spies*, New York, 1978, Seite 86. Dr. Ilgner trat 1937 der NSDAP bei (Mitgliedsnummer 5.382.346), beschwerte sich jedoch im September 1939, daß er »seine Mitgliedsbeiträge schon weit länger eingezahlt« hätte und daß sie von den Kassenwarten offensichtlich nicht abgeliefert worden waren.

17 Bald danach sollte ihre jüngere Schwester Olga in ein Konzentrationslager eingeliefert werden. Olga Kuranda starb am 27. 9. 1942 in Theresienstadt.

18 Max Reinhardt starb 1943 an einem Schlaganfall im amerikanischen Exil.

19 Aufgrund der beiden Frachtlisten handelte es sich bei dem Transport um etwa ein Zwanzigstel dessen, was Max Reinhardt an persönlichem Eigentum auf Schloß Leopoldskron zurückgelassen hat.

20 Das Schreiben Lord Elibanks ist einer der angeblichen Beweise, die Anneliese von Ribbentrop 1974 in ihrem Traktat *Die Kriegsschuld des Widerstands* anführt, um ihre seltsame These zu untermauern, wonach die deutsche Opposition zu Hitler (wozu sie Wiedemann rechnet) die Verantwortung für den Ausbruch des Zweiten Weltkriegs trägt.

21 Siehe Margarete George: *The Hollow Men*, London, 1965.

22 Siehe Boris Celovsky: *Das Münchener Abkommen von 1938*; und Martin Gilbert/Richard Gott: *The Appeasers.*

23 Max Egon Prinz zu Hohenlohe-Langenburg, der ›Vermittler‹, spielte sowohl gegenüber England als auch Deutschland eine zwielichtige Rolle; er hatte zu den Geheimdiensten beider Staaten ein Nahverhältnis und könnte daher als ›Doppelagent‹ bezeichnet werden; allerdings war das ›Foreign Office‹ der Meinung, daß »Max« vor allem »für Max« arbeite. ›Steph‹ kannte ihren angeheirateten, entfernten Verwandten persönlich und, Franz Hohenlohe zufolge, ersuchte der Prinz sie einmal, sich bei Hitler für ihn zu verwenden, damit er eine Botschafterstelle bekomme.

24 Die Liste mit 18 Namen befindet sich im FBI-Archiv als Exhibit Nr. 39.

25 Siehe Frederic Morton: *The Rothschilds*. Nach Darstellung des in Wien geborenen, 1938 in die USA emigrierten Autors hätten sich gleich »drei der notorischsten Huren Mitteleuropas mit guten Verbindungen zu den Wiener NS-Stellen« angeboten, die Freilassung des inhaftierten Barons Rothschild zu arrangieren.

Stephanie von Hohenlohe bei ihrer Ankunft in New York

1939

Die Verbannte und Klägerin

Aus der Gnade des Führers verstoßen: Fritz Wiedemann be seiner Ankunft in den USA

95, Park Street: ›Stephs‹ Adresse während ihres Prozesses gegen Lord Rothermere in London

Der Reichsparteitag abgesagt

Berlin, 26. August

Die Reichspressestelle der NSDAP. teilt mit: Der für die Zeit vom 2. bis 11. September dieses Jahres angesetzte Reichsparteitag findet nicht statt. Ob seine spätere Abhaltung ins Auge gefaßt werden kann, hängt von den Zeitumständen ab.

Vom FBI mehrmals mit ihr verwechselt:
Prinzessin Mable Hohenlohe

Telefonüberwachung angeordnet: Edgar Hoover

Die Entlassung Fritz Wiedemanns als Persönlicher Adjutant des Führers und seine Bestellung zum Generalkonsul in dem weit entfernten und diplomatisch unwichtigen San Francisco wurden im Ausland, vor allem von der Presse, aber auch in den Staatskanzleien, mit Unglauben aufgenommen. Man witterte hinter der Versetzung eines der bisher engsten Vertrauten Hitlers in die USA sofort einen geheimen Schachzug.

Die Spekulationen liefen in zwei Richtungen: Entweder soll Wiedemann die Hand der amerikanischen ›Isolationisten‹, wie Charles A. Lindbergh oder Senator Burton K. Wheeler, stärken und die Radaubrüder der nationalsozialistischen Bewegung in den USA, dem ›Bund‹, soweit zähmen und politisch salonfähig machen, daß sie im Ernstfall zum Widerstand gegen eine Beteiligung Amerikas an einer immerhin möglichen kriegerischen Auseinandersetzung zwischen Nazi-Deutschland mit England und Frankreich mobilisiert werden können. Oder er soll an der Westküste, mit der Hafenstadt San Francisco als natürlichem Zentrum, ebenfalls in Erwartung eines Krieges, ein deutsch-japanisches Spionagenetz aufbauen. Oder beides. Daß Hitler seinen langjährigen Freund in die Verbannung schickte, wollte niemand akzeptieren.

Es half auch nichts, daß Wiedemann dem Reporter der *North American Newspaper Alliance* in Berlin gegenüber beteuerte:

»Meine offiziellen Tätigkeiten werden sich auf Kommerz, Handel und Konsularsangelegenheiten beschränken. Ich bin der festen Überzeugung, daß Auslandsvertreter sich nicht in die internen Angelegenheiten des Landes einmischen sollen, in dem sie stationiert sind.«

Wiedemanns Statement erschien am 24. Januar im *Washington Star*. Aber man wußte es besser.

Der diplomatische Chargé d'affaires in Berlin, Sir C. Ogilvie Forbes, berichtete – nicht ganz korrekt – an das Foreign Office:

»Wie zu erfahren war, hat Wiedemann, der mit Ribbentrop bis aufs Messer verfeindet ist, selbst sein Ausscheiden verlangt. Es heißt, Ribbentrop habe abgelehnt, Wiedemann im Außenamt oder überhaupt in seiner Nähe zu haben, so daß deshalb San Francisco für ihn verfügbar gemacht wurde.«

Aufgrund dieses Berichts formulierte das Foreign Office die offizielle Version, die an sämtliche diplomatischen Vertretungen Großbritanniens hinausging:

»Es ist an sich gleichgültig, ob Ribbentrop oder Wiedemann selbst das Ausscheiden des letzteren verlangte. Tatsache bleibt, daß der erstere seinen Feind und einen mäßigenden Einfluß aus Hitlers Umgebung ausgeschaltet hat.«

Der einzige, der auf den tatsächlichen Grund für Wiedemanns Ausschluß aus dem innersten Zirkel um Hitler verwies, war der britische Militärattaché in Berlin, der korrekt nach London meldete, Wiedemanns Transfer nach San Francisco erfolge »wegen der Aufdeckung seiner Liaison mit einer Jüdin«.

Die Wahrheit drang über den eisern geschlossenen Ring der höchsten Parteispitzen nicht hinaus, und Wiedemann wäre der letzte gewesen, der an die große Glocke hängen wollte, daß sein ehemaliger militärischer Untergebener ihn bei ihrer Unterredung unter vier Augen am 19. Januar im Wintergarten der Reichskanzlei grob abgekanzelt und ihn wegen seines Verhältnisses mit Prinzessin Hohenlohe geschaßt hatte. Der eigentliche Grund: Weil Hitler sich durch die so lange vor ihm geheimgehaltene Liebesbeziehung seines Persönlichen Adjutanten und seiner »lieben Brinzessin« – wie er ›Stephs‹ Titel nach österreichischer Art stets aussprach – in seinem Besitzanspruch auf die ungeteilte Ergebenheit der beiden Vertrauten hintergangen fühlte.

Nachdem Hitler ihn vor jedem weiteren Kontakt mit der Prinzessin – »weil sie überwacht wird« – gewarnt hatte, begann Wiedemann, sich sofort nach seiner Rückkehr aus dem Wintergarten in seinem eigenen Büro Gedanken über das zukünftige Schicksal seiner Geliebten zu machen. Nach wie vor residierte sie mit Mama und Sohn, von Hitlers Gnaden und auf Reichskosten, auf Schloß Leopoldskron. Er entschloß sich, Göring um Schutz für sie zu bitten, der einzige NS-Machthaber, dem er sich anzuvertrauen wagte. In einem Schreiben, von dem allerdings nicht gesichert ist, daß er es auch tatsächlich absandte, flehte Wiedemann den Reichsmarschall an:

»Ich bitte Sie um Schutz meiner Ehre und um Ihre Vermittlung beim Führer. Der Führer hat mich bei meiner Abschiedsmeldung vor der Prinzessin H. gewarnt im Interesse meiner zukünftigen Karriere. Der Führer glaubt nicht an die Zuverlässigkeit der Przn. u. meint, es seien verschiedene Deutschland abträgliche Artikel der Auslandspresse auf sie zurückzuführen.
Ich habe dem Führer gemeldet,
1) daß ich absolut einstehe für die Sauberkeit und Loyalität der Prinzessin dem 3. Reich und seinem Führer gegenüber...
2) daß ich selbstverständlich der Przn. als Ausländerin keine Mitteilung gemacht habe, die ich im vaterländischen Interesse nicht machen durfte.
Ich kann diese Dinge nicht beweisen, dagegen kann ich beweisen, daß die Przn. die Haltung des Lord R. u. damit der Daily Mail maßgebend beeinflußt hat...
Meine Feinde und Neider werden nach meinem Weggang erneut gegen meine Ehre vorgehen. Ich bin dagegen wehrlos. Aber vor dem Führer möchte ich doch bis zu einem gewissen Grade gerechtfertigt sein ...«

›Steph‹ und Fritz hatten ihre Verstoßung aus der Gnade des Führers weitgehend selbst verursacht. Er war letztlich das Resultat der ehrgeizigen Ambitionen der Prinzessin, ihren Liebhaber in die Außenpolitik zu drängen, das Feld, das ihr selbst am besten lag. Damit hatten sie zwangsläufig Ribbentrops Zorn herausgefordert, dessen rastlose Intrigen sie schließlich bei Hitler ausstachen.

Die Gewitterwolken hatten sich schon mehr als ein Jahr lang

über dem Paar zusammengezogen. Die Liebenden hatten ihnen nur nicht genügend Beachtung geschenkt. Zu sicher hatten sie sich gefühlt in der Gunst des Führers, den sie beide gleich verehrten.

Hauptmann Wiedemann erfuhr zum ersten Mal im Frühsommer 1938 durch Bernhard Lescrinier[1], einen seiner regulären Informanten, aber auch zugleich Zuträger für Ribbentrop, der als Auslandskorrespondent in Berlin akkreditiert war, daß ein gewisser Kell Geheimmaterial über ihn sammle und bereits ein umfangreiches Dossier an Belastungsmaterial über sein Privatleben besitze. Irritiert, daß jemand in seinen privaten Angelegenheiten herumschnüffelte, fragte Wiedemann daraufhin Ende Juni im Hauptquartier der »Geheimen Staatspolizei« (Gestapo) und beim Chef des ›Reichssicherheitsdienstes‹ (SD), SS-Gruppenführer Reinhard Heydrich, »vertraulich und persönlich« an, ob bei diesen Dienststellen etwas über einen Herrn Kell bekannt sei.

Die Auskunft der Gestapo, unter Reichsführer SS Himmler, war negativ. Man führe niemanden unter diesem Namen.[2] Der SD dagegen sandte dem Adjutanten des Führers den gesamten Lebenslauf des Gesuchten: Gottfried Kell; seit 1932 Mitglied der NSDAP; Mitgliedsnummer 1.370.614; 1936 bei der Gestapo in Berlin beschäftigt; seit 1937 beim ›Forschungsamt‹ angestellt.

Der Hauptmann wußte natürlich, daß sich hinter dieser unverfänglich klingenden, auf wissenschaftliche Tätigkeit hindeutenden Bezeichnung ›Forschungsamt‹ Görings eigener und äußerst effizienter ›Nachforschungsdienst‹ verbarg, der u. a. mit Code-Entschlüsselungen und mit der Postüberwachung und dem Abhören von Telefongesprächen ausländischer Diplomaten, aber auch verdächtiger hochgestellter Deutscher befaßt war.[3]

Wiedemann wandte sich sofort an den Chefadjutanten Görings, seinen Freund General Bodenschatz. Diese Abhörerei müsse ein Ende haben, wütete er, oder, wenn das nicht ging, dann wollte er wenigstens wissen, was abgehört wurde. Er schrieb an Bodenschatz:

»Ich habe seit einem Jahr von verschiedenen Seiten immer wieder Andeutungen gehört, die darauf schließen lassen, daß meine Gespräche in der Reichskanzlei abgehört werden. In einem Falle war es so, daß ein Gespräch, welches ich etwa um 10 Uhr vormittags führte, etwa um 12 Uhr mittags schon bei der Gestapo bekannt war.«

Außerdem werde er von einem Kerl namens Kell bespitzelt, schrieb er an seinen Freund, über den er, sehr zu seinem Erstaunen, herausgefunden habe, daß er für das ›Forschungsamt‹ arbeitet:

»Mir ist daraufhin verschiedenes klar. Beweisen kann ich allerdings nichts. Ich wäre Dir, lieber Bodenschatz, aber immerhin dankbar, wenn Du das Gesagte gelegentlich beim Feldmarschall erwähnen wolltest, und vielleicht erreichen könntest, daß der Feldmarschall grundsätzlich anordnet (oder noch einmal anordnet), daß die Gespräche der Reichskanzlei entweder nicht überwacht werden, oder, wenn dies schon geschieht, daß uns das Ergebnis dieser Überwachung mitgeteilt wird.«

Der Feldmarschall erließ keine solche Weisung. Die Telefonanschlüsse Wiedemanns und seiner Prinzessin blieben angezapft.
Göring war jedoch nicht der einzige, der sich für das Pärchen interessierte. Auch der Reichsführer SS Heinrich Himmler, Chef der Geheimen Staatspolizei, und der Leiter des Reichssicherheitsdienstes, SS-Gruppenführer Reinhard Heydrich, beobachteten die beiden. Spätestens seit Januar 1938 befaßte sich das ›Amt III‹, der vor der Reorganisierung 1939 für das Inland zuständige Zweig des Reichssicherheitsdienstes, mit dem Fall ›Prinzessin Stephanie Hohenlohe-Waldenburg-Schillingsfürst‹. Ihre Telefongespräche wurden auch vom SD mitgehört.
Aus dem zweifellos umfangreichen Material, das Heydrichs Dienststelle im Lauf der Zeit über die Prinzessin sammelte, blieben nur zwei Aktenstücke erhalten. Sie beweisen jedoch, daß der Reichssicherheitsdienst sich für ihre Person interessierte.
Bei einem handelt es sich um das Konzept eines Berichts, den ein SS-Obersturmführer Bielstein vom Amt III, Ende 1938, für

SS-Oberführer Jost, den Leiter von Amt III, verfaßte. Darin machte der SS-Offizier seinen Vorgesetzten darauf aufmerksam, daß die Akte des »Falles der Prinzessin Hohenlohe« nicht vorschriftsmäßig geführt und abgelegt werden. Das Amt I (Verwaltung) hätte sich schon zu Jahresbeginn über zu viele Duplikationen beschwert. Am 10. Oktober hätte zum Beispiel der Chef, Heydrich, einen Bericht über die rassische Zugehörigkeit der Prinzessin erhalten, der jedoch nicht von der für Judenfragen zuständigen Abteilung II (112), deren Leitung Adolf Eichmann innehatte, verfaßt worden war. Der Bericht sei »sehr widerspruchsvoll« gewesen und »eine wirklich stichhaltige Beurteilung« könnte »nur von einem Sachkenner auf diesem Gebiet abgegeben werden«.

Eichmanns Mitarbeiter und ständiger Reisebegleiter, SS-Obersturmführer Hagen, fällte dann das fachmännische Urteil: Halbjüdin, wie aus dem zweiten erhaltenen Dokument hervorgeht.

Aber auch der dritte Geheimdienst des Deutschen Reiches, die ›Abwehr‹, war in die Überwachung des Liebespaares eingeschaltet: der Militärgeheimdienst unter Admiral Wilhelm Canaris, der dem Oberkommando der Wehrmacht zugeteilt war. Die ›Abwehr‹ stand häufig im Widerspruch zur parteieigenen SD; so auch in diesem Fall. Canaris sympathisierte, so weit er konnte, mit Wiedemann.[4]

Ende Juli 1938 lud der Admiral, der wie der Adjutant des Führers einen mäßigenden Einfluß auf Hitler auszuüben versuchte, seinen Gesinnungsgenossen Wiedemann zu einer privaten Aussprache in seine Residenz. Daß dabei auch die Angelegenheit der Wiedemann-Freundschaft mit Prinzessin Hohenlohe zur Sprache kam, geht aus einem Schreiben hervor, das der Hauptmann kaum einen Monat später an den Abwehr-Chef richtete. In diesem Schreiben informierte Wiedemann den Admiral, daß die Prinzessin – um den verleumderischen Artikeln, die in ausländischen Zeitungen über sie erscheinen, ein für allemal ein Ende zu bereiten – eines der Blätter verklagen wird.

»Zur Durchführung dieses Prozesses aber wäre ich Ihnen, sehr verehrter Herr Admiral, sehr verbunden, wenn Sie mir alle im letzten Halbjahr über die Prinzessin Hohenlohe in den Zeitungen erschienenen Nachrichten vorübergehend überlassen würden. Es bedarf keiner Erwähnung, daß ich – der immer in Verbindung mit der Prinzessin genannt werde – auch ein gewisses Interesse habe, daß diese Dinge endlich beigelegt werden.«

Zumindest der letzte Satz scheint darauf hinzudeuten, daß Admiral Canaris Hauptmann Wiedemann bei dem privaten Gespräch vor den möglichen Folgen der Liaison gewarnt hat.

Umgekehrt versuchte Wiedemann, seine Verbindung mit der Prinzessin zu rechtfertigen, indem er sowohl der ›Abwehr‹ als auch dem ›Forschungsamt‹ Informationen zustellte, die angeblich von der Prinzessin gesammelt worden waren. So schickte er am 11. November 1938 an den Leiter der Zentrale ›Abwehr Ausland‹, Oberstleutnant Hans Oster, einen »persönlichen und vertraulichen Bericht«, der für Canaris bestimmt war. »Der Bericht«, schrieb er begleitend, »ist das Ergebnis einer Reihe von gesellschaftlichen Aussprachen mit führenden Leuten Frankreichs und Englands, Parlamentsmitgliedern dort, ausländischen und deutschen Botschaftern in Paris und London. Der Verfasser des Berichts ist Ihnen bekannt.« Wiedemann sandte den gleichen Bericht am selben Tag auch an General Bodenschatz; für Görings Augen. Diesmal identifizierte er den Verfasser: Prinzessin Hohenlohe.

Offensichtlich versuchte der Hauptmann im letzten Augenblick, als er nach dem Ausscheiden von Finanzminister Hjalmar Schacht auch seinen Abgang voraussah, seine Freundin gegenüber den NS-Geheimdiensten als verläßliche Agentin des Reiches zu legitimieren, deren Leistungen auch die Zahlungen rechtfertigten, die sie erhielt. Umsonst. Die Feinde des Paares, allen voran Ribbentrop und seine Frau, waren stärker.

Ribbentrops Beschwerden über die angeblichen Machenschaften der Prinzessin wurden von SS-Standartenführer Walter Hewel, dem Verbindungsmann zwischen dem Außenminister und der Reichskanzlei, dem Führer regelmäßig vorgetragen. Hewel konnte seinem Kollegen Likus, der inzwischen der Experte für den ›Fall Hohenlohe‹ geworden war, melden, er könne Ribbentrop ausrichten, daß Hitler »an einer besonderen Unterstützung der Prinzessin Hohenlohe nicht mehr interessiert« sei, aber trotzdem »einwandfreie Beweise« für die angeblichen »Lancierungen in der englischen Presse, wie z. B. eine gewisse Kritik an dem Reichsaußenminister und die immer wieder auftauchenden Nachrichten über eine London-Reise Görings« sehen möchte.

Im Dezember ließ jedoch auch Adolf Hitler seine ›liebe Prinzessin‹ fallen. Es kam zu einem »fürchterlichen Krach auf dem Berghof«, wie Unity Mitford, ›Stephs‹ Erzfeindin, ›Putzi‹ Hanfstaengl in London erfreut erzählte, als Hitler herausfand, daß sein Persönlicher Adjutant ein langjähriges Verhältnis mit seiner Prinzessin hatte.

Noch sechs Tage vor seiner Entlassung, am 13. Januar 1939, benutzte Wiedemann ein Dankschreiben für ein Weihnachtsgeschenk, für das er sich längst persönlich bedankt hatte, da sie Silvester gemeinsam auf Schloß Leopoldskron verbrachten, um der »Hochgeschätzten Prinzessin« ein Leumundszeugnis für ihre Hitlertreue auszustellen; das sie verwenden konnte, falls er seinen Einfluß bei Hitler verlor. Nachdem er ihr für eine silberne Schatulle gedankt hatte, schrieb er:

»Ich weiß, daß Sie sich auch im verflossenen Jahr immer mutig zum neuen Deutschland und seinem Führer bekannt haben. Auch hierfür danke ich Ihnen herzlich . . .«

Alle diese Manöver halfen nicht mehr. Zwei Wochen nachdem Hitler seinen Persönlichen Adjutanten ihretwegen gefeuert und ins Exil nach San Francisco geschickt hatte, sah sich auch Prinzessin Hohenlohe veranlaßt, sich schleunigst aus Deutschland abzusetzen. Nur mit dem Notwendigsten und Wertvollsten im Gepäck verließ sie gemeinsam mit Mama und ›Franzi‹ mitten im Winter das tiefeingeschneite Schloß Leopoldskron. Der Traum von der Schloßherrin war ausgeträumt. Er hatte nur ein halbes Jahr gedauert. Am 2. Februar, einem Donnerstag, bestieg

sie in Düsseldorf die Kursmaschine nach England und landete drei Stunden später auf dem Londoner Flughafen Croydon. Sich darum zu kümmern, daß ihre in Leopoldskron zurückgelassenen Sachen ihr nach London nachgeschickt werden, überließ sie ihrem Hauptmann.
Fritz kümmerte sich auch darum. Obwohl er bei Hitler in Ungnade gefallen und als einfacher Generalkonsul im fernen San Francisco längst nicht mehr dafür zuständig war, schrieb er aus den USA an den Salzburger Landesstatthalter Dr. Reitter; so als ob er noch in der Reichskanzlei säße:

»Da der Führer mir vor einem Jahr selbst energisch den Auftrag gegeben hat, alles zurückzuschicken, was Professor Reinhardt gehört, bin ich überzeugt, daß er auch die Rücksendung des Eigentums der Prinzessin, vor allen Dingen die Rückgabe des Silbers, der rein persönlichen Dinge wie Feldstecher und Photoapparat, sofort veranlassen würde.«

Der Bluff wirkte. Die Salzburger schickten das meiste, was die Prinzessin detailliert reklamiert hatte, nach London. Zweifellos waren sie froh, das ›Wiener Flitscherl‹ loszusein. Das Schloß stand ihnen nun endgültig für ihre eigenen Zwecke zur Verfügung.

Das London, in das Prinzessin Hohenlohe mit ihrer Familie zurückkehrte, war nicht mehr das gleiche London, das sie verlassen hatte. Nicht für sie. Ihre gesellschaftliche Stellung war nicht mehr die gleiche. Sie konnte nicht mehr mit den häufigen Besuchen ihres prominenten deutschen Liebhabers rechnen. Für Abstecher nach Paris und ein paar luxuriöse Tage und vergnügte Nächte in ihrem geliebten ›Ritz‹ fehlte das Geld. Aus Berlin kam nichts mehr, ihre Dienste waren dort nicht mehr gefragt. Und Lord Rothermere hatte, nach Aufkündigung des Vertrags, seine Zahlungen bekanntlich schon vor mehr als einem Jahr eingestellt.
Ihre einzige Hoffnung, wieder solvent zu werden, war ihre Schadensersatzklage gegen den millionenschweren Zeitungs-

magnaten. Aber die Strategie, die sie sich ausgedacht hatte, den Lord durch die bloße Androhung eines öffentlichen Prozesses zu einer außergerichtlichen Einigung – und zur Zahlung einer saftigen Summe – zu veranlassen, schien nicht zu wirken. Der alte Lord blieb allen derartigen Vorschlägen gegenüber taub. Er ließ sich nicht erpressen. Nicht, daß ›Steph‹ es durch Androhung eines öffentlichen Skandals nicht versucht hätte.

Unmittelbar nach ›Stephs‹ Rückkehr nach London, am 8. Februar, meldete sich bei Lord Rothermere ein Theodor Freiherr Geyr von Schweppenburg[5], der, wie er sich vorstellte, zur ›Dienststelle Ribbentrop‹ gehörte, zu dieser Zeit bereits ein unbedeutendes Überbleibsel der Organisation, die Ribbentrop als Art Ersatzministerium für sich geschaffen hatte, bevor er Außenminister wurde. Der Freiherr wollte, wie er angab, mit Lord Rothermere über einen Artikel sprechen, den dieser für die *Deutsch-Englischen Hefte* schreiben sollte, die von der ›Deutsch-Englischen Gesellschaft‹ herausgegeben wurden. Im Prinzip hatte sich der Zeitungsmann durch seinen Berliner Korrespondenten Ward Price bereits dazu bereit erklärt. Um so überflüssiger erscheint daher die London-Reise des Freiherrn; und um so verdächtiger.

Gleichgültig, wer seinen Besuch initiiert hatte, ob ›Steph‹ und Fritz oder einer der beiden, sie benutzten ihn jedenfalls, um den häufig in fragwürdige Amouren verstrickten Gazetten-Lord weichzuklopfen.

Noch am gleichen Tag, an dem er mit Lord Rothermere gesprochen hatte, erstattete der Besucher aus Berlin Prinzessin Hohenlohe genauen Bericht über den Inhalt der Unterredung. Sogar schriftlich. Was der Freiherr in seinem Gespräch mit dem Mann, den sie unter Druck setzen wollte, über die Prinzessin einfließen ließ, hätte von ihr diktiert sein können; oder von ihrem Freund in Berlin, der damit beschäftigt war, sein Büro in der Reichskanzlei auszuräumen, Koffer zu packen und sich von seinen vielen Verehrerinnen zu verabschieden, aber immer noch Zeit fand, mit ›Steph‹ wenigstens in brieflichem Kontakt zu bleiben.

Der junge Freiherr, wahrscheinlich das Komplott der beiden ausführend, berichtete über jenen Teil seines Gesprächs mit Lord Rothermere, der die Prinzessin am meisten interessierte:

»... Beiläufig erwähnte ich anschließend, daß ich von einem amerik. Journalisten bestimmte Andeutungen dahingehend erhalten hatte, daß ein großer Konzern in Amerika ein bestimmtes Interesse habe, eine ›story‹ zu bringen, in welcher Lord Rothermeres Verbindung zu Frauen, insbesondere zur Prinzessin Hohenlohe, glossiert werden sollte in der Absicht, Lord R's politische Informationsquellen hiermit zu verknüpfen. Lord R. schien mir sehr verlegen; er sagte aber sofort: ›Ha, ha! I have not seen the Princess for 14 months. I wish you would tell Herr von Ribbentrop that I consider her a very indiscreet woman. I don't think, he likes her and I believe, she was not received at the Embassy in London, when he was Ambassador here. (...) Ich sagte ihm, daß ich die Prinzessin H. nur flüchtig kenne. (...) Ich ging sofort danach auf ein anderes Thema über und fragte ihn, was er von der politischen Lage halte. Er gab hierzu nur eine kurze Stellungnahme und fügte gleich an: ›But you will tell Herr von Ribbentrop that I have no communication with the Princess H. and that I consider her very indiscreet!‹ Ich sagte Lord R., daß ich keine Gelegenheit hätte, Herrn v. Ribbentrop zu sehen, daß ich nur einer seiner vielen Mitarbeiter sei, worauf er mir antwortete, er würde mir ein Geschenk für Herrn v. R. (400 Jahre altes Augsburger Silber) mitgeben und bei der Übergabe könnte ich ja mit Herrn v. R. sprechen und ihm es erzählen. (...) ›Vielleicht können Sie auch ein Geschenk für den Führer mitnehmen?‹«

So fein sie auch eingefädelt schien, die Intervention des Freiherrn Graf von Schweppenburg bei Lord Rothermere hatte sich als Fehlschlag erwiesen. Der schlaue alte Fuchs war nicht in die Falle getappt. ›Steph‹ kam zu der Einsicht, daß ihr nichts anderes blieb, als gegen ihn zu prozessieren. Noch am gleichen Tag schrieb sie Fritz, was der Freiherr ihr über seine Unterredung mit Rothermere berichtet hatte. Undatiert, aber wahrscheinlich kurz danach, beteuerte sie Hauptmann Wiedemann in einem zweiten Brief – wie der erste auf dem Briefpapier des ›Hotels Dorchester‹ geschrieben, in dem sie schon lange nicht mehr wohnte – ihre nie erlöschende Liebe und beklagte sich, wie sehr sie ihn vermisse:

»My darling – life is certainly not worth living without the person one loves – it is so absolutely zwecklos – so viel man sich auch etwas anderes einzureden versucht... ich meine, man stirbt vielleicht nicht an gebrochenem Herzen – aber alles andere was zum glücklich sein gehört fehlt ist wie eingeschläfert – beinahe wie Scheintodt – und bis es vorüber ist – ich meine Schmertz Sehnsucht Herzweh, ist es nur weil man so völlig verbraucht u. ausgebrannt ist.«

Trotz ihres – so ungrammatisch ausgedrückten – Liebeskummers versäumte ›Steph‹ jedoch nicht, im selben Brief, den so sehr Vermißten für ihre pekuniären Ziele einzuspannen:

»Wenn Du glaubst, daß ich R. darüber verklagen kann, was er G. aus Berlin erzählte, so könntest Du es ihn dort vor einem Anwalt wiederholen lassen. (...) Warum soll ich still halten, wenn alle mit Dreck auf mich werfen!«

Und Dreck kam in diesen Tagen von allen Seiten auf ›Steph‹ geflogen.

Am 22. Januar hatte die renommierte *New York Times* unter der Überschrift »Prinzessin spielt Rolle in Nazi-Diplomatie« eine ausführliche Schilderung der angeblichen Karriere der Prinzessin Hohenlohe unter dem Nazi-Regime veröffentlicht. Der ungenannte Artikelschreiber, wahrscheinlich der Berlin-Korrespondent der *Northamerican Newspaper Alliance* Malcolm Campbell, hatte seine Feder für den Bericht statt in Tinte in Gift getaucht. Gleich einleitend beschuldigte er die Prinzessin – wieder einmal und wieder fälschlich – an der Vorbereitung des militärischen Überfalls der Nazis auf die Tschechoslowakei beteiligt gewesen zu sein:

»Einige Details kommen erst jetzt ans Licht bezüglich der Rolle, die Prinzessin Hohenlohe bei der geheimen Vorbereitung des Bodens gespielt hat, den das Nazi-Regime raffiniert präparierte, bevor es die Zerstückelung der Tschechoslowakei unternahm.«

Damit hatte sich der Journalist auf sein Opfer eingeschossen. Nun brachte er es zur Strecke:

»Die Prinzessin ist zweifellos der Star unter einer ganzen Reihe weiblicher Angehöriger der früheren deutschen Aristokratie, die von Hitler für die verschiedensten Unternehmungen – viele von ihnen geheimer Natur – rekrutiert wurden. Sie agierten als politische Spione, Propaganda-Hostessen, gesellschaftliche Schmeichlerinnen und geheimnisumwitterte Damen. Nur wenige sind für eine solche Tätigkeit geeignet. Sie setzt eine Kombination aus Vertrautheit mit den Gepflogenheiten der kosmopolitischen Gesellschaft, weitgespannter persönlicher Beziehungen und der Beherrschung fremder Sprachen voraus; vor allem aber die Fähigkeit, Geheimnisse herauszulocken und jeden Verdacht von sich abzulenken.
Prinzessin Hohenlohe hat im Auftrag der Nazipartei Herrn Hitler die Köpfe von Lords, Grafen und sonstigen hochgestellten Persönlichkeiten zu Füßen gelegt.«

Die auf diese infame Weise attackierte Prinzessin, gleichsam eine moderne biblische Judith, verklagte die *New York Times* auf Verleumdung, verlangte eine öffentliche Entschuldigung und 35 Guinees zur Bezahlung der Rechtsanwaltskosten. Die *New York Times* entschuldigte sich nicht, und ›Steph‹ hatte die Kosten der Anwaltskanzlei Cardew-Smith & Ross aus der eigenen – ohnehin leeren – Tasche zu bezahlen. Als sie bei Jahresende in den USA war und die Chance gehabt hätte, die Klage gegen die *New York Times* vor einem amerikanischen Gericht zu erneuern, versäumte sie die Frist dafür. Sie lief am 21. Januar 1940 ab.

Je näher der Krieg heranrückte, desto schwieriger wurde die gesellschaftliche Situation der ehemaligen Nazi-Agentin Hohenlohe, auch wenn Hitler sie inzwischen desavouiert hatte. Nicht einmal im elegant-vornehmen Ritz-Restaurant war sie vor Anpöbelungen mehr sicher; nicht einmal von seiten derer, die sie einst als eine der ihren betrachtet hatten.

Der Eklat im ›Ritz‹ spielte sich am Tag vor der Kriegserklärung Großbritanniens an Deutschland ab. Vier Damen der Londoner High Society, die Herzogin von Westminster, Lady Stanley, Lady Dufferin und Mrs. Richard Norton, die Gattin eines Filmmoguls, aßen in diesem Nobelrestaurant, wo die Konversation nur im gedämpften Flüsterton geführt wurde, »höflich« ihren Lunch, »als Stephanie Julienne Richter, Prinzessin Hohenlohe-Waldenburg-Schillingsfürst, gebürtige Jüdin, enge Hitlerfreundin und Deutschlands prominenteste Propagandistin im Ausland, den Speisesaal betrat«, berichtete *Time Magazine* am 11. September seinen amerikanischen Lesern atemlos den jüngsten Gesellschaftstratsch von der Themse:

». . . Noch bevor die Prinzessin zu ihrem Tisch geleitet werden konnte, war von den Damen der Gesellschaft ein Murmeln zu hören. Eine Stimme sagte laut und klar, daß es in der Stille des Saales zu hören war: ›Hinaus, Sie dreckige Spionin!‹ Die Prinzessin nahm jedoch, ohne mit einer Wimper zu zucken, ihren Platz ein, und die Damen aßen weiter. Aber als sie gingen, hielt Mrs. Norton beim Oberkellner an und teilte ihm mit, daß sie und ihre adeligen Freundinnen in Zukunft anderswo zu speisen gedächten, wenn man die Prinzessin weiterhin ins Ritz läßt.«

Am Tag nach diesem Geplänkel im ›Ritz‹ wurde es ernst. Es wurde Wirklichkeit, was ›Steph‹ und Fritz so lange gefürchtet und auf ihre Weise abzuwenden versucht hatten: Es gab Krieg. Einen Krieg, den angeblich niemand wollte; außer vielleicht Ribbentrop. Krieg zwischen den beiden ›germanischen‹ Nationen, den sogar Hitler selbst einmal für ausgeschlossen gehalten hatte.

Die Prinzessin befand sich während der Wochen nach Kriegsausbruch, und bevor ihr Prozeß gegen Lord Rothermere begann, nicht nur was ihre gesellschaftliche Stellung anbelangte, sondern auch finanziell in einer äußerst prekären Situation.

Die Anwaltskanzlei ›Messrs. Goddard & Co.‹, von der die Prinzessin sich vertreten ließ, drängte ihre Klientin, eine weitere Anzahlung zur Begleichung der auflaufenden Kosten zu erlegen. Sie hätte bis jetzt nur 800 Pfund à conto deponiert, schrieb ihr Mr. Goddard persönlich, der drei Jahre vorher als Anwalt von Mrs. Wallis Simpson bei ihrer Scheidungsklage Prominenz erlangt hatte. Davon seien 600 Pfund bereits aufgebraucht, so daß nur ein Rest von 200 Pfund übrig sei, der zur Deckung der weiteren Kosten ihrer Vertretung keineswegs ausreiche. Da die Prinzessin auf diese Aufforderung nicht reagierte, stellte ihr die Anwaltskanzlei am 3. November, nur fünf Tage vor dem ersten Verhandlungstermin, ein Ultimatum: Entweder sie hinterlegt einen Betrag von 500 Pfund, oder die Kanzlei sieht sich gezwungen, ihren Fall an eine andere Kanzlei abzutreten. ›Steph‹ kratzte 200 Pfund in bar zusammen und gab der Kanzlei für die restlichen 300 Pfund einen postdatierten Scheck, der, wie sich herausstellen sollte, nicht gedeckt war.

Auch familiär hatte Prinzessin Hohenlohe Sorgen: mit ihrem Sohn. Der 24jährige stellenlose Prinz hatte gegen seine dominierende Mutter rebelliert. Zuerst war ›Franzi‹ nach Paris ausgerissen und dann nach Amerika abgehauen. Am 12. September landete er, mit einem sechzig Tage gültigen Besuchsvisum in seinem ungarischen Paß, in New York. Das FBI, das bereits seit Jahresbeginn gegen seine noch in London lebende Mutter eifrigst Material sammelte und sie mehrmals, immer falschen Fährten folgend, schon in den USA vermutete, wurde erst Ende Oktober durch einen anonymen Briefschreiber, der mit »ein 100% Amerikaner« unterzeichnete, auf seine Anwesenheit im Lande aufmerksam; ohne sich dadurch zu einer besonderen Aktion gegen ihn veranlaßt zu sehen.

Das Gerichtsverfahren, in dem Ihre Hoheit, Prinzessin Stephanie Maria Juliana Hohenlohe-Waldenburg-Schillingsfürst Viscount Rothermere wegen Vertragsbruchs auf Zahlung einer unbestimmten Schadenssumme verklagte, begann am 8. November. Es beanspruchte sechs Verhandlungstage und wurde im viktorianisch-gotischen Gerichtssaal des ›King's Bench Court Nr. 5‹ ausgetragen, dessen Bänke für das Publikum stets bis auf den letzten Platz gefüllt waren. In- und ausländische Reporter berichteten aus dem Gerichtssaal, ohne daß in den deutschen Zeitungen etwas darüber zu lesen war; auch Ungarn, die staatsbürgerliche Heimat der Prinzessin, hielt sich an den Nachrichten-Boykott.

Der Richter, Honourable Mr. Justice Tucker, in würdiger Perücke und schwarzer Robe, verlas einleitend, mit monotoner Stimme, der Unparteilichkeit der englischen Gerichtsbarkeit Rechnung tragend, die Anklageschrift: Viscount Rothermere hätte sich verpflichtet, die Klägerin als seine außenpolitische Repräsentantin zu beschäftigen, »... auf daß sie an seiner Statt mit Staatsmännern und Personen königlicher Herrscherhäuser auf dem Kontinent Verbindung hält und Verhandlungen führt«, und weiter, »... den guten Ruf der Klägerin wiederherzustellen, als sie in gewissen ausländischen Zeitungen als ›Spionin‹, ›Vamp‹ und ›unmoralische Person‹ bezeichnet wurde«.

Dafür behauptete die Klägerin, 1932 hätte sich Lord Rothermere bereit erklärt, ihr auf Lebenszeit jährlich 5000 Pfund zu bezahlen, vorausgesetzt, daß sie das Angebot eines amerikanischen Verlags ausschlägt, der ihr für die Veröffentlichung ihrer Erinnerungen über Lord Rothermeres politische Aktivitäten in Ungarn 25 000 Dollar geboten hatte.

Die Prinzessin, in dezentem schwarzen Kleid und Hütchen saß in der ersten Reihe, vom Richter aus rechts; die behäbige Masse Lord Rothermeres, das fette Kinn auf die Brust gesenkt, in einem etwas verdrückten, aber tadellos geschneiderten schwarzen Anzug, hatte sich auf der ersten Bank, links von Mr. Tucker, niedergelassen. Beide wurden von ihren Anwälten flankiert. Die Prinzessin hatte zwei jüngere Anwälte, einen Mr. Gilbert Beyfus und einen Mr. Frank Soskice für ihre Vertretung vor Gericht gewählt. Lord Rothermere, der die Anwaltskanzlei Charles Russel & Co. verdingt hatte, ließ sich von Mr. D. G. Roberts und Mr. Valentine Holmes verteidigen, die von dem alten Haudegen vieler gerichtlicher Gefechte, Sir William Jovitt, angeführt wurden.

Seine Lordschaft präsentierte sich als Ehrenmann und englischer Gentleman, der seine Vereinbarungen und Abmachungen finanzieller Art mit der Prinzessin, sofern es solche gab, nicht nur gewissenhaft erfüllt, sondern sich darüber hinaus der Klägerin gegenüber auch äußerst großzügig gezeigt hätte. Daß er den Leumund einer Dame hätte verteidigen sollen, die in ausländischen Zeitungen alles genannt wurde, was man gegenüber einer Dame, und schon gar nicht gegenüber einer Person vom hochgestellten Rang einer Prinzessin, nicht in den Mund nimmt, fand er »unfair«. Im übrigen verwahrte er sich dagegen, daß die klagende Seite versuchte, sein Privatleben, sein Verhältnis zu bestimmten Damen oder auch »nur zu Frauen«, vor die Öffentlichkeit zu zerren. Das sei, wie sein Verteidiger erklärte, »einem alternden Viscount gegenüber unwürdig«. Der Lord erklärte, diese »unsinnigen Anschuldigungen« würden nur vorgebracht, um ihm die Zuneigung des einzigen Menschen zu rauben, der ihm nach dem Tod seiner Frau vor zwei Jahren noch geblieben sei: sein jüngster Sohn Esmond.

Die Prinzessin wiederum rückte ihre weitgespannten und zeitaufwendigen diplomatischen Bemühungen für Lord Rothermere in das für sie günstigste Licht; vor allem ihre langjährigen und unermüdlichen Anstrengungen im Auftrag des Viscount, entweder ihn selbst oder seinen Sohn Esmond in Ungarn mit der heiligen Stephanskrone krönen zu lassen und einen der beiden zum König von Ungarn zu machen. Nun hätte der Lord ein Buch über diese Episode seiner Einschaltung in die ungarische Politik veröffentlicht und ihren Namen darin nicht einmal erwähnt.

Die Sache mit dem Buch stimmte, was Lord Rothermere zum gegebenen Zeitpunkt äußerst peinlich war. Er war im Spätherbst des Vorjahres von der ungarischen Regierung nach Budapest eingeladen worden, um am Triumph des ungarischen Volkes darüber teilzunehmen, daß bei der vorangegangenen Aufteilung der Tschechoslowakei durch Hitler auch für Ungarn ein territorialer Brocken abgefallen war: das von Ungarn besiedelte Gebiet, für dessen Rückgabe an Ungarn er so viele Jahre lang in seinen Blättern propagandistisch gekämpft hatte.

Lord Rothermere war am 8. Oktober in Begleitung seines Neffen Michael Harmsworth, des *Daily Mail*-Korrespondenten Ward Price und seines Faktotums Collin Brooks in der ungarischen Hauptstadt eingetroffen, wo er von der dankbaren Bevölkerung jubelnd und mit Tränen in den Augen empfangen wurde. Die Ungarn hatten nicht vergessen, daß er es gewesen war, der zehn Jahre vorher, mit seinem Leitartikel »Ungarns Platz in der Sonne«, den ersten Anstoß für das gegeben hatte, was nun in Erfüllung ging.

Der englische Lord wurde zum Nationalhelden der Magyaren. Von einem Balkon aus sprach er zu der enthusiastischen Menge. Er gemahnte sie, über seinem Beitrag nicht den Beitrag Mussolinis und Hitlers zu vergessen. Sie seien es gewesen, die die Rückführung des ehemals tschechoslowakischen Gebietes ermöglichten; die Ungarn sollten die Namen der beiden großen Staatsmänner »für immer in ihre Herzen schreiben«.

Nach einer Reihe von Festbanketten und Ehrungen, die die nächsten Tage in Anspruch nahmen, reiste der Lord mit seiner Begleitung nach Kaussau, um an der Seite des Reichsstatthalters Admiral von Horthy an Ort und Stelle an den Eingliederungsfeierlichkeiten teilzunehmen. Bei dieser Gelegenheit wurde er mit dem ›Ungarischen Verdienstkreuz Erster Klasse‹ ausgezeichnet. Eine Ehrung, die er nur mit seinen beiden politischen Idolen, dem Duce und dem Führer, zu teilen hatte. Damit war sein Werk in Ungarn getan, offiziell anerkannt worden und von Erfolg gekrönt. Blieb nur noch, es für alle Zeiten schriftlich festzuhalten.

Nach London zurückgekehrt, erteilte er Ward Price den Auftrag, als Ghostwriter, unter seinem Namen, ein Buch darüber zu verfassen. Der schwerbeschäftigte Journalist lieferte das Manuskript erst im Spätsommer des folgenden Jahres, und das Buch kam aus der Druckerei, nachdem Hitler Polen überfallen hatte und England sich bereits im Krieg mit Deutschland befand. Das Foreign Office versuchte, das Erscheinen dieser »Frechheit« zu verhindern, aber bevor es noch einschreiten konnte, lag das Buch »Meine Kampagne für Ungarn« des Autors Lord Rothermere bereits in den Buchläden. Mit der Widmung »mit Ergebenheit und Dank« an Admiral von Horthy und an »sein geduldiges und mutiges Volk«.

Gilbert Beyfus ließ sich die Chance nicht entgehen, diesen publizistischen Fauxpas des Zeitungslords für seine Klientin zu nutzen:
»Haben Sie Ihr eigenes Buch *Meine Kampagne für Ungarn* gelesen, Lord Rothermere?«
»Ja. Leider«, antwortete dieser trocken.
»Ist Ihnen nicht aufgefallen, daß drei Wörter darin fehlen?«
»Nein. Welche?«
»Stephanie Hohenlohe-Waldenburg.«
Rothermere, der erst jetzt die Lunte roch, brauste auf: »Es war zur Gänze mein eigener Entschluß, mich als unabhängiger Anwalt dafür einzusetzen, daß Ungarn Gerechtigkeit widerfährt.«
»Ist das wahr?«
»Hundertprozentig«, versicherte Rothermere, einen Meineid nicht scheuend, und fügte hinzu, er hätte den Namen der Prinzessin auch erwähnt, hätte sie nicht gegen ihn zu prozessieren begonnen. Unter diesen Umständen sei ihm dies natürlich nicht möglich gewesen. Im übrigen seien nur 1400 Kopien des Buchs verkauft worden; es sei ein Flop und er hätte 600 Pfund dabei verloren.
Der dritte Verhandlungstag brachte eine Überraschung, die sich die Verteidigung als Trumpfkarte aufgespart hatte: daß die Klägerin Hauptmann Fritz Wiedemann, den Persönlichen Adjutanten des deutschen Reichskanzlers, im Herbst 1938 dazu gebracht hatte, den Angeklagten zu ihren Gunsten unter Druck zu setzen.
Sir William zog den schriftlichen Beweis dafür aus seiner Mappe und hielt ihn mit dramatischer Geste der Klägerin vors Gesicht.
»Erkennen Sie diesen Brief?«
Die Prinzessin schüttelte stumm den Kopf.

»Es ist ein Schreiben ihres Nazifreundes Wiedemann, das er im Vorjahr an Lord Rothermere gerichtet hat. Darin teilt er dem Lord mit, Sie hätten sich mit der Bitte an ihn gewandt, Herrn Hitlers Einwilligung zu erwirken, daß die Korrespondenz zwischen ihm und Lord Rothermere bei einem eventuellen Gerichtsverfahren als Beweismaterial vorgelegt werden kann.«

Sir William begann aus dem Brief zu lesen:

»Sie wissen, mein Lord, wie sehr der Führer die Tätigkeit der Prinzessin zur Verbesserung der Beziehungen zwischen unseren beiden Ländern schätzt... Es waren ihre Vorbereitungen des Bodens, die das Münchener Abkommen möglich machten... Es war sie, die Sie beim Führer eingeführt hat. Eine Tatsache, für die er ihr ebenfalls dankbar ist.«

Der Verteidiger unterbrach die Verlesung des als »streng geheim und persönlich« gekennzeichneten Schreibens und fragte die Klägerin:

»Stimmt das?«

»Ja«, sagte die Prinzessin, ohne zu zögern. Sir William las weiter vor:

»Unter diesen Umständen, und den edlen und großzügigen Charakter des Führers in Betracht ziehend, ... hege ich keinen Zweifel, daß er ihr die Erlaubnis erteilen wird, die erwähnte Korrespondenz als Beweis dafür zu verwenden, daß sie in Ihren Diensten stand, da er die Ansicht vertreten wird, dadurch einer Frau in ihrem Kampf gegen einen mächtigen Mann zu helfen. Auch wenn es außerordentlich peinlich für ihn ist.«

Der Verteidiger blickte auf, nachdem er Wiedemanns verschachtelten Satz zu Ende gelesen hatte. »Peinlich – für den Führer?« fragte er zur Prinzessin gewandt.

»Ja.«

»Warum?«

»Weil er Publizität nicht mag.«

Lautes Gelächter der Anwesenden.

Aus dem Rest des Schreibens, das zur Verlesung kam, ging hervor, daß Wiedemann sich als unparteiischer Vermittler zwischen dem Lord und der Prinzessin angeboten hatte. »Da ich ihre Ergebenheit gegenüber dem Führer kenne, bin ich davon überzeugt, daß sie damit einverstanden wäre«, hatte er Rothermere geschrieben.[6]

Der Lord hatte Wiedemanns Vermittlungsangebot in einem

Antwortschreiben vom 28. Oktober brüsk abgelehnt und den Hauptmann noch dazu beschuldigt, ein mit der Prinzessin abgekartetes Spiel zu spielen. Wenn notwendig, würde er selbst nach Berlin reisen, hatte er Wiedemann geschrieben, und alles »zur persönlichen Zufriedenheit des Führers aufklären«. Mit dieser schroffen Abfuhr und daß Rothermere sich an Hitler direkt wenden könnte, hatte das Paar nicht gerechnet. Wiedemann war gezwungen, zurückzustecken. Am 1. Dezember, als sein Sturz aus Hitlers Gnaden bereits vorauszusehen war, hatte er dem Lord mitgeteilt, daß »die Sache für ihn erledigt ist«, und ihm frohe Weihnachten gewünscht. Das war das letzte gewesen, was Rothermere von Wiedemann hörte, den er stets für seinen Freund gehalten hatte.

Am vorletzten Verhandlungstag hielten die Anwälte der beiden Seiten ihre Schlußplädoyers. Sie faßten noch einmal ihre Argumente zusammen. Sir William Jovitt, wie ein ergrauter Raubvogel, mit seiner charakteristischen Hakennase ständig in Richtung der Prinzessin hackend, erklärte, die Klägerin hätte eine »unaufrichtige Klage« eingereicht. In Wahrheit hätte die Klägerin damit gerechnet, daß sie Lord Rothermere zwingen könne, sich mit ihr außergerichtlich zu vergleichen, »statt zu riskieren, daß der Inhalt gewisser vertraulicher Briefe veröffentlicht wird«. Die Behauptung der Prinzessin, der Lord hätte ihr auf Lebenszeit eine jährliche Apanage von 5000 Pfund versprochen, sei »frei erfunden«. Dafür gäbe es keine Beweise. Und selbst wenn diese Behauptung stimme, »dann nur auf der Basis, daß die Lady mit dem Gedanken gespielt hat, daß sie den Lord erpressen kann«.

Nachdem Sir William geendet hatte, warf sich Mr. Gilbert Beyfus mit Elan, aber ohne viel Beweismaterial für seine Klientin in die Bresche. Es sei lächerlich, zu behaupten, »die Prinzessin hätte sich Dokumente beschafft oder Kopien davon aufbewahrt mit der böswilligen Absicht, sie später einmal als Druckmittel gegen Lord Rothermere zu verwenden«. In anderen Worten: Seine Klientin sei keine Erpresserin.

Da er dafür jedoch keine Beweise liefern konnte, versuchte er vor allem, die Glaubwürdigkeit des Angeklagten in Frage zu stellen, der eher teilnahmslos, in sich zusammengesunken, auf seinem Platz saß und die Suada der Anwälte über sich hinwegrollen ließ.

»Lord Rothermere hat sich ständig vor der Beantwortung der an ihn gerichteten Fragen gedrückt«, rief Beyfus in den Gerichtssaal, als suche er Komplizen für seine Behauptung. »Er hat dauernd versucht, den Eindruck eines müden alten Mannes zu erwecken, und eines stupiden alten Mannes noch dazu, der nicht versteht, was er gefragt wird. Dieser Eindruck ist falsch. Lord Rothermere hat die an ihn gerichteten Fragen sehr wohl verstanden. Seine starke, dominierende Persönlichkeit läßt sich nicht verbergen!«

Die in Fettpölsterchen gebetteten kleinen Augen des Lords blitzten auf, als wollte er bestätigen: Recht haben Sie, junger Mann. Ich habe sehr wohl verstanden. Ich weiß, worum es geht. Um Geld. Um mein Geld.

Richter Tucker setzte die Urteilsverkündung für den darauffolgenden Mittwoch an. Den 15. November. Obwohl niemand eine Überraschung erwartete und die Zeitungen bereits schrieben, die Prinzessin hätte verloren, war der Saal an diesem Tag bis auf den letzten Platz gefüllt.

In seiner Urteilsbegründung widerlegte der Richter gnadenlos jede Behauptung der Klägerin und ihrer Anwälte. Der Anspruch der Prinzessin auf eine lebenslange Apanage sei ungerechtfertigt, da durch nichts erwiesen sei, daß Lord Rothermere ihr je ein solches Versprechen gegeben hätte. Auch für die Behauptung der Klägerin, ein amerikanischer Verlag hätte ihr ein Angebot von 25 000 Dollar für ihre Memoiren gemacht, das sie jedoch aus Rücksicht auf Lord Rothermere abgelehnt hätte, gäbe es keinerlei Beweise. »Die Klägerin war nicht einmal in der Lage, uns den Namen des Verlags zu nennen«, bemerkte der Richter trocken. Umgekehrt ließ er die Behauptung Lord Rothermeres gelten, die früheren regelmäßigen Zahlungen an die Prinzessin seien nichts anderes als die Entschädigung für die Dienste

gewesen, die sie ihm als seine politische Repräsentantin geleistet habe. Was den zweiten Punkt der Klage betraf, Lord Rothermere hätte sich verpflichtet, die Klägerin gegen die Schmiertaktiken gewisser ausländischer Zeitungen zu verteidigen, die sie unter anderem eine deutsche Spionin genannt hatten, dies jedoch unterlassen habe, so sei dieses Versprechen zu »nebulos«, als daß sich davon ein Rechtsanspruch ableiten ließe.
Das Gericht wies die Klage der Prinzessin ab und sprach Lord Rothermere von jedem Punkt der Anklage frei. Die Gerichtskosten hatte die Klägerin zu zahlen.
»Rasch senkte sich der Vorhang über der ›opéra bouffa‹ des Prozesses Ihrer Fürstlichen Hoheit Prinzessin Stephanie Hohenlohe-Waldenburg-Schillingsfürst gegen Viscount Rothermere«, schrieb *Time Magazin* maliziös über den Ausgang des Verfahrens.
Die Prozeßkosten beliefen sich auf beinahe 10000 Pfund, eine für damalige Verhältnisse beträchtliche Summe. Lord Rothermere beglich sie. Als letzte großzügige Geste gegenüber seiner ehemaligen Freundin und politischen Beraterin. Seine Großzügigkeit hielt die finanziell bedrängte Prinzessin jedoch nicht davon ab, zu versuchen, den reichen Zeitungsmagnaten noch weiter auszupressen. Sie änderte nur die Taktik. Statt zu prozessieren, verlegte sie sich aufs Betteln. Ohne viel Zeit zu verlieren. Nur vier Tage nach dem für ›Steph‹ ruinösen Urteilsspruch überbrachte Lady Ethel Snowden, eine der wenigen treu gebliebenen Freundinnen, Lord Rothermere ein Schreiben der Prinzessin, dessen ungrammatisches und holpriges Englisch sich in Deutsch nicht adäquat wiedergeben läßt:

»Ich weiß nicht, ob Sie vorhatten, mich zu ruinieren, auf jeden Fall ist es Ihnen gelungen. Dieses Schreiben an Sie ist die Krönung Ihres Sieges über mich. Ich will versuchen, so unmelodramatisch wie nur möglich zu sein, was nicht leicht ist, denn Sie haben aus meinem Leben ein Horrordrama gemacht. Ein gutes Wort von Ihnen an mich hätte alles verhindern können. Sie hatten nie eine bessere und ergebenere Freundin als mich. Für

Sie wäre ich durchs Meer geschwommen, und meine Ergebenheit für Sie war die eines treuen Hundes. Das wußten Sie. Das wußten Sie genau. Das wußten Sie auch, als Sie das Gericht betraten. Es war Ihre feige Umgebung, die mich haßt, die Ihren Gerechtigkeitssinn verwirrte und Sie gegen mich aufbrachte, was ich, wie Sie wissen, nicht verdiene.

Ihre Anwälte und Rechtsbeihilfen, siebzehn an der Zahl, und alle sonstigen Freunde füllten bei Gericht die halbe Galerie, während ich nur von meiner 78jährigen Mutter begleitet wurde, da mein Sohn mir davongelaufen ist, weil er den passiven Widerstand nicht länger ertragen konnte, der daher stammt, daß ich angeblich eine Spionin war und den Ruf einer Spionin habe. Sie besaßen Millionen, ich nur 250 Pfund – das war alles, was mir blieb, nachdem mich meine Anwälte trockengemolken hatten und ich fast zwei Jahre lang ohne das Einkommen existieren mußte, auf dem ich mein Leben aufgebaut hatte. Daß ich heute noch unter den Lebenden bin, hat seinen Grund nur darin, daß ich meinem Jungen ersparen will, das Opfer einer weiteren Sensation zu sein – des Selbstmords seiner Mutter. Aber mein unsagbares Elend wird mich vielleicht auch diese Rücksicht vergessen lassen.

Ich sage das alles ohne jeden Versuch, um Mitleid zu flehen. Ihr gesunder Menschenverstand wird Ihnen sgen, daß es weit weniger Mut bedarf, sich zu töten, als sich in einer Situation wie der meinen zu befinden. Auch wenn ich Sie nicht um Mitleid anflehen muß, so tue ich es trotzdem. Ich will nichts als die Möglichkeit, so weitermachen zu dürfen, als ob nichts vorgefallen wäre . . .

Niemand außer Ihnen kann mir aus meiner gegenwärtigen Lage helfen. Helfen Sie mir, etwas von dem Gift, mit dem ich bespuckt wurde, wieder abzuwaschen. Sie können es, ohne dabei selbst Schaden zu nehmen . . .

Denken Sie daran, daß ich einen Sohn habe, den ich mindestens ebenso liebe wie Sie den Ihren; einen Jungen, der nicht nur aufgrund seiner Geburt, sondern auch aufgrund seiner eigenen Verdienste verdient, sein Haupt aufrecht und stolz zu tragen. Bitte, denken Sie daran, was Sie mir antun, tun Sie auch ihm an. Ich kann und will noch immer nicht glauben, daß es Ihre Absicht ist, das Leben und die Zukunft eines Dreiundzwanzigjährigen zu ruinieren.

Sie als Zeitungsmann werden wissen, daß es nur natürlich ist, daß mir die erstaunlichsten Angebote gemacht wurden; erstaunlich nicht nur in finanzieller Hinsicht, sondern für mich auch erstaunlich wegen des perversen Interesses, das die Öffentlichkeit an unser beider Angelegenheiten zu nehmen scheint. Mir wurde angetragen, Interviews zu geben, Artikelserien zu verfassen und meine Memoiren zu schreiben. Ich will nichts veröffentlichen – nichts über Sie, nichts über mich, über niemanden. Nicht jetzt und nicht später. Helfen Sie mir, daß ich es nicht tun muß!

Ermöglichen Sie es mir, daß ich von hier weg kann, alle meine Angelegenheiten in Ordnung bringe und irgendwoanders neu beginne, als ob nichts geschehen wäre – aber bewahren Sie mich vor dem Abstieg – ersparen Sie mir wenigstens das. Machen Sie es mir möglich, daß ich während der nächsten drei Jahre mein Leben so weiterführen kann, als ob nichts vorgefallen wäre. – Es ist vielleicht falscher Stolz, aber glauben Sie mir, es ist Stolz.

Bitte, ersparen Sie mir jede weitere Demütigung und die Qual des Wartens. Wenn Sie nicht mit mir direkt verkehren wollen, so tun Sie es durch unsere gemeinsame Freundin, deren selbstlose Güte meine einzige Stütze ist.

Es sind zwei Menschenleben, die Sie in Ihren Händen halten, ein junges, voll der Hoffnung auf die Zukunft, und meines, dem Sie jede Zukunft geraubt haben. – An Ihnen allein liegt es, zu entscheiden, was aus diesen beiden Leben werden soll!

S. H.«

Anfänglich schien es, Lord Rothermere ließe sich durch das Schreiben erweichen und würde die Schiffspassage in die USA für ›Steph‹ und ihre Mutter bezahlen und vielleicht sogar drei Jahre lang für ihren Unterhalt in den Vereinigten Staaten sorgen. Aber sobald er von den fieberhaften Verhandlungen der Prinzessin mit potentiellen Verlegern Wind bekam, dürfte er seine Haltung geändert haben. Durch Lady Snowden schlug er der Prinzessin vor, sich an einen ruhigeren Ort zurückzuziehen, vielleicht nach Mallorca, statt nach Amerika zu übersiedeln, wenn sie weiterhin Wert auf seine finanzielle Unterstützung lege.

Lady Snowden war empört über den Gesinnungswechsel des

Lords und teilte es ihm schriftlich mit. ›Steph‹ lehnte die Verbannung auf die Mittelmeerinsel ab. Kein St. Helena für sie. Aber in Großbritannien konnte sie nicht länger bleiben. Auf eine Anfrage im House of Commons, ob die Regierung Seiner Majestät »in Hinblick auf ihr Nahverhältnis zur deutschen Reichskanzlei« die Ausweisung der Prinzessin Hohenlohe beabsichtige, erwiderte der Innenminister, soweit er wisse, hätte die »betreffende ungarische Staatsbürgerin bereits Vorkehrungen getroffen, England per Schiff in den nächsten Tagen zu verlassen«.
Die Antwort des Home Secretary ließ keinen Zweifel zu, daß die Vertraute Hitlers und Propagandistin Nazi-Deutschlands im kriegführenden Großbritannien nicht länger geduldet würde.
Die Frage, wohin nun, stellte sich für ›Steph‹ nicht. Es gab nur ein Land, in dem sie ihre leeren Kassen wieder auffüllen konnte: Amerika. Die amerikanischen Verleger boten ihr das meiste Geld für ihre noch ungeschriebenen Erinnerungen. Denn es stimmte, womit sie Lord Rothermere in ihrem Schreiben auf nicht ganz subtile Weise zu erpressen versucht hatte: Aufgrund ihres aufsehenerregenden Prozesses gegen den Zeitungsmagnaten war sie mit Angeboten für ihre Memoiren überschwemmt worden. Den Zuschlag erhielt, nach hektischen Verhandlungen mit einer Reihe englischer Verlage, die amerikanische literarische Agentur Curtis Brown Ltd., die auch in London eine Vertretung unterhielt, über die sie den Kontakt zur Prinzessin aufgenommen hatte. Firmenchef Spencer Curtis Brown verhandelte mit ›Steph‹ persönlich. Am 4. Dezember schrieb er an seine neue Klientin:

»Ich weiß es außerordentlich zu schätzen, daß Sie uns damit beauftragt haben, alle notwendigen Arrangements für die Veröffentlichung Ihrer Memoiren in Buchform und in Zeitungen für Sie zu treffen.«[7]

Die Prinzessin schiffte sich unter dem Pseudonym Mrs. Maria Waldenburg in Begleitung einer Baronin Maria L. Szepessy am 11. Dezember ohne jedes Aufsehen in Southampton auf der ›S.S. Veendam‹ ein. Die beiden Erste-Klasse-Passagiere brachten 106 Gepäckstücke an Bord; unverhältnismäßig mehr als jeder der 340 jüdischen Flüchtlinge aus Deutschland, Österreich, Polen und der Tschechoslowakei, die sich ebenfalls unter den 630 Schiffsreisenden befanden.

Das Flaggschiff der ›Holland-America-Line‹ erreichte am 22. Dezember, einem grauen, frostigen Freitagmorgen, New York, während das erste Schneegestöber des Winters den Verkehr auf den Straßen Manhattans fast zum Stillstand brachte.

Obwohl sie sich um sechs Jahre jünger und durch Plateauschuhe um einige Zentimeter größer gemacht hatte – sie gab ihr Alter im Schiffsmanifest mit 42 Jahren und ihre Größe mit 5 Fuß und 5 Zoll an –, erkannte der Einwanderungsbeamte Oberinspektor Montgomery, der ihre Papiere und das bereits im Oktober in London ausgestellte Besuchsvisum prüfte, die wahre Identität der ›Mrs. Maria Waldenburg‹. Es war die vom FBI seit längerem zur Beobachtung ausgeschriebene Prinzessin Stephanie Hohenlohe. Nicht zu verwechseln mit der ebenfalls in den USA anwesenden Prinzessin Mabel Hohenlohe, eine Verwechslung, die dem FBI schon mehrmals passiert war, als seine Agenten die falsche Prinzessin beschatteten. Oberinspektor Montgomery gab seine Entdeckung als heißen Tip sofort an einen mit ihm befreundeten Journalisten bei der *Herald Tribune* weiter und meldete die Ankunft der Prinzessin pflichtgemäß dem New Yorker FBI-Büro.

Damit war das Signal für die Jagd der Reporter auf die angebliche Nazi-Spionin gegeben, die bei der Anmeldung im Waldorf-Astoria-Hotel ihr Pseudonym als zwecklos aufgab und als Prinzessin Stephanie von Hohenlohe registrierte. Sie bezog mit ihrer Mutter – nach dem Motto: lieber ein billiges Zimmer in einem teuren Hotel als ein teures Zimmer in einem billigen – in den exklusiven Waldorf-Towers Zimmer Nr. 40 D. Ein »kleines Zimmer mit Bad«, dessen Preis ›Steph‹ von 18 auf 15 Dollar heruntergehandelt hatte. Das Zimmer hatte keinen eigenen Telefonanschluß. Alle Gespräche mußten über die Hotelvermittlung geführt werden. Was den von J. Edgar Hoover ange-

setzten FBI-Agenten die Überwachung des Telefons der Prinzessin erleichterte.
Sooft die »kleine, mollige Prinzessin mit dem tizianroten Haar« die Hotelhalle betrat, wurde sie von den wartenden Reportern gestellt. ›Steph‹ wußte, wie sie sie zu behandeln hatte. Wie Raubtiere, denen sie Zucker gab, um sie sich gefügig zu machen. Jeder ihrer Auftritte in der riesigen, blau tapezierten Halle wurde zu einer improvisierten Pressekonferenz, die ihren Niederschlag in den Klatschspalten der New Yorker Boulevardblätter fand.
Sie sei nach Amerika gekommen, »um Frieden und Ruhe zu finden und ihre Lebenserinnerungen zu schreiben«, erzählte sie den Reportern. Die Verdunklungen in London seien »so deprimierend, daß sie sie nicht ertragen konnte«. Deshalb hätte sie mit ihrer Mutter »das erste Schiff genommen, das nach Amerika fuhr«.
Stimmte es, daß sie aus England ausgewiesen worden wäre? »Lächerlich! Meine Bediensteten befinden sich noch in meinem Haus, für das ich einen siebenjährigen Mietvertrag habe.« Wenn sie einmal in Fahrt war, flunkerte sie, daß sie nicht nur ein Haus in London, sondern auch »ein Haus in Ungarn« besäße.
Sie weigerte sich stets, politische Fragen zu beantworten oder über ihre Freunde in Berlin zu sprechen. »Wenn Sie etwas über mich schreiben wollen«, riet sie den Journalisten, »dann schreiben Sie, daß ich bekannt bin für meine Loyalität gegenüber meinen Freunden, für meine Liebe zur Musik und für meinen guten Geschmack in der Mode. Mit Politik habe ich so viel zu tun wie ein Seiltänzer!«
Helen Worden, die für das New Yorker *World-Telegram* Gesellschaftsberichte schrieb und ›Steph‹ schon bei ihren früheren Besuchen, 1931 und 1932, interviewt hatte, skizzierte für ihre Leser die Erscheinung der Prinzessin:

»Ihr rotgoldenes Haar war glatt nach oben gekämmt. Sie trug einen Silberfuchsturban, an dem herausfordernd eine rosarote Rose steckte, einen dreiviertellangen Silberfuchsmantel, ein schwarzes Seidenjerseykleid (von Alex) und schwarze Sandalen aus Glacéleder von Perugia mit himmelblauen Plattformsohlen. Herrliche Clips steckten an ihren kleinen, hübschen Ohren, und an ihrem dunklen Kleid glitzerte eine auffallende Diamantbrosche.«

Hinter dieser Fassade einer mit allen Gütern und Privilegien der High Society ausgestatteten Existenz, die sie nach außen hin sorgfältig aufrechterhielt, ging die mittellose Prinzessin sofort daran, für sich und ihre Mutter eine neue finanzielle Basis zu schaffen – und sich bei ihren in den USA lebenden Freunden telefonisch rasch wieder in Erinnerung zu bringen. Am ersten Morgen ihres New Yorker Aufenthalts rief sie ihren Liebhaber Fritz Wiedemann in San Francisco an. Der deutsche Generalkonsul wollte – wie das FBI später erfuhr – sofort nach New York kommen und sie im Hotel aufsuchen, was ›Steph‹ ablehnte. Sie wollte in ihrer gegenwärtigen Situation nicht mit einer bekannten Nazi-Größe gesehen werden. Sie sprach auch mehrmals mit ihrem alten Freund und Berater Captain Donald Malcolm, der nun in New York im Yale Club wohnte, und mit ihrem guten Bekannten aus den sorglosen Vorkriegsjahren Harry Cushing III, der sich auf seinen Besitz im nahen Oyster Bay, auf Long Island, zurückgezogen hatte.
Am Nachmittag des Weihnachtstags zogen ›Steph‹ und Mama aus dem Waldorf-Astoria aus; angeblich um den Rest der Feiertage und Neujahr bei ihren reichen Freunden, den Cushings, auf Long Island zu verbringen. In Wirklichkeit übersiedelten sie in aller Stille in das gleichwertige, aber diskretere New Yorker Nobelhotel, das ›Plaza‹, an der Ecke Central Park und Fifth Avenue. Hier schlug ›Steph‹ für die nächsten Wochen ihr Hauptquartier auf, von wo aus sie – unbelästigt von Journalisten – die intensiven Verhandlungen zur finanziellen Auswertung ihrer Erinnerungen aufnahm; nicht nur mit Curtis Brown Ltd., an die sie bereits vertraglich gebunden war, sondern, nach ihrem bewährten Prinzip, immer mehr als ein Eisen im Feuer zu haben, auch mit anderen Agenten, Verlegern und Redaktionen, soweit

sie für die Enthüllungen, die sie versprach, Interesse zeigten und Vorschüsse in Aussicht stellten.
Nachdem die Prinzessin und die Baronin das Hotel gewechselt und von der Direktion des ›Plaza‹ absolute »privacy« verlangt hatten, verlor das FBI, sehr zur Verblüffung von Direktor Hoover, die Spur des aristokratischen Paares. Ein FBI-Agent fand sie erst fünf Wochen später wieder, in New Orleans, wohin sich ›Steph‹, Mama und ›Franzi‹ am 1. Februar von New York aus in einem angemieteten Chrysler hatten chauffieren lassen und, getarnt als Mr. Frank Hill, Mrs. Frank Hill und Mrs. Hill, am 12. Februar im ›Jung Hotel‹ abgestiegen waren.
Von da an ließ der FBI-Direktor die Prinzessin samt Sohn und Mama nicht mehr aus den Augen. Der Junggeselle Hoover interessierte sich besonders für den Lebenswandel des jungen Prinzen, von dem ihm seine Informanten berichteten, daß er »sehr effeminiert ist, sich wie ein Mädchen aufführt und sogar so weit geht, sich Locken wickeln zu lassen«.

Anmerkungen

1 Lescrinier sagte 1948 beim Entnazifizierungsverfahren Fritz Wiedemanns in Passau zu dessen Gunsten aus.

2 Obwohl sich herausstellte, daß Kell noch zwei Jahre vorher für die Berliner Gestapo gearbeitet hatte und daher in ihrer Kartei aufscheinen mußte.

3 Einer der 3000 Angestellten des Forschungsamts, Ulrich Kittel, bestätigte 1952, daß sowohl Wiedemanns Telefon als auch das Telefon der »Prinzessin Hohenlohe, die mit ihm in Verbindung stand«, abgehört wurden. Die Berichte und Unterlagen des Forschungsamtes wurden noch vor Kriegsende von den Deutschen selbst vernichtet.

4 Es war Canaris' Büro, in dem die Fäden des militärischen Widerstands gegen Hitler zusammenliefen.

5 Freiherr Geyr von Schweppenburg wurde, 46jährig, seit 1945 im Osten als vermißt gemeldet.

6 Natürlich wäre die Prinzessin damit einverstanden gewesen. Sie hatte den Brief selbst konzipiert und an Wiedemann nach Berlin geschickt. Aber Rothermere war auf die Intrige nicht hereingefallen.

7 Auf Anfrage teilte Mr. Curtis Brown den Autoren 1976 mit: »Ich habe Stephanie Hohenlohe lediglich als Dame mit sehr viel Charme, aber ohne jede Bedeutung in Erinnerung. Wie alle, die damals Deutschland verließen, wollte sie ein Buch schreiben. Zweifellos über Skandale unter Nazi-Größen. Soviel ich weiß, kam es nie dazu. ... Sie fragen, wurde über Geld gesprochen? – Sie sprach über kaum etwas anderes!«

Stephanie von Hohenlohe mit Lemuel Schofield, dem Chef der US-Einwanderungsbehörde

1941–1945

Die Kriegsinternierte

Vom FBI observiert: ›Stephs‹ Rendezvous mit Fritz Wiedemann im Blockhaus Nr. 582 im Sequoia National Park (links) und in 612 Beverly Drive, Alexandria, mit Lemuel Schofield (rechts)

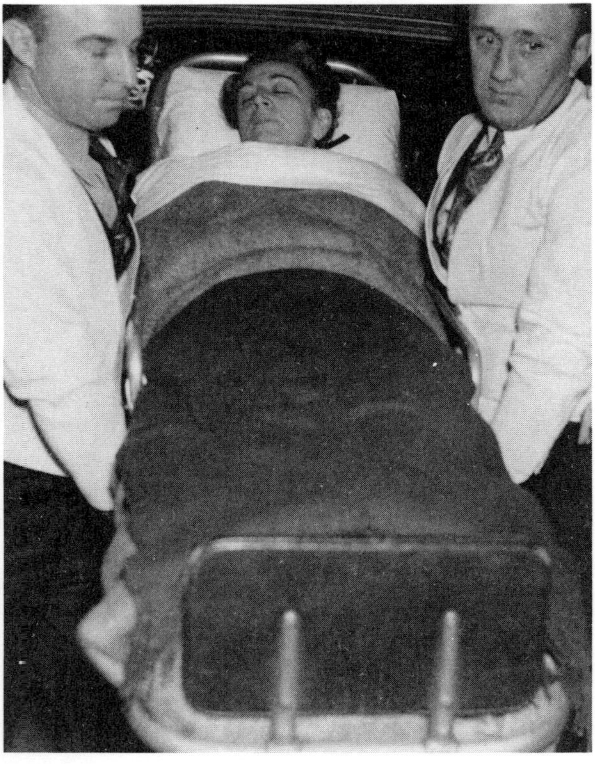

Mit heulenden Sirenen durch San Francisco: ›Steph‹ auf der Tragbahre zur Anhörung bei der Einwanderungsbehörde

Princess Stephanie

I Want My Mother to Go, Her Son Says

Prince Franz Hohenlohe, 26-year-old son of Princess Stephanie Hohenlohe, said he will attempt to persuade his mother to leave the country "gracefully" on his arrival by plane here last night from New York.

The princess, ill at her temporary home in Palo Alto, faces deportation as an alleged Nazi sympathizer and has been ordered to appear at a deportation hearing tomorrow or forfeit a $25,000 bond.

She was not at San Francisco airport to meet her son, who arrived from Los Angeles on a United Air Lines plane.

As he stepped off the plane into a blaze of camera flashlights, the prince said:

"I feel like a character out of E. Phillips Oppenheim. I am not very happy."

He was anxious to contradict reports to the effect that he intends o help his mother battle the authorities in Washington.

"I would help no one to do that. They have always been very kind to me," he said.

"I am against her staying in this country. All her friends have also advised her to leave. She could go to Hungary and live with grandfather. She has been very indiscreet and stubborn and has brought this whole thing upon herself. She has been unfair to the press and has dodged people who might have helped her. I know persons far more important than mother who have not done this."

He asked reporters to give her what consideration they could.

"She is having a tough time of it," he said.

›Stephs‹ letzte Hoffnung: Sohn ›Franzi‹ bei seiner Ankunft

Ließ sich nicht beeindrucken: FBI-Direktor Edgar Hoover

Am 19. November 1940, eine Woche bevor sich das Verschwörertrio, Sir William Wiseman, Fritz Wiedemann und Prinzessin Hohenlohe, zum zweiten Mal im Mark Hopkins Hotel traf, suchte ›Steph‹ um Verlängerung ihres in Kürze ablaufenden Besuchsvisums an. Ihre Begründung: »Wegen der derzeitigen Verhältnisse im Ausland möchte ich zusätzliche Zeit mit meinen Freunden in den USA verbringen.« Als ihre »Freunde« nannte sie ihre prominenten Bekannten in Philadelphia, die Martins, und als ihren »ständigen Wohnsitz« das Hotel Waldorf-Astoria. Da Ungarn nicht in die kriegerischen Ereignisse in Europa verwickelt war, durfte sie, als ungarische Staatsbürgerin, das Ganze für eine reine Formsache halten. Daß sie samt Mama, und manchmal auch mit ›Franzi‹, seit mehr als einem halben Jahr in der Residenz des deutschen Generalkonsuls wohnte, erwähnte sie mit keinem Wort.

Die Einwanderungsbehörde, die über den Antrag zu entscheiden hatte, richtete bezüglich der Person der Antragstellerin routinemäßig eine Anfrage an das FBI. Hoover, auf dessen Schreibtisch die Anfrage landete, legte sich sofort quer. Seine Aktenordner, in denen er sämtliche Informationen über die Prinzessin und ihre Aktivitäten, vergangene und gegenwärtige, sammelte, quollen über. Daraus zitierte er für die offensichtlich uninformierten Beamten der Einwanderungsbehörde:

»Stephanie von Hohenlohe-Waldenburg, mit Pseudonymen, ist eine enge Vertraute von Fritz Wiedemann, dem deutschen Generalkonsul in San Francisco ... und wurde in der Vergangenheit von den französischen, britischen und amerikanischen Behörden verdächtigt, als internationale Spionin für die deutsche Regierung zu arbeiten... Die Prinzessin wird als äußerst intelligent, gefährlich und schlau und als Spionin ›schlimmer als 10000 Männer‹ charakterisiert.«

Hoover schloß das vierseitige Sündenregister der Prinzessin mit gespielter Servilität gegenüber den Beamten der Einwanderungsbehörde (INS):

»Die vorangegangene Information könnte Ihnen möglicherweise bei der Beurteilung des gegenwärtigen Status der Prinzessin und bei der Entscheidung, ob es ratsam ist, die beantragte Verlängerung ihres Besuchervisums zu gewähren, nützlich sein.«

Damit dieser Anflug von Bescheidenheit jedoch nicht mißverstanden wird, schoß er drei Tage später mit einem Memorandum an Justizminister Robert Jackson nach, dem sowohl die Einwanderungsbehörde als auch Hoovers Bundeskriminalamt unterstanden. Diesmal bemühte er sich nicht, seine wahre Absicht zu verbergen:

»Ich möchte nachdrücklich betonen, daß meiner Meinung nach das Visum dieser Frau nicht verlängert werden sollte. Weiter würde ich vorschlagen, daß sie zum ehestmöglichen Zeitpunkt aus den USA ausgewiesen wird.«

Hoover hätte seine ablehnende Haltung gegenüber der Prinzessin mit einer Fülle von Informationen begründen können, die er jedoch, wie es lebenslang seine Art war, auch vor seinem jeweiligen Vorgesetzten geheimhielt, um seinen persönlichen Machtbereich gegen die immer wieder wechselnden Administrationen und einander ständig ablösenden Regierungsbeamten abzusichern. So war ihm nicht entgangen, daß die drei Hohenlohe in ihrem nun von ›Franzi‹ chauffierten Chrysler von New Orleans nach Los Angeles weitergefahren und dort, getarnt als »Familie Richter«, im elegant-teuren ›Beverly Hills Hotel‹ abgestiegen waren; daß sie von der gesellschaftlich prominenten ›Party-Geberin‹ Elsa Maxwell trotz ihres Pseudonyms erkannt wurden und daß diese daraufhin das Management des Hotels gewarnt hatte, die Prinzessin und ihre Begleitung so

rasch wie möglich wieder loszuwerden, »bevor es einen Skandal gibt«.
Hoover wußte auch, daß ›Steph‹ von ihrer Nobelherberge am Sunset Boulevard aus vergeblich versucht hatte, Kontakt zu der Schauspielerin Marion Davies aufzunehmen, die sie persönlich aus Europa kannte, und über sie zu ihrem Freund, dem Zeitungsmagnaten William Randolph Hearst; daß sie probiert hatte, sich an Marlene Dietrich und Erich Maria Remarque heranzupirschen, aber bei beiden vehementen Hitler-Gegnern sofort abgeblitzt war; daß sie Warner Bros. und andere Studios – erfolglos – für die Verfilmung ihrer noch ungeschriebenen Memoiren zu interessieren versuchte, und sich im Speisesaal des Hotels an Charlie Chaplin anbiederte und, wie der Leiter der FBI-Stelle in Los Angeles, Inspektor R. B. Hood, triumphierend nach Washington meldete, »ungewöhnliches Interesse an Chaplins Film über Hitler zeigte«.[1]
Hoover kannte auch den Inhalt des Briefes ihres in San Francisco ihrer Ankunft entgegenschmachtenden Liebhabers Wiedemann. Das Schreiben, mit Datum vom 3. März und an das ›Beverly Hills Hotel‹ adressiert, hatte ›Steph‹ verfehlt und erst später erreicht. Am 3. März hatten sich die »Richters« auf die Weiterreise begeben. Wie sie im Hotel angaben, nach Palm Springs; aber in Wahrheit Richtung San Francisco. Zu Fritz. Wiedemann hatte geschrieben:

»Liebling,
ich bin etwas enttäuscht, daß Du nicht dieses Wochenende benutzt hast, um hierherzukommen. Es wäre so schön gewesen. Nun müssen wir es auf mindestens eine Woche verschieben, da ich während der nächsten Tage sehr beschäftigt bin ... Es ist für mich nicht ganz leicht, nach L. A. zu fahren, da es nicht mehr zu meinem Bereich gehört. Wenn ich außerhalb meines Dienstbereichs angetroffen werde, so könnte ich ohne Warnung entlassen werden. Du kannst Dir vorstellen, daß mein Vorgesetzter [Ribbentrop] dies mit Genuß tun würde. Komm deshalb bald hierher!
Herzlichst, Fr.«

Allem Anschein nach konnte Fritz es doch nicht erwarten, bis seine ›Steph‹ in San Francisco eintraf. Er fuhr ihr bis Carmel, etwa 150 Kilometer südlich von San Francisco am Meer gelegen, entgegen. Es war das erste Wiedersehen der beiden Liebenden seit ihrer von Hitler verursachten Trennung im Jahr vorher.
›Steph‹ band nun jedoch weniger die alte Leidenschaft an ihren stämmigen Bayern, sondern eher die Berechnung, daß der ehemalige Persönliche Adjutant des Führers weiterhin ihre beste Quelle für intime Details aus dem Leben Hitlers war, die sie in ihr Buch einzuarbeiten beabsichtigte. Fritz enttäuschte sie auch in dieser Beziehung nicht.
Der deutsche Generalkonsul übergab seiner Freundin im romantischen Urlaubsort Carmel 25 maschinegeschriebene Seiten Backgroundmaterial für das Kapitel, das sich mit »Hitler mit den Augen einer Frau gesehen« befassen sollte. Wiedemanns Informationen waren in zwölf Themenkreise gegliedert: Hitlers Einstellung zur Architektur, zur Musik, zu Frauen, zum Haus Hohenzollern, gegenüber Italien etc. Der Ton der Notizen war im allgemeinen eher hitlerfreundlich; nicht gerade das, was ›Stephs‹ Ghostwriter Dr. Kommer und ihre zukünftigen Leser sich erwarteten. Der ergebene Liebhaber ging in seinem journalistischen Eifer sogar so weit, daß er selbst einen einleitenden Absatz für das Vorwort der geplanten prinzeßlichen Memoiren verfaßte:

»Ich schrieb dieses Buch nicht, um Geheimnisse zu enthüllen oder Aufsehen zu erregen, sondern um den schockierenden Angriffen auf meine Ehre entgegenzutreten, die von der Presse der ganzen Welt verbreitet werden. Dazu habe ich ein Recht. Ich will beweisen, daß ich aufrichtig, und vielleicht nicht ganz ohne Erfolg, versucht habe, dem Anliegen des Friedens in Europa zu dienen.«

Das alles erfuhr Hoover früher oder später durch seine Agenten oder von freiwilligen Informanten. Er legte jede kleinste Meldung und jeden auch noch so unwahrscheinlichen Bericht wie ein besessener Sammler exotischer Raritäten in den ständig wachsenden Hohenlohe-Ordnern ab.

So erfuhr Hoover von Alan Collins, dem literarischen Betreuer der Prinzessin, der sich immer mehr in seine Rolle als FBI-Informant hineinsteigerte, daß ›Steph‹ am 29. März nach New York zurückgekommen war, um Dr. Kommer neues Material für die nächsten Kapitel zu bringen. Die ersten vier hatte der Ghostwriter bereits verfaßt und bei Curtis Brown abgeliefert. Sie waren, wie Collins Kommer hatte wissen lassen, nicht ganz zu seiner Zufriedenheit ausgefallen. Sie waren ihm »zu dürftig«. Dr. Kommer hatte sich dem Lektor gegenüber verteidigt, daß er »Schwierigkeiten mit der Prinzessin hat«. Weil sie nicht alle Fakten preisgeben will, die das Buch interessant machen würden. Ihre Rechtfertigung Kommer gegenüber: Sie könne ihm nicht alle Details mitteilen, da sie einige davon von Wiedemann habe. Er würde sofort erkennen, daß sie sein Vertrauen mißbraucht habe. Das könne sie nicht. Ihrer Meinung nach müsse sie ihn beschützen.

FBI-Direktor Hoover wußte auch, daß die Prinzessin und ihr bayerischer Don Juan ihr Verhältnis wiederum voll aufgenommen hatten. Seine Agenten hatten das Liebespaar bei einem nächtlichen Rendezvous in einem kalifornischen Naturschutzpark, im ›General Grant National Park‹, nicht nur aus nächster Nähe beobachtet, sondern auch fotografiert. Es gab kaum eine Einzelheit, die Hoover nicht kannte.

Nachdem sie in Philadelphia ihre Freunde, die Martins, besucht und sich vergebens bemüht hatte, bei lokalen Blättern etwas von ihren politischen oder auch nur pikanten »Erinnerungen« unterzubringen[2], flog ›Steph‹ am 28. Mai von Camden in New Jersey wieder nach Kalifornien zurück. Tags darauf landete sie in Burbank, wo Hoovers Leute, vom Hauptquartier aus hinbestellt, bereits am Flughafen auf sie lauerten. Von Burbank nahm sie den Anschlußflug der United Airlines nach Fresno, fuhr mit einem Taxi in die Stadt und stieg als ›Mrs. Moll‹ im ›Hotel Fresno‹ ab.

Bevor sie sich auf ihr Zimmer, Nr. 624, begab, fragte sie beim Empfang, ob für Mrs. Moll Post gekommen sei. Es war keine da. Kurz danach, um viertel nach zwölf, erreichte sie ein Anruf, der von einem öffentlichen Fernsprecher in Fresno aus geführt wurde. Eine männliche Stimme meldete sich mit »Hello, darling«. Der Rest des Gesprächs wurde auf Deutsch geführt. Die mithörenden Agenten konnten lediglich »Omar Khayyam« verstehen, der Name eines Restaurants in Fresno, und schlossen daraus, daß Mrs. Moll und der mysteriöse Anrufer sich dort treffen würden. Sie hatten richtig kombiniert. Mrs. Moll bestellte sich ein rohes Ei aufs Zimmer, und fünfundzwanzig Minuten später fuhr sie zum ›Omar Khayyam‹, vor dem bereits ein Mann auf sie wartete, den die FBI-Agenten in ihrem Bericht an Hoover als »Schlägertyp« charakterisierten.
Während die beiden zu Mittag aßen, durchsuchten die FBI-Agenten Mrs. Molls Hotelzimmer, öffneten ihr Gepäck und fotografierten seinen Inhalt. Das einzig Auffallende, das sie fanden, war ein Gepäckanhänger der American Airlines, mit denen die angebliche ›Mrs. Moll‹ nach Kalifornien geflogen war, der die Besitzerin des Koffers jedoch als eine ›Mrs. Hoffner‹ auswies.

»Um etwa 14 Uhr verließen Subjekt Hohenlohe und der Unbekannte das Omar Khayyam Restaurant und fuhren zurück zum Hotel. Hohenlohe checkte aus, und sie fuhren mit dem Auto davon, das der Mann chauffierte. Ein blaues Chevrolet-Cabriolet, Jahrgang 1940, mit dem kalifornischen Kennzeichen US-72469. Die beiden fuhren von Fresno auf Highway 180 nach Osten in Richtung des ›General Grant National Park‹.«

An der Einfahrt zum Nationalpark, wo sich die Besucher routinemäßig in ein Gästebuch eintragen müssen, wurde der Wagen angehalten. Der Fahrer gab seinen Namen als ›Fritz Wiedemann‹ an, ›Generalkonsul in San Francisco‹.

»Nach einer kurzen Rundfahrt durch den ›General Grant National Park‹ fuhren das Subjekt und sein männlicher Begleiter zum ›Sequoia National Park‹ weiter, wo sie um 17 Uhr 30 im Kaweah Camp eintrafen. Sie trugen sich ins Gästebuch ein, und es wurde ihnen das Blockhaus Nr. 582 zugewiesen.«

Die Namen, die der deutsche Generalkonsul für sich und seine Begleiterin angab, lauteten auf das Ehepaar ›Mr. und Mrs. Fred Winter‹, wohnhaft: ›206 O'Farrell Street, San Francisco‹.

»Nach dem Abendessen im Coffee Shop, der zum Camp gehört und von Mr. Koch, einem fanatischen Nazi-Anhänger, geführt wird, zogen sich das Subjekt und Wiedemann um etwa 21 Uhr 30 zur Nachtruhe in ihre Cabin zurück. Durch die Kooperation der erwähnten Parkwächter sicherten sich die Agenten Cabin Nr. 545, von der aus jeder beobachtet werden konnte, der Nr. 582 betrat oder verließ. Die Überwachung der Cabin Nr. 582 wurde während der ganzen Nacht aufrechterhalten. Um 8 Uhr früh des 30. Mai verließen Subjekt Hohenlohe und Wiedemann ihre Cabin und fuhren sofort zum ›General Grant National Park‹, wo sie frühstückten.«

Wie Prinzessin Hohenlohe drei Jahre später dem FBI bei einer Einvernahme erzählte, war alles ganz anders. Und wesentlich unschuldiger:

»Wir hielten für die Nacht bei einer Cabin an. Wiedemann trug sich für die Cabin ein, und ich glaube nicht, daß er bei dieser Gelegenheit einen falschen Namen verwendete. Da uns nur eine Cabin zugewiesen worden war, schlief Wiedemann nachtsüber im Wagen, und es kam zwischen uns weder bei dieser noch bei einer anderen Gelegenheit zu einer intimen Beziehung.«

Die FBI-Agenten folgten auch weiterhin dem blauen Kabriolett der beiden:

»Um 18 Uhr 45 hielten Subjekt Hohenlohe und Wiedemann im Lucca Cafe in Santa Clara an. (. . .) Sie verließen Santa Clara um etwa 20 Uhr 05 und fuhren nach Burlingame, Kalifornien, wo sie beobachtet wurden, wie sie vor Nr. 1808 Floribunda Avenue ausstiegen und in das Haus gingen. (. . .)

›Steph‹ und Fritz waren daheim. In der Residenz des deutschen Generalkonsuls.

»Aufgrund diskreter Beobachtungen wurde festgestellt, daß weder Hohenlohe noch Wiedemann das Haus wieder verließen. Um etwa 22 Uhr wurde die Überwachung abgebrochen.«

Das idyllisch luxuriöse Dasein im kalifornischen Exil, freies Logis und kostenlose Verpflegung für sie und Mama in der standesgemäßen Residenz des deutschen Generalkonsuls, deutsche Köchin und deutsche Bedienung, spätes Frühstück im Bett (». . . just some orange juice and coffee, Anna.«)[3], nach Büroschluß abendliche intime Rendezvous mit Fritz im eleganten ›St. Francis‹ oder im ›Palace Hotel‹, eine Existenz gewürzt durch die Intrige, maßgeblich an geheimen Friedensfühlern zwischen den kriegführenden europäischen Kontrahenten beteiligt zu sein; mit der Hoffnung, in Kürze bei Hitler und dem alten Widersacher Ribbentrop als geheime Emissärin Großbritanniens auftrumpfen zu können –, all das fand ein plötzliches und unerwartetes Ende. Der Antrag der Prinzessin auf Verlängerung ihrer Aufenthaltsgenehmigung wurde abgelehnt. Was sie nicht wußte: auf Betreiben Hoovers.
Am 14. Dezember traf sie sich noch einmal, zum letzten Mal, mit Fritz zu einem Rendezvous in ihrem Liebesnest, dem ›St. Francis‹. »Mein Herz verlangt nach dir«, hatte sie Fritz am Telefon beteuert, als sie ihm die Zimmernummer durchgab: 710. Drei Tage später klingelte Inspektor P. J. Farrelly von der San Franciscoer Einwanderungsbehörde an der Tür der Wiedemann-Residenz und verlangte Prinzessin Hohenlohe zu sprechen. ›Steph‹ teilte ihm durch die geschlossene Türe mit, die Prinzessin sei nicht zu Hause. Ein Trick, dessen sie sich häufig bediente; auch wenn sie sich vor zudringlichen Gläubigern versteckte. Inspektor Farrelly ließ sich durch dieses Manöver nicht täuschen und hinterließ bei der »Bediensteten« die Nachricht, daß eine Antwort auf das Ansuchen der Prinzessin eingetroffen sei. Sie möge sich im Büro der Einwanderungsbehörde einfinden. »Die Prinzessin versprach, sie werde es der Prinzessin ausrichten«, heißt es im entsprechenden FBI-Bericht dazu.
Innerhalb einer Stunde, um 10 Uhr, stand ›Steph‹ erwartungs-

voll vor Inspektor Farrelly. Er teilte ihr mit, daß ihr Ansuchen abgelehnt sei und daß sie innerhalb von vier Tagen das Land verlassen müsse.

Die Prinzessin verlor keinen Augenblick ihre Haltung. Diese Genugtuung würde sie diesem subalternen Beamten nicht geben. Ohne jedes weitere Wort stürmte sie aus seinem Büro. Noch hatte sie Freunde – mit Einfluß. Sie verständigte sofort Fritz von der negativen Entscheidung Washingtons, rief Sir William Wiseman in New York um Hilfe an, er wußte immerhin, wie wichtig sie war, und telefonierte schließlich mit ihrem New Yorker Anwalt, Stephan F. Spiegel. Ihm gestand sie, daß sie »vor Angst zittert«, vor allem auch, weil die Presse davon Wind bekommen könnte. Sie flehte Spiegel an, sofort alles zu unternehmen, um die Ausweisungsorder rückgängig zu machen.

»Ich fahre morgen sofort nach Washington«, versprach der Anwalt.

»Aber was passiert, wenn Sie nichts ausrichten?«

»Dann versuche ich eben etwas anderes.«

»Alright, aber sagen Sie den Leuten, sie sollen nicht indiskret sein und nichts ausplaudern.«

»Don't get excited. Take it easy.« Der Anwalt war voll professioneller Ruhe und Zuversicht.

Aber was ›Steph‹ so sehr fürchtete, trat ein. Die »Nazi-Prinzessin«, »eine moderne Mata Hari aus einer jüdischen Wiener Familie namens Richter«, lieferte wieder einmal Schlagzeilen und Stoff für Presseklatsch, was sie gerade jetzt nicht brauchen konnte. Befriedigt meldete der FBI-Agent Pieper aus San Francisco an seinen Boß in Washington:

». . . Die Zeitungen an der Westküste schreiben im Zusammenhang mit der Ausweisung oder Deportierung der Prinzessin aus den USA äußerst günstig über das Büro.«

Der einzige, der in diesen hektischen Tagen, unmittelbar vor Weihnachten, wenn andere an die letzten Weihnachtseinkäufe und die bevorstehenden Festtagsfreuden dachten, mit voller Kraft für ›Steph‹ eintrat, war ihr Sohn ›Franzi‹. Der sechsundzwanzigjährige Prinz, der sich in New York aufhielt, wo er sich seinen kargen Lebensunterhalt – 82 Dollar im Monat – als Foto- und Künstlermodell verdiente und der eine ähnliche Bedrohung für sich selbst fürchtete, setzte sich für den Verbleib seiner Mutter in den USA ein, als kämpfe er um seinen eigenen.

Gleich am Tag nach Bekanntwerden der Ausweisungsorder gab er dem New Yorker Boulevardblatt *PM* – »in Pyjamas und seidenem Morgenrock« – ein Interview, in dem er seine Mutter ins beste Licht zu rücken versuchte.

Seine Mutter sei »leichtsinnig« gewesen, weil sie gegen den Rat ihrer eigenen Mutter, der Baronin Szepessy, fast dauernd bei der Familie Wiedemann wohnte, »der sie sehr zugetan ist«, wodurch sie in einen falschen Verdacht geriet. Aber, so beteuerte der Sohn, »sie hat keinerlei offizielle Beziehungen zu den Nazis. Ich bin nicht einmal sicher, daß sie in Deutschland in Gunst steht. Auf keinen Fall hat sie die Absicht, dorthin zurückzukehren«.

Der Zorn des jungen Prinzen entlud sich, unverdienterweise, auf das FBI, weil es zu lax bei der Untersuchung seiner Mutter gewesen sei. »Wenn diese Leute sie gründlicher untersucht, ihr Telefon abgehört und sie dauernd beschattet hätten, so hätten sie herausgefunden, daß sie am Vormittag Pingpong spielt, dann schläft, wieder Pingpong spielt und am Abend vielleicht ins Kino geht.« Er schloß die Verteidigung seiner Mutter mit einer Replik auf das, was ihn an den Presseberichten am meisten gestört hatte: »Im übrigen, sie ist keine Jüdin, hat sich keiner kosmetischen Gesichtsoperation unterzogen und ist noch keine hundertzwanzig Jahre alt.«

Nach diesem Interview reiste ›Franzi‹ nach Washington, um beim stellvertretenden Kommissar der Einwanderungsbehörde T. B. Shoemaker für seine Mutter zu plädieren. Der Regierungsbeamte schlug ihm vor, seine Mutter möge ihn selbst anrufen; was sie sofort tat. Shoemaker verfaßte ein Memorandum über das Telefongespräch mit der Prinzessin:

»Sie war offensichtlich in einer nervlich zerrütteten Verfassung und sagte, daß sie nicht in der Lage sei, Vorbereitungen für ihre Abreise aus den USA zu treffen. Sie bat immer wieder um Gnade.«

Am nächsten Tag, als ›Franzi‹ sich bei Shoemaker bedankte, teilte er ihm mit, seine Mutter »würde sich eher umbringen, als die Vereinigten Staaten zu verlassen, bevor ihr guter Ruf wiederhergestellt ist«. Der junge Prinz ließ auch keine Verbindung außer acht, die zugunsten seiner Mutter mobilisiert werden konnte. Er rief ›Stephs‹ langjährigen Freund Donald Malcolm an, der im New Yorker Yale Club wohnte, und schlug ihm vor, er könnte ›Steph‹ doch pro forma heiraten. Da er amerikanischer Staatsbürger sei, würde die Ausweisungsorder damit automatisch hinfällig. ›Steph‹ rief den Captain ebenfalls an und bat ihn, zu ihr nach Kalifornien zu kommen; offensichtlich mit dem gleichen Hintergedanken. Captain Malcolm entschuldigte sich mit »dringenden Geschäften«, gab seiner Freundin jedoch den Rat, nach Mexiko zu übersiedeln. »Ja, aber mit den Füßen voraus. Als Leiche«, lautete ›Stephs‹ schlagfertige Antwort.
›Franzi‹ schrieb an Eleanor Roosevelt, die Frau des Präsidenten, und bat sie um die Möglichkeit eines persönlichen Gesprächs. Keine Antwort. Er wandte sich an ›Stephs‹ alten Freund aus besseren Tagen, Harry Cushing III; der Millionär riet ihm, seine Mutter sollte sich zu ihrem eigenen Schutz vom FBI internieren lassen, »denn sie kann nicht aufhören, die Intrigantin zu spielen. Wird sie nicht interniert, so bringt sie noch jemanden um«. Der Prinz wandte sich auch an den Mitverschwörer des mißglückten Friedenskomplotts, Sir William Wiseman. Ebenfalls umsonst. Der englische Baronet hatte selbst Schwierigkeiten mit den amerikanischen Behörden und kämpfte um seinen eigenen Verbleib im Land.
Schließlich setzte sich auf Drängen ›Franzis‹ die ungarische Legation in Washington für die ungarische Staatsbürgerin Hohenlohe ein und erreichte einen zwanzigtägigen Aufschub der Ausweisung. Bis 11. Januar 1941.
Hoover war wütend, als er davon erfuhr. Er witterte sofort eine

Finte hinter der öffentlichen Ankündigung der Prinzessin, sie werde zu dem gesetzten Termin, am 11. Januar, mit dem Transatlantikdampfer ›S.S. Exeter‹ der American Export Line von New York nach Lissabon reisen. Er schrieb sofort an den Justizminister, mit Kopien an das Weiße Haus, an Staatssekretär Berle im State Department und an Henry Morgenthau jr.:

». . . Aus einer strikt vertraulichen Quelle war zu erfahren, daß Fritz Wiedemann der Prinzessin geraten hat, daß die Behörden durch die Bekanntgabe des Abreisetermins zufriedengestellt würden, so daß bis zur Abfahrt des Schiffes irgend etwas zur Aufhebung der Anordnung unternommen werden könnte.«

Die Information der strikt vertraulichen Quelle des FBI-Direktors war korrekt. Das war tatsächlich der Plan, den ›Steph‹ und Fritz gemeinsam ausgeheckt hatten. Bereits am 22. Dezember hatte der deutsche Generalkonsul Kommissar Shoemaker mitgeteilt, daß sein Hausgast, die Prinzessin, am 11. Januar abzureisen »plane« und zur Zeit »versuche«, die notwendigen Visa für ihre Rückkehr nach Europa einzuholen. Gleichzeitig hatte ›Steph‹ die San Franciscoer Einwanderungsbehörde informiert, daß sie die »Absicht« habe, sich am 11. Januar in New York einzuschiffen. Ob sie es tatsächlich könnte, stand auf einem anderen Blatt. Dazu müßte zuerst geklärt werden, welches europäische Land bereit sei, die von den USA ausgewiesene Prinzessin mit dem ungarischen Reisepaß aufzunehmen, und zweitens, ob der offensichtlich zerrüttete Gesundheitszustand der Prinzessin eine so lange Reise ins Ungewisse überhaupt zuließ.
Hoover, der, wie er schrieb, fürchtete, ». . . daß ein nicht unwesentlicher politischer Druck zur Anwendung kommen könnte, um der Prinzessin eine weitere Verlängerung zu gewähren . . .«, ließ die San Franciscoer FBI-Außenstelle durch seinen Vertrauten und stellvertretenden FBI-Direktor Edward A. Tamm instruieren, ». . . die Prinzessin unter sorgfältiger Beobachtung zu halten, damit, sollte sie versuchen zu verschwinden oder sich zu verstecken, wir sie in Haft nehmen können«. Das FBI-Büro San Francisco berichtete daraufhin nach Washington:

»Subjekt noch in Wiedemann-Residenz, aber physisch zusammengebrochen.«

Am 24. Dezember unternahm ›Steph‹ persönlich einen Vorstoß. An höchster Stelle. Sie schrieb eine sechsseitige Bittschrift an Präsident Roosevelt, in der sie dem Präsidenten der Vereinigten Staaten ihre halbe Lebensgeschichte – in der vorteilhaftesten Façon – schilderte, sich auf die Bekanntschaft mit seiner Mutter berief – »ich genoß zweimal die Auszeichnung, in ihrer Gesellschaft zu sein, einmal in Paris und einmal in Salzburg« –, bis sie schließlich im letzten Absatz der letzten Seite zu ihrem eigentlichen Anliegen kam:

». . . Bitte, erlauben Sie mir, daß ich an Sie, als Mann und als Präsident eines freien Landes, appelliere. Gestatten Sie den Behörden, mir Aufschub zu gewähren. Geben Sie mir Zeit, meinen guten Namen um meines Sohnes willen wiederherzustellen, dessen Zukunft auf dem Spiel steht. Gewähren Sie mir die gleichen Privilegien, die dieses Land der Freiheit jedem gewähren würde, der sich nichts Unrechtes oder Unloyales zuschulden kommen ließ. Ersparen Sie mir, bitte, die Demütigung, dieses Land unter so bedrückenden Umständen verlassen zu müssen, als wäre ich eine Verbrecherin.
Ergebenst, Ihre Stephanie Hohenlohe.«

Falls der Präsident den Brief überhaupt zu sehen bekam, so hat er nie darauf reagiert.

Noch vor Jahresende tat ›Steph‹ das Notwendigste, um ihre Chancen, in den Staaten bleiben zu können, zu verbessern. Sie trennte sich von Fritz, »ein charakterlich einwandfreier Mensch«, wie sie an Roosevelt geschrieben hatte. Sie und Mama zogen aus der Residenz des deutschen Generalkonsuls aus. Es blieb ihr nichts anderes übrig. »Mein Aufenthalt in Mr. Wiedemanns Haus war offensichtlich die Ursache des ganzen Übels . . .«

Ohne Fritz oder jemandem im Hause Wiedemann etwas zu sagen, übersiedelte sie am 27. Dezember samt Mama mit Hilfe einer alten Freundin, Mrs. Vilma (›Mimi‹) Owler Smith, nach Palo Alto, südlich von San Francisco. Sie bezog unter dem

Namen »Mrs. Frances Smith« das Apartment Nr. 602 des Apartmenthauses 360 Forest Avenue, das der 41 Jahre alten, geschiedenen Amerikanerin gehörte, deren Tochter in ›Franzi‹ hoffnungslos verliebt war.
Seit sie heimlich aus der Wiedemann-Residenz ausgezogen war, ließ ›Steph‹ kein gutes Haar an ihrem langjährigen Liebhaber; angeblich weil er sich nicht nachdrücklich genug für sie einsetzte; eher, weil sie ihm Geld schuldete, das sie nicht vorhatte zurückzuzahlen.
›Mimi‹ Smith, Superpatriotin und hilfreiche Beschützerin der angeblich zu Unrecht verfolgten Prinzessin, verschaffte ihr sofort einen neuen Anwalt, Joseph J. Bullock. Nach dem FBI einer »mit fragwürdigem Ruf«; nach seiner geschiedenen Frau »ein Gauner«; nach Wiedemann war er nur darauf aus, »so viel Geld wie möglich für sich herauszureißen«. ›Steph‹ händigte ihm 2000 Dollar als Spesenvorschuß aus. Bullock arrangierte als erstes den Besuch einer Ärztin, Dr. Margaret E. Lamson aus San Francisco, die ›Steph‹ das ärztliche Zeugnis ausstellte, daß sie nicht reisefähig sei:

»Sie befindet sich in einem hochgradig nervösen emotionellen Zustand und leidet offensichtlich unter Angstneurosen. Wegen dieses Befindens hat sie eine große Quantität von Beruhigungsmitteln zu sich genommen, die ihr Seh- und Koordinierungsvermögen beeinträchtigt haben. Sie leidet unter ständigen Zuckungen, die fast konvulsiv sind, ein Zustand, der es ihr unmöglich macht, sich selbst zu versorgen. Aus diesem Grund bin ich der Ansicht, daß sie zum gegebenen Zeitpunkt nicht in der Lage ist, eine Reise zu unternehmen.«

Dr. Lamson untersuchte bei der gleichen Visite auch Mama und kam bei der Baronin zu dem gleichen Befund: Auch sie könne zur Zeit keine längere Reise antreten. Mit diesen ärztlichen Attesten und einer eidesstattlichen Erklärung ›Stephs‹ ausgestattet, reiste Anwalt Bullock noch am Neujahrsabend nach Washington. In ihrem Affidavit hatte die Prinzessin u. a. versichert:

»Ich erkläre hiermit nachdrücklich, daß ich keinerlei Sympathien für Deutschland oder die Achsenmächte in ihrem gegenwärtigen Kriegszustand empfinde noch je empfand, und daß mein ganzes Mitgefühl dem Königreich England und seinem Volk gehört. Weiters: daß ohne jede Grundlage eine irreführende, falsche und verleumderische Verunglimpfung meines guten Namens veröffentlicht wurde, nur wegen der Tatsache, daß ich vielleicht unvorsichtig genug war und die Einladung des Vertreters der deutschen Regierung in San Francisco, sein Hausgast zu sein, angenommen habe. Sobald ich diese Tatsache erkannte, habe ich die Residenz der erwähnten Person verlassen und keinerlei Kontakt mit dieser Person mehr gehabt.«

Den Kontakt mit dieser Person besorgte von nun an ›Mimi‹ Smith; ganz im Sinne ›Stephs‹ und unter ihrer Regie. ›Mimi‹ beschuldigte Wiedemann, »keinerlei Interesse am Schicksal der Prinzessin« zu haben, versuchte, ihn für ihren Schützling um Geld anzupumpen und setzte ihn schließlich, offensichtlich von ›Steph‹ inspiriert, mit der Drohung unter Druck, die deutsche Botschaft in Washington über seine »geheimen Kontakte mit britischen Behörden in San Francisco« zu informieren. ›Mimi‹ übernahm offensichtlich die Rolle, die Lady Snowden gegenüber Lord Rothermere gespielt hatte. Wiedemann konterte den plumpen Erpressungsversuch mit dem Bluff, er werde selbst die deutsche Botschaft von den Vorfällen in Kenntnis setzen, auf die die Briefschreiberin anspielte. Am 8. Januar schrieb er an ›Mimi‹ Smith:

»Ihre Erklärung, die ich Sie ersuche, als Drohung anzusehen, daß Sie Ihre Meinung über mein hiesiges Verhalten unserer Botschaft in Washington bekanntgeben wollen, findet meine volle Zustimmung. Ich werde selbst die Korrespondenz zwischen Ihnen und mir Washington übersenden, so daß unsere Botschaft von dem Kenntnis hat, was Sie als ehrenrührig betrachten, ich persönlich jedoch als vollkommen korrekt und in Übereinstimmung mit meinen Pflichten als hiesiger Generalkonsul ansehe.«

Einen Monat später zog Wiedemann von sich aus den Strich unter das unmöglich gewordene Verhältnis mit der Prinzessin, die er mehr als vier Jahre vorher als Abgeordnete Lord Rothermeres zum ersten Mal im Hotel Adlon in Berlin gesehen hatte. Er verlangte vom Anwalt der Prinzessin die Rückzahlung der Gelder, die er ›Steph‹ während des letzten Jahres vorgestreckt hatte: »Nach ihrer Ankunft in New York 1500 Dollar, bei ihrer Ankunft in San Francisco 500 Dollar und am 26. Dezember 1940, einen Tag bevor sie unangekündigt seine Residenz verließ, noch einmal 500 Dollar in bar.« Insgesamt reklamierte der Bayer 3096.20 Dollar. Am gleichen Tag, an dem er an ›Stephs‹ Anwalt in San Francisco schrieb, am 7. Februar, schrieb er auch zum letzten Mal an die Prinzessin:

». . . Nach Deinem Weggehen habe ich zwei Tage versucht, Dich telefonisch zu erreichen, um Nachricht über Dich zu erhalten. Die Hüter Deines Verstecks sorgten jedoch dafür, daß es mir nicht gelang. Ich weiß nicht, ob wir je wieder Gelegenheit haben werden, wie Menschen über die Bitternisse der letzten Tage zu reden. Die Härte des Schlags, der Dich aus blauem Himmel traf, erklärt vieles an Deinem Verhalten. Ich verstehe auch, daß Du nicht willst, Daß ich mich Dir in irgendeiner Weise nähere und daß Du alles tun wirst, um mir auszuweichen. Trotzdem kann ich nicht einfach alle die Jahre auslöschen, die Deinetwegen zu den schönsten und reichsten meines Lebens gehören. Ich weiß, daß Du es heute mit kühler Abweisung zur Kenntnis nehmen wirst, wenn ich Dir versichere, daß ich Dir jederzeit zur Verfügung stehe, so weit es in meiner Macht liegt, sollte Dein Ruf mich je erreichen. Ich möchte Dein letztes Schreiben an mich persönlich beantworten. Du hast mich um eine Geldsumme gebeten, die ich nicht mehr besitze. Du, oder Dein Vertreter, ihr erwartet von mir, daß ich einfach Geld aus der Lade nehme, genau wie ein Bankkassier Geld nimmt, das ihm nicht gehört, d. h. es unterschlägt. . . .
Dies bringt mich zu dem Punkt, den ich aufklären möchte. Du weißt, daß ich Dir alle meine Ersparnisse gab, die ich hier hatte. Es war der Notpfennig für meine Familie für den Fall, daß ich gezwungen bin, von hier wegzugehen, was sehr plötzlich geschehen könnte. Was Du heute noch an Aktien und Schmuck besitzt, hat den vielfachen Wert dessen, was ich noch habe. Ich möchte wiederholen, ich brauche das Geld weder heute noch morgen, aber es könnte der Fall eintreten, daß ich es in Zukunft plötzlich benötige. Daher möchte ich Deine Anschrift haben

oder die Deines Bevollmächtigten, der angewiesen ist, mir den entsprechenden Betrag auszufolgen . . .«

›Steph‹ ließ den letzten Brief ihres Liebhabers unbeantwortet. Fritz hatte ausgedient. Die USA näherten sich immer mehr dem Kriegseintritt an der Seite der europäischen Alliierten. Die Tage Wiedemanns als deutscher Generalkonsul in San Francisco waren gezählt.

Am 16. Juli 1941 ordnete Präsident Roosevelt die Schließung aller deutschen Dienststellen in den USA an. Den Angehörigen der Vertretungen Nazi-Deutschlands wurde nur kurze Zeit zum Verlassen des Landes gewährt. Wiedemann riskierte den Versuch, sich abzusetzen und zurückzubleiben. À la Hohenlohe wollte er die Seiten wechseln, indem er den Amerikanern anbot, alles zu enthüllen, was er als intimer Kenner über die Nazi-Maschinerie wußte.

Vier Tage nach dem Befehl zur Schließung der deutschen Dienststellen informierte FBI-Direktor Hoover Staatssekretär Berle, daß Fritz Wiedemann die Hearst-Organisation kontaktiert und dem Pressekonzern angeboten habe, ». . . sein gesamtes Wissen über die Nazi-Situation zur Verfügung zu stellen. Vorausgesetzt, daß er in den USA verbleiben kann«. Der Zeitungskonzern bot Wiedemann 15 000 Dollar für das Material. Hoover war nicht abgeneigt, Wiedemann als Überläufer und Informanten zu akzeptieren, mußte die letzte Entscheidung darüber jedoch dem State Department und in letzter Instanz dem Präsidenten überlassen. Das State Department winkte ab. Es wollte mit diesem Tauschgeschäft nichts zu tun haben.

Wiedemann blieb nichts anderes übrig, als mit seiner Frau Anna-Luise, seinem jüngsten Sohn Eduard und seiner Haushälterin Anna Hafner, wie der Rest der ausgewiesenen deutschen Diplomaten, nach Berlin zurückzukehren. Von dort wurde er jedoch, im Gegensatz zu diesen, von seinem Gegenspieler Ribbentrop ohne Familie[4] über die lateinamerikanische Route sofort wieder auf den entferntesten verfügbaren Posten abgeschoben. Nach Tientsin. Als deutscher Generalkonsul im chinesischen Hinterland, wo er eher untätig den Krieg aussaß.

Am 9. Januar überbrachte ein Beamter der Einwanderungsbehörde der Prinzessin die Hiobsbotschaft, daß Washington trotz der Bemühungen ihres Anwalts Bullock und ihres Sohnes, und allen ärztlichen Attesten zum Trotz, eine Verlängerung ihres Aufenthaltes endgültig abgelehnt hätte und der 11. Januar als Stichtag für ihre freiwillige Abreise – oder zwangsweise Ausweisung – bestehen bliebe.

»Auf diese Nachricht hin begann die Prinzessin am ganzen Körper zu zittern«, brach in haltloses Schluchzen aus, ihre Gesichtsmuskeln zuckten unkontrollierbar, aber sie behielt noch immer Fassung genug, um dem Beamten während der nächsten zwei Stunden »bei klarem Verstand« ihre Lebensgeschichte zu erzählen. Um sich als Friedensengel darzustellen, verriet sie dem Regierungsbeamten auch die Verschwörung mit Wiedemann und Wiseman.

Am Abend versuchte ›Mimi‹ mit Präsident Roosevelt zu telefonieren und rief »wegen der Selbstmorddrohungen der Prinzessin« einen katholischen Priester zu Hilfe. Alles umsonst. Der Haftbefehl für Prinzessin Hohenlohe war bereits unterzeichnet worden, und zwar vom Leiter der Einwanderungs- und Naturalisierungsbehörde Major Lemuel Schofield persönlich. Am gleichen Tag, an dem die Prinzessin in Palo Alto von ihrer Ausweisung erfuhr, hatte in Washington dieser Major Schofield den »Fall Hohenlohe« übernommen. Er sollte sich während der nächsten fünfzehn Jahre, bis an sein Lebensende, nicht mehr aus seinen Verstrickungen befreien . . .

Lemuel Bradley Schofield, damals 48 Jahre alt, seit zwanzig Jahren verheiratet, Vater von vier Kindern, von seinen Freunden ›Brad‹ genannt, von den anderen kurz ›Major‹ tituliert, unterzeichnete am 9. Januar in seinem Büro in Washington den Befehl, daß Prinzessin Stephanie Hohenlohe, falls sie bis dahin nicht freiwillig die USA verlassen hat, »... am 13. Januar unverzüglich eine gerichtliche Zwangsvollstreckung zu ihrer Deportierung zugestellt wird«. Die gerichtliche Kaution, die sie vor einer Inhaftierung bewahren würde, soll mit 25000 Dollar festgesetzt werden. Wird die Kaution nicht hinterlegt, »... soll die Prinzessin sofort in Gewahrsam genommen werden. Während sie sich in unserer Anhaltestation in San Francisco befindet, soll sie die notwendige ärztliche Betreuung erhalten«.

Am 13. Januar wurde ›Steph‹, die seit Tagen ihr Bett nicht verlassen hatte, der Gerichtsbescheid weisungsgemäß zugestellt. Wie angeordnet, wurde die Kaution mit 25000 Dollar festgesetzt. Sie wurde schriftlich informiert, daß die Anhörung im Zusammenhang mit der Zwangsvollstreckung ihrer Ausweisung für Freitag, den 17. Januar, um 10 Uhr vormittags, im Büro der Einwanderungsbehörde, 2801 Silver Avenue, in San Francisco anberaumt war.

›Steph‹ blieb gefaßt, als ihr der Gerichtsbescheid überreicht wurde. Sie erklärte lediglich: »Ich gehe überall hin, nur nicht zu den Niggern.« Als sie sich weiter besonnen hatte, fügte sie hinzu: »Und nicht nach Deutschland oder in ein von Deutschland kontrolliertes Gebiet.« Denn das würde sie »das Leben kosten«. Von einer Inhaftierung wurde abgesehen, da ›Mimi‹ sofort die hohe Kaution hinterlegte, indem sie eine Hypothek auf ihr Apartmenthaus aufnahm. ›Steph‹ sicherte sich für alle Fälle die Dienste eines zweiten Anwalts, Stephen M. White, aus San Francisco.

Nach vergeblichen Versuchen des neuen Anwalts, die Anhörung zu verschieben oder ohne die Anwesenheit seiner Klientin abzuwickeln, raste am Freitagvormittag ein Rettungsauto mit heulenden Sirenen durch die hügeligen Straßen von San Francisco und hielt zur angegebenen Stunde vor dem Bürogebäude der Einwanderungsbehörde.

Die Pressereporter, Fotografen und Kameraleute, die sich schon Stunden vorher eingefunden hatten, obwohl ihnen mitgeteilt worden war, die Anhörung würde unter Ausschluß der Presse stattfinden, traten sofort in Aktion, sobald die Sanitäter die Türen des Rettungswagens einen Spalt öffneten und die »Naziprinzessin« einen Augenblick lang auf einer Tragbahre im Wageninnern sichtbar wurde.

Der Distriktleiter der INS L. F. Wixon, dem ähnliches geschwant hatte, konnte die Szene und den anschließenden Tumult nicht mehr verhindern. Er hatte noch kurz vorher bei der Prinzessin angerufen, um ihr mitzuteilen, daß die Anhörung nicht in seinem Büro, sondern in ihrer Wohnung stattfinden würde. Aber wer immer den Anruf beantwortete, ließ ihn wissen, »die Prinzessin ist bereits unterwegs«. Daraufhin hatte er dem Konvoi, den er erwartete, eine Truppe motorisierter Polizisten entgegengeschickt. Sie sollten ihn aufhalten und nach Palo Alto zurückdirigieren. Doch der Rettungswagen war den Polizisten offensichtlich entgangen. Es blieb Mr. Wixon nun nichts anderes übrig, als den in sein Büro stürmenden Anwälten der Prinzessin mitzuteilen, der Ort der Einvernahme sei geändert worden, und sie sollten mit ihrer Klientin wieder nach Palo Alto zurückkehren.

Es fiel dem INS-Beamten sicher nicht leicht, Major Schofield über den Vorfall zu informieren:

»... Mindestens einem der Fotografen gelang es, ein Bild der Ausländerin aufzunehmen, während die Tür des Rettungsautos temporär geöffnet wude, und zweifellos machten andere Fotografen zahllose Aufnahmen von dem Fahrzeug.«

Die Einvernahme begann mit dreiviertelstündiger Verspätung, um 10 Uhr 45, im Appartement Nr. 303 des ›Mimi‹ gehörenden Apartmenthauses. Den Vorsitz führte INS-Inspektor Arthur J. Phelan, Untersuchungsbeamter war Inspektor Earl A. Cushing. Ein Dr. E. Kading vom US-Gesundheitsdienst war als Amtsarzt hinzugezogen worden. Die Prinzessin wurde durch ihre beiden Anwälte, Bullock und White, vertreten, und Sohn ›Franzi‹ war zu diesem Anlaß aus New York eingeflogen.

Obwohl die Prinzessin die Eidesformel, die Wahrheit, die ganze Wahrheit und nichts als die Wahrheit zu sagen, nachgesprochen hatte, hielt sie sich gleich bei ihren ersten Antworten nicht daran. Vor allem brachte sie es nie über sich, ihr wahres Alter zuzugeben. Sie machte sich auch diesmal um sechs Jahre jünger.

Cushing: »Wann und wo wurden Sie geboren?«
Hohenlohe: In Wien. Am 16. September 1897. Und da ich schon eine eidesstattliche Aussage mache, möchte ich gleich hinzufügen: Ich habe nie in Deutschland gelebt. Ich meine, ich war nie eine Einwohnerin Deutschlands.«
Cushing: »Als Sie im Dezember 1939 in die USA kamen, welche Absicht hatten Sie bezüglich Ihrer Aufenthaltsdauer? Wie lange hatten Sie vor zu bleiben?«
Hohenlohe: (zeigt auf ›Franzi‹.) »Nur lange genug, um ihn zu sehen. Und um ein Buch zu schreiben und zu veröffentlichen, das vertraglich mit zwei Verlegern vereinbart war, einem in London und einem in New York.«
Cushing: »Sind Sie seit Ihrer Ankunft in den USA einer Beschäftigung nachgegangen?«
Hohenlohe: »Ist Bücherschreiben eine Beschäftigung?«
Cushing: »Ist das die einzige Beschäftigung, der Sie nachgegangen sind, seit Sie sich in den USA aufhalten?«
Hohenlohe: »Ja, der Arbeit am Buch.«
Cushing: »Ist das Buch bereits erschienen?«
Hohenlohe: »Nein, es ist ungefähr zur Hälfte fertig.«

An diesem Punkt schaltete sich ›Stephs‹ Anwalt in die Befragung ein; offensichtlich, um sie von jeder Komplizität mit dem deutschen Generalkonsul reinzuwaschen.

White: »Haben Sie Generalkonsul Wiedemann in Europa gekannt?«
Hohenlohe: »Ich habe ihn getroffen . . .«
White: (ihr ins Wort fallend) »Sie haben die Residenz des Konsul Wiedemann bei zwei oder drei Gelegenheiten besucht.«
Hohenlohe: »Ja. Zweimal.«

Die Einvernahme der erschöpften Prinzessin wurde daraufhin abgebrochen und vertagt. Hoover, der sich detailliert über ›Stephs‹ Aussagen berichten ließ, ordnete eine »äußerst diskrete Überwachung des Subjekts« an.

Die Publicity in den amerikanischen Zeitungen brachte der

Prinzessin während der nächsten Wochen über vierzig Heiratsanträge aus allen Teilen des Landes und ein Dutzend Angebote, sie zu adoptieren. Einige Heiratsanträge zog sie in engere Wahl. Ein Rinderzüchter aus Laramie, im Bundesstaat Wyoming, ein J. Robert Palmer, der ›Steph‹ schriftlich angeboten hatte, sie zu heiraten, und von ›Franzi‹ daraufhin telefonisch ermutigt worden war, nach Palo Alto zu kommen, – »Bitte kommen Sie, und rufen Sie Mrs. Smith an« –, erschien tatsächlich mit seinem Bruder, um die Auserwählte zu begutachten. Nach einem zweiten Besuch, der auf Drängen der Prinzessin selbst erfolgte – »Seit Ihrer Abreise wieder Rückfall« –, war der Rinderzüchter, wie ›Steph‹ ihrem Anwalt White mitteilte, »bereit, sie zu heiraten«. White riet ab. Auch im Falle einer Eheschließung mit einem amerikanischen Staatsbürger blieb es den Behörden überlassen, ob sie ihr die Aufenthaltsgenehmigung gewähren würden. White verfolgte einen anderen Plan.

Seine Strategie war, in Washington zu dokumentieren, daß es auf der ganzen Welt kein Land gab, das bereit war, die aus den USA ausgewiesene Prinzessin aufzunehmen. Er stellte Antrag um Antrag. Bis Ende Februar war es ihm gelungen, 42 Visaablehnungen zu sammeln – darunter auch Großbritanniens – und bei der Regierung als Beweise des ›good will‹ seiner Klientin vorzulegen.

Am 7. März nahm sich der Präsident der Vereinigten Staaten persönlich der vertrackten Sache an. Roosevelt gab seinem Justizminister Jackson die unmißverständliche Weisung:

»Diese Hohenlohe (that Hohenlohe woman) muß aus disziplinären Gründen außer Landes. Stecken Sie sie auf ein Schiff nach Japan oder Wladiwostok. Sie ist Ungarin, und ich glaube nicht, daß die Briten sie vom Schiff herunterholen werden.«

Jackson leitete die Weisung des Weißen Hauses an Major Schofield weiter. Schofield gab unverzüglich den Befehl, die Prinzessin ohne Gewährung einer Kaution festzunehmen und die entsprechenden Ausweisungspapiere auszustellen. Das geschah. Schon am nächsten Tag, Samstag den 8. März, um 11

Uhr vormittags, erschienen INS-Beamte in der Wohnung der Prinzessin. Sie forderten sie auf, mit ihnen zur Einwanderungsbehörde nach San Francisco zu kommen. ›Steph‹ folgte ohne Widerstand. Major Schofield konnte dem Justizminister die erfolgreiche Durchführung melden und ihn von seiner Absicht in Kenntnis setzen, die Prinzessin »über den Pazifik nach Sibirien zu verfrachten«.

Eine Woche später ersuchte Außenminister Cordell Hull den sowjetischen Botschafter um Gewährung der »Transitgenehmigung durch die Sowjetunion nach Ungarn für die Ausländerin«. Japan hatte bereits ein Transitvisum zugesagt, vorausgesetzt, daß die Russen das Anschlußvisum durch Sibirien ausstellen. Einige Wochen vergingen, bevor der sowjetische Botschafter den Secretary of State wissen ließ, Moskau habe das gewünschte Visum für die betreffende Person abgelehnt. Trotz aller hektischen Interventionen ihrer Anwälte und der pausenlosen Bemühungen ihres Sohnes, der einen »halben Zusammenbruch« erlitt, saß ›Steph‹ nach wie vor im Hausgefängnis der INS in San Francisco.

Am 1. April sah Major Schofield zum ersten Mal die inhaftierte Prinzessin. Er hatte beruflich in San Francisco zu tun, und sein Untergebener, Wixon, hatte angeregt, er sollte die Gelegenheit nutzen und die Prinzessin persönlich einvernehmen. Das Interview fand unter vier Augen statt. Es änderte die Meinung des Majors total. Er berichtete anschließend dem Justizminister, er sei beeindruckt gewesen »von der Aufrichtigkeit der Prinzessin und dem, was sie ihm mitteilte«. Statt sie unverzüglich nach Sibirien zu schicken, regte er nun an, zunächst einmal zu untersuchen, »ob die Behauptungen in den Zeitungen, daß sie eine Nazi-Agentin ist, überhaupt fundiert sind«. In der Zwischenzeit gestattete er ihr, anläßlich des Osterfests, an einem katholischen Gottesdienst teilzunehmen; etwas, das sie sich von ihm erbeten hatte. ›Steph‹ hatte aber auch noch anderes auf dem Herzen und im Sinn, als zur Messe zu gehen.

Sie schlug dem Major vor, der wieder nach Washington zurückgekehrt war, sie nach Washington zu überstellen, »so daß Sie eine bessere Kontrolle über uns ausüben können, falls Sie das wünschen«. Der Major war sich offensichtlich noch nicht im klaren, ob er das wünschte, denn statt sie sofort nach Washington zu holen, besuchte er sie neuerlich in San Francisco, als er am 18. April wiederum beruflich dort zu tun hatte. Bei diesem zweiten Treffen übergab die Prinzessin, einem INS-Bericht zufolge, dem hohen Regierungsbeamten »eine Menge Briefe, Dokumente und andere Papiere« einschließlich »einer Liste von Personen in den USA, die Auskünfte über ihre Geschichte, ihren Charakter und ihre Aktivitäten, sowohl hier als auch im Ausland, geben könnten«.

Auf dieses zweite Treffen folgten in kurzen Abständen ein drittes, viertes und fünftes; am 21., 23. und 25. April. Die vertraulichen Unterredungen zwischen dem Chef der US-Einwanderungsbehörde und der inhaftierten Prinzessin, die er ausweisen sollte, wurden immer länger. Bis sie zuletzt bis zu fünf Stunden dauerten und – Früchte trugen.

Am 9. Mai überraschte Justizminister Jackson das Washingtoner Pressecorps mit der Nachricht, Prinzessin Hohenlohe hätte »während der vergangenen zwei Wochen interessante Informationen« geliefert, und die Regierung sei ihr daher »wohler gesinnt«. Hoover horchte auf. Was wurde hinter seinem Rücken gespielt? Er ließ sofort durch Ed Tamm im Justizministerium nachfragen, um welche »Informationen« es sich dabei handle. Tamm wurde von Jacksons Assistenten, Matthew F. McGuire, lediglich mitgeteilt, die Informationen bezögen sich auf die »Verbindung zwischen Lord Rothermere und der Prinzessin«. Die Reporter erfuhren nicht einmal das.

Hoover ließ nicht locker. Am 14. Mai wurde er selbst im Justizministerium vorstellig und verlangte, daß es »die sehr interessanten Informationen« mit ihm teile, die die Prinzessin Major Schofield gegeben hat, »so daß wir unsere Akten vervollständigen können«. Die persönliche Anfrage des FBI-Direktors blieb unbeantwortet. ›Steph‹ hatte mehr Erfolg: Sie setzte ihre Freilassung durch.

Am 19. Mai, zehn Tage nach der Pressekonferenz Jacksons, hatte Schofield erneut die Strapazen der fast 5000 km langen Reise nach San Francisco auf sich genommen, um die Prinzessin zu besuchen. Bei diesem sechsten Treffen, das drei Stunden dauerte, wurden zwischen dem Chef der INS, der, wie sein Distriktleiter vor Ort, Wixon, sich öffentlich beklagte, »hart aus der Ferne« ist und von ihm Härte verlangt, aber in Gegenwart der Prinzessin »weich« wird und »sich von ihren Tränen rühren läßt«, und ›Stephs‹ Anwalt White die Bedingungen für ihre Freilassung ausgearbeitet:

1. Sie muß den zuständigen INS-Distriktsdirektor zu allen Zeiten über ihren jeweiligen Wohnsitz informiert halten.
2. Sie darf mit dem deutschen Generalkonsul in San Francisco keinerlei Kontakt aufnehmen.
3. Sie darf ohne Wissen und Zustimmung des jeweiligen INS-Distriktsdirektors, weder direkt noch indirekt, mit einem Vertreter einer fremden Regierung in Verbindung stehen.
4. Sie muß ihren Wohnsitz in einer kleinen Gemeinde ohne Flughafen aufschlagen.
5. Auf Verlangen muß sie sich beim INS-Distriktsdirektor ihres Wohnsitzes melden und alle Fragen, die bezüglich ihrer Tätigkeiten an sie gerichtet werden, beantworten.
6. Sie darf ohne die Zustimmung des für ihren Wohnsitz zuständigen INS-Distriktsdirektors keine Vorträge halten, Presseinterviews noch sonstige öffentliche Erklärungen abgeben oder Geschriebenes oder sonstige Statements veröffentlichen.

Die Prinzessin war mit allem einverstanden. Sie stand lächelnd, in einem schicken schwarzen Crêpe-Kleid mit weißem Rüschenkragen, weißes, schwarzgetrimmtes Hütchen auf und weißen Handschuhen an, auf der Treppe des Bürogebäudes, während Major Schofield vor der wartenden Presse sein Kommuniqué verlas: daß die Prinzessin in die Obhut ihres Anwalts entlassen werde, »da es der Regierung nicht gelungen ist, von den anderen betroffenen Regierungen die notwendigen Reisedokumente für sie zu erhalten«. Die Ausweisungsanordnung

bliebe jedoch aufrecht, und die Freilassung der Prinzessin »wird sich in keiner Weise nachteilig auf die Interessen und das Wohlbefinden dieses Landes auswirken«.
Nachdem Schofield geendet hatte, versprach die Prinzessin, »in jeder Weise zu kooperieren«, schüttelte ihrem Kerkermeister Wixon und den nächststehenden Reportern die Hand, posierte für die Pressefotografen und fuhr schließlich in Begleitung von Major Schofield und ihrem Anwalt in einer Regierungslimousine in Richtung Palo Alto davon.
Am 31. Mai und noch einmal am 3. Juni versuchte Hoover – abermals vergeblich – herauszufinden, mit welchen Informationen sich die Prinzessin freigekauft habe. McGuire vertröstete ihn, das diesbezügliche Material befinde sich in der persönlichen Verwahrung von Major Schofield und werde zur Zeit »getippt«.
Am 1. Juli übersiedelte ›Steph‹ mit Mama nach Washington, D. C., um in Schofields Nähe zu sein; in flagranter Verletzung des Punktes 4 ihrer Vereinbarung mit dem Justizministerium. Die beiden Damen zogen ins ›Raleigh Hotel‹, wo – bequemerweise – auch Schofield wohnte, wie ein FBI-Bericht vom 28. Oktober 1941 beschreibt, der sich in Präsident Roosevelts ›Safe file‹ fand:

»Wenn Schofield im Hotel war, während die Prinzessin dort wohnte, verbrachte er die ganze Zeit mit Prinzessin Hohenlohe, entweder in ihrem oder in seinem Zimmer. Bei ein oder zwei Gelegenheiten war es offensichtlich, daß Prinzessin Hohenlohe die ganze Nacht mit Major Schofield zubrachte, da sie noch um 8.30 oder 9 Uhr morgens in seinem Zimmer angetroffen wurde.«

›Steph‹ machte später kein Hehl aus den Intentionen ihres verheirateten Verehrers, stellte jedoch ein intimes Verhältnis, wie bei Wiedemann, vehement in Abrede: »Wo andere ihr Vergnügen finden, sich hinzugeben, besteht mein Vergnügen darin, mich zu verweigern«, erläuterte sie dem FBI-Beamten John B. Little ihre puritanische Einstellung zu Sex. »Sie behauptete«, notierte Little nach ihrer Einvernahme für seinen Boß Hoover, »daß sie wegen ihrer Religiösität seit ihrer Scheidung kein Verhältnis mit einem Mann mehr gehabt hat«. Auch heiraten wollte sie Major Schofield nicht, wie sie 1943 in einer neunzehn Seiten umfassenden Erklärung Beamten des Bundeskriminalamtes gegenüber erklärte:

»... Anläßlich unserer verschiedenen Begegnungen fragte er mich häufig, ob ich ihn heiraten würde, wenn es ihm gelingt, sich von seiner Frau scheiden zu lassen, da sie einen solchen Schritt seit einiger Zeit in Erwägung zogen. Ich gab jedoch niemals meine Einwilligung zu einer Heirat. Meine Verbindung zu ihm basierte ausschließlich darauf, daß ich dachte, er könnte mir aus meinen Schwierigkeiten helfen.«

Während des Monats Juli besuchte ›Steph‹ ihre Freunde in Philadelphia und machte Abstecher nach New York; alles in Verletzung ihrer Entlassungsbestimmungen. Wieder einmal verlor das FBI ihre Spur und fand sie erst durch den Tip einer Kolumnistin wieder: ›Steph‹ wohnte nun im ›Wardman Park Hotel‹ in Washington, Zimmer Nr. 307. Der Major bewohnte im gleichen Stock Zimmer Nr. 361.
Am 31. Juli war der Chef der INS endlich so weit, den lang erwarteten Bericht über seine Nachforschungen betreffs Prinzessin Hohenlohe seinem neuen Chef, dem designierten Justizminister Francis Biddle, einem langjährigen persönlichen Freund, vorzulegen. Der Bericht, ein vierundzwanzig Seiten umfassendes Memorandum mit einundvierzig beigefügten Beweisstücken, in der Hauptsache Fotokopien der Korrespondenz Lord Rothermeres mit Adolf Hitler und dem ungarischen Ministerpräsidenten Julius Gömbös aus den Jahren 1927 bis 1938, war im Grunde nichts anderes als die weitgehend fiktive Autobiographie der Stephanie Hohenlohe.
Die Prinzessin hatte sich in dem, was sie dem verliebten Major erzählte und dieser nun als bare Münze an den Justizminister weiterberichtete, wieder einmal jünger gemacht, diesmal gleich um acht Jahre; ihr Vater sei ein »wohlhabender Mann« gewe-

sen, schrieb Schofield, der »als Verwalter der kaiserlichen Ländereien und Forste das Kaiserhaus vertrat«, ihre Mutter hätte »Maria Wendel« geheißen, beide Eltern seien »römisch-katholisch gewesen und in der St. Anna Kirche in Wien getraut worden«; Stephanie sei ihr »einziges Kind« gewesen.

Nachdem er die politische Einstellung seiner Freundin, die gegenwärtige und vergangene, der gleichen Reinwäsche unterzogen hatte wie ihre Abstammung, kam der Major zu dem langatmigen Schluß:

»Ihre Hitler und seine Politik betreffenden Kenntnisse und der daraus für dieses Land und die Welt resultierenden Gefahren sowie ihre enthusiastische Unterstützung der Haltung, die die Administration eingenommen hat, ihre Überzeugung, daß der Präsident die einzige Persönlichkeit ist, die Hitler stürzen kann, und die Aufmerksamkeit, die ihr von seiten der amerikanischen Öffentlichkeit aufgrund des Interesses, das ihre Erfahrungen geweckt haben, bereits zuteil wurden, könnten von unserer Regierung genutzt und sie zu einer wertvollen Stütze für uns gemacht werden, nicht nur durch die Veröffentlichung ihres Buches, sondern auch durch die Verbreitung der authentischen Informationen, die sie besitzt, auf anderen Wegen.«

Was er sich darunter konkret vorstellte und wozu die Prinzessin bereit war, die er bereits als Star der amerikanischen Propagandamaschinerie sah, erläuterte Schofield seinem Freund Biddle weiter:

»Sie könnte Artikelserien für Zeitungen und Zeitschriften schreiben, im Radio sprechen, in den USA, und auf Kurzwelle nach Deutschland und den besetzten Gebieten, in Deutsch, Französisch und Italienisch; sie könnte auf isolationistische Reden wie solche von Lindbergh und Wheeler[5] antworten; sie könnte bei Frauenclubs und Versammlungen sprechen ...« Kurz: »Sie könnte jede Rolle übernehmen, die ihr in einem Propagandavorhaben zugeteilt wird, vor allem in Verbindung mit fremdsprachiger Propaganda.«

Biddle, nun als Justizminister voll im Amt, nahm Schofields Bericht unter Verschluß. Hoover erfuhr nichts davon, bis am 22. September ein Mann im New Yorker FBI-Büro erschien und den erstaunten Beamten eine vollständige Abschrift von Schofields Werk übergab. Der Mann, dessen Name in den FBI-Berichten gelöscht ist, teilte den Beamten mit, das Material sei für Dr. Kommer bestimmt, der es im Auftrag der Prinzessin Hohenlohe in ihre Memoiren einarbeiten soll. Die Beamten fotokopierten das Material und sandten es ins Hauptquartier nach Washington. Aller Wahrscheinlichkeit nach war der Informant Alan Collins, der literarische Agent der Prinzessin, der dem FBI bereits mitgeteilt hatte, Kommer sei nicht länger an der Abfassung des Buchs interessiert, da ›Steph‹ seiner Ansicht nach »Hitlers Philosophie in einem zu günstigen Licht dargestellt sehen will«.

Nachdem Hoover und seine Beamten das Konvolut sorgfältig studiert hatten, verfaßte der FBI-Direktor eine zehnseitige Analyse, in der er nicht nur die biographischen Daten der Prinzessin aufgrund seiner eigenen Unterlagen richtigstellte, sondern auch die »Schlüsse«, zu denen Schofield gekommen war, kritisch und mit unverhohlenem Sarkasmus zerpflückte. Vor allem bemängelte Hoover erneut, daß »den entsprechenden Behörden noch immer nicht die detaillierten Informationen zugeleitet wurden, die die Prinzessin bezüglich Spionage oder sonstiger subversiver Tätigkeiten im Zusammenhang mit der nationalen Verteidigung geliefert haben mag«.

Mit anderen Worten: Wo ist der Preis, aufgrund dessen Schofield die Freilassung seines Schützlings erwirkt hat?

Biddle hatte, noch vor Erhalt von Hoovers vernichtender Kritik, bereits von sich aus auf den wachsenden Druck der Öffentlichkeit und vor allem auf die negativen Pressekommentare reagiert und das FBI am 18. August wissen lassen, er habe »Schofield angewiesen, Prinzessin Hohenlohe nach Kalifornien zurückbringen zu lassen«.

Nichts dergleichen geschah. ›Steph‹ verschwand zwar zwei Wochen später aus Washington, aber nicht nach Kalifornien. Sie quartierte sich, »um enge Verbindung zu Schofield halten zu können«, im Washingtoner Vorort Alexandria, im Bundesstaat

Virginia, in einem kleinen Haus ein, das ›Franzi‹ auf »zwei bis drei Monate« für eine »Mrs. White« gemietet hatte. Dort besuchte sie der Chef der US-Einwanderungsbehöde regelmäßig, »manchmal zu ungewöhnlicher Stunde«. Dorthin schickte er ihr auch seine Liebesbriefe, wenn ihm danach zumute war.

»Alles an Dir ist neu und anders und setzt mich in Erregung«, tippte er auf seiner Maschine im Büro. »Du bist die interessanteste Person, die ich je kennenlernte. Du kleidest Dich besser als irgend jemand sonst, und jedesmal, wenn Du ins Zimmer kommst, verblaßt alles andere aus dem Bild. Jedesmal, wenn ich Dich sehe, denke ich, sie sieht besser aus, als ich sie je vorher gesehen habe. . . . Wahrscheinlich telefoniere ich mit Dir, bevor Du mich anrufst. Ich versuche, es nicht zu tun, aber wahrscheinlich werde ich es doch tun. Ich mache Deinetwegen so viel Verrücktes, weil ich wahnsinnig nach Dir bin. Jetzt weißt du es.«

Das Verrückteste, was Schofield machen konnte, war, sich von Hoover, der ihm nachpirschte wie einem Tier, dessen Witterung er aufgenommen hatte, als Liebhaber der verhaßten Prinzessin ertappen zu lassen.

Am 24. Oktober wies Hoover die FBI-Dienststelle in Richmond, Virginia, an, die Identität der Bewohner des Hauses 612 Beverly Drive in Alexandria zu verifizieren, machte sie jedoch gleichzeitig darauf aufmerksam, daß es ihm im Zusammenhang damit um die Feststellung etwaiger »unamerikanischer Tätigkeiten des Subjekts Hohenlohe« ging. Einige Tage später schickte er Fotos der Prinzessin und ihres Sohnes sowie eine genaue Beschreibung des »Subjekts« nach. Von da an ließen Hoovers Männer das Haus am Beverly Drive nicht mehr aus den Augen. Mit Geld brauchte nicht gespart zu werden, Washington bewilligte sogar die Anmietung eines »Platzes«, von dem aus das Haus unauffällig unter Beobachtung gehalten werden konnte.

Bald konnten die Sicherheitsbeamten ihrem Chef melden, daß die greise Mutter der Prinzessin, die Baronin Szepessy, an manchen Tagen aus dem Haus auszog und sich in der Stadt im

›George Mason Hotel‹ für die Nacht einmietete. An den gleichen Tagen zog ein »mysteriöser Mann mittleren Alters, in hellgrauem Anzug« bei der Prinzessin ein und blieb über Nacht. Allein zwischen dem 21. und 30. Oktober hätte die alte Dame viermal Quartier wechseln müssen. Die FBI-Agenten vereinfachten sich schließlich ihre Aufgabe, indem sie sich nur dann auf die Lauer legten, wenn sie vom ›George Mason Hotel‹ den Tip erhielten, die alte Baronin hätte wieder einmal ein Zimmer reserviert.
Hoovers Beobachtungen, mit genauen Zeitangaben und einer perfekten Personenbeschreibung des nächtlichen Besuchers, und sogar einem Foto, das ihn an einem Morgen beim Verlassen des Hauses zeigte, erreichte schließlich den Schreibtisch des Präsidenten. Hoover hatte den unwiderlegbaren Beweis geliefert, daß der »mysteriöse Mann im grauen Anzug« niemand anderer war als der Leiter der US-Einwanderungs- und Nationalisierungsbehöde Major Lemuel Schofield, ein Mann mit einer höchst sensitiven Position. Das Wild war erlegt. Roosevelt zeigte sich für diese Information so dankbar, daß er am 28. November persönlich an Hoover schrieb. Was sonst nicht seine Gepflogenheit war.

»Ich sprach mit dem Justizminister über den Fall Hohenlohe, und er versicherte mir, daß er der Romanze ein Ende bereitet hat. Er ist allerdings der Meinung, daß es günstiger ist, den gegenwärtigen Wohnsitz nicht zu verändern, da die betreffende Person an diesem Ort besser überwacht werden kann. Checken Sie für mich noch einmal vertraulich.«

Hoover brauchte diesbezüglich nicht die Ermutigung des Präsidenten. Seine Männer blieben der Prinzessin auf den Fersen und meldeten ihm jeden ihrer Schritte. Und Fehltritte. Am 29. November fuhr sie nach Philadelphia, wo sie unter einem neuen Pseudonym als ›Mary Reihert‹ im ›Philadelphia Hotel‹ abstieg. Von Philadelphia unternahm sie einen kurzen Abstecher nach New York, während dem sie sich mit Dr. Kommer und Alan Collins traf, von denen sie noch immer annahm, daß sie eifrigst an der Vorbereitung der Veröffentlichung ihrer Memoiren arbeiteten, obwohl beide das Projekt schon einige Monate vorher endgültig eingestellt hatten. Am 3. Dezember kehrte sie nach Philadelphia zurück, und am 6. kam Schofield für einige Stunden aus Washington zu ihr. Die Prinzessin empfing ihn in ihrem Hotelzimmer. Ihre Mutter, »die Baronin Szepessy wartete«, wie der Beobachtungsposten des FBI meldete, »in der Zwischenzeit gegenüber in der Halle eines kleinen Hotels«.

Die geheime Liebschaft zwischen dem Staatsbeamten im Ministerrang und seinem ihm rechtlich anvertrauten Schützling blieb weiterhin der Gesprächsstoff – und Gegenstand von Herrenwitzen – in den höchsten Washingtoner Regierungskreisen, der Präsident der Vereinigten Staaten nicht ausgenommen. Zum Beispiel rief am 1. Dezember der Finanzminister Henry Morgenthau jr. seinen Kollegen vom FBI, Hoover, an, um sich nach dem letzten Tratsch über das Pärchen zu erkundigen.

Hoover prahlte sofort, er hätte soeben vom ›top man‹ (Roosevelt) ein Schreiben erhalten, daß ihm jemand von ›hier herüben‹ (Justizminister Biddle) versichert habe, er würde der Romanze ein Ende bereiten. Der gleiche jemand, plauderte Hoover weiter, »hat mir kürzlich gesagt, er hätte den ›top man‹ informiert, daß es seiner Meinung nach so etwas wie eine Romanze gar nicht gibt. Darauf hätte der ›top man‹ ihm geantwortet, daß er ein Foto von den beiden zusammen im Bett hat.« (Gelächter) »›Woher haben Sie das?‹ hat der Gentleman von hier herüben gefragt. ›Vom FBI‹, hat der ›top man‹ gesagt.« (Lautes Lachen.)

»Das ist das erste Mal, daß ich heute etwas zum Lachen habe«, sagte der Finanzminister.

»Es ist auch das Komischste, das mir je untergekommen ist«, stimmte ihm der FBI-Direktor bei.

Knapp eine Woche später verging den Amerikanern das Lachen. Krieg!

In den Morgenstunden des 7. Dezember hatten japanische Bombengeschwader auf Hawaii einen großen Teil der amerikanischen Pazifikflotte, die dicht gedrängt im Hafen von Pearl Harbor vor Anker lag, und eine große Zahl von Militärflugzeugen angegriffen und zerstört.

Am Tag darauf, dem 8. Dezember, sprach Präsident Roosevelt vor dem Kongreß. Eine halbe Stunde nach der Rede des Präsidenten erklärten die Gesetzgeber Japan den Krieg. Ein patriotisches Fieber ergriff schlagartig die amerikanische Nation. Pearl Harbor mußte gerächt, der »Tag der Niedertracht« den ›Japs‹ vergolten werden.

Die beiden Damen, ›Steph‹ und Mama, gingen an diesem Abend ins Kino. Sie sahen *Sergeant York*, in der Hauptrolle Gary Cooper, ein persönlicher Freund der Prinzessin aus sorgloseren Tagen.

Als Prinzessin Hohenlohe und Baronin Szepessy um 22 Uhr 20 das Keith-Cinema an der Chestnut Street verließen, wurden sie nach ein paar Schritten von FBI-Agenten umringt. Die Prinzessin wurde auf der Stelle verhaftet. Die Baronin blieb frei. Landesweit wurden an diesem Tag der Kriegserklärung in einer rasch durchgeführten FBI-Razzia Deutsche, Italiener und Japaner, die plötzlich zu »Feinden« geworden waren, in großer Zahl festgenommen. In Philadelphia meldete das FBI 23 Verhaftungen von »deutschen Ausländern«. Unter ihnen befand sich Prinzessin Hohenlohe, die man, obwohl sie ungarische Staatsbürgerin war, als »deutsch« einstufte. Man fotografierte sie, en face und en profil, wie für ein Verbrecheralbum, nahm ihre Fingerabdrücke und überstellte sie noch in der gleichen Nacht in das INS-Anhaltegefängnis im benachbarten Gloucester City, Bundesstaat New Jersey.

Nach einer Anhörung vor einer dreiköpfigen zivilen Beschwerdekommission am 19. Dezember, die für ›Steph‹ negativ ausging, unterzeichnete Justizminister Francis Biddle am 13. Februar 1942 die Anweisung »zur Internierung der Prinzessin von Hohenlohe-Waldenburg, deutsche Staatsangehörige, wohnhaft in Alexandria, Bundesstaat Virginia, da sie für die öffentliche Sicherheit und den Frieden in den Vereinigten Staaten potentiell gefährlich ist«. ›Steph‹ war damit auf Kriegsdauer hinter Schloß und Riegel.

FBI-Direktor Hoover gab sich jedoch mit diesem Triumph über seine erklärte Feindin noch nicht zufrieden. Nachdem seine Agenten während ihrer Abwesenheit im Haus am Beverly Drive eingebrochen waren und, außer dem handgeschriebenen Kochbuch der alten Baronin, das sie zuerst für ›Stephs‹ Tagebuch hielten, nur die Nazi-Auszeichnungen der Prinzessin, darunter das ihr von Hitler verliehene ›Goldene Ehrenzeichen der NSDAP‹ gefunden hatten, ordnete Hoover auch noch die Untersuchung der Steuererklärungen der Inhaftierten an. Niemand war überrascht, als sich herausstellte, daß Prinzessin Hohenlohe, seit sie in den USA war, noch keine Steuererklärung abgegeben hatte. Hoover leitete das Resultat seiner Untersuchung zur strafrechtlichen Verfolgung an das Finanzministerium weiter.

Die Unterbringung im Internierungsgefängnis von Gloucester City war für eine Prinzessin alles andere als standesgemäß. Ein Jahr später schrieb ›Steph‹, vielleicht etwas übertreibend, aber grundsätzlich akkurat, über diese Zeit an einen Beamten des amerikanischen Gesundheitsministeriums:

»Ich verbrachte sieben Monate im Einwanderungszentrum in Gloucester City. Die dortigen Lebensbedingungen waren erschreckend unsanitär und in jeder Beziehung inadäquat. Zwanzig Frauen waren in einem einzigen Raum untergebracht, der unbeschreiblich schmutzig war und zugleich als Abstellraum für alte Möbel, ungereinigte, abgenutzte Matratzen und Berge verstaubter alter Akten benutzt wurde. Wochenlang hatten wir keine Bettlaken und Handtücher; statt dessen erhielten wir alte Fetzen. Der Boden war aus Stein und eiskalt und feucht.
Durch die zehn großen Fenster blies der Wind von allen Seiten, und die Heizung funktionierte meistens nicht. Der Arzt riet uns: ›Haltet eure Füße vom Boden fern, wenn ihr euch keine Lungenentzündung holen wollt. Das ist kein Ort für Frauen.‹
Wir verbrachten unsere Zeit, indem wir vollkommen bekleidet, mit den Mänteln an, auf den Betten saßen. Es gab kein anderes Mobiliar in dem Raum als unsere Betten, einen Tisch und eine

Bank. Während der Nacht machten die Wächter zweimal die Runde und leuchteten uns mit ihren Taschenlampen ins Gesicht, um uns zu zählen. Ein Schlafen war unter solchen Bedingungen unmöglich.
Wir hatten sechs Abflüsse in dem Raum, die wegen eines schadhaften Kanalsystems jedesmal den Raum überschwemmten, wenn der Delawarefluß bei Flut anstieg. Der Gestank war manchmal unerträglich.
Ich mußte den Raum mit Prostituierten und Vagantinnen mit Geschlechtskrankheiten teilen ...
Unsere Nahrung bestand monatelang aus nichts wie Bohnen, fettem Fleisch und Frikadellen. Das fette Fleisch aßen wir nicht, aber der Geruch allein von den Frikadellen machte uns krank ...
Während der ersten zwei Monate war uns nicht erlaubt, den Raum zu verlassen. Dann durften wir täglich etwa eine halbe Stunde auf einem schmutzigen, überdachten Balkon verbringen, ausgenommen samstags und sonntags.«

Major Schofield hatte den Sturm trotz des Skandals und der daraus resultierenden Attacken gegen seine Person in den Zeitungen überstanden und war im Amt verblieben. Er befand sich sogar häufig in ›Stephs‹ nächster Nähe, da er neben seiner Regierungsfunktion in Washington in Philadelphia auch eine florierende Anwaltspraxis unterhielt. Trotzdem konnte er anfänglich seiner Freundin keine Erleichterung verschaffen. Bald erfuhr Hoover jedoch, daß die Mutter der Internierten nach wie vor engen Kontakt zu Schofield hielt und ihn häufig in seiner Anwaltskanzlei besuchte. Hoover ließ daraufhin die Baronin überwachen.
Es stellte sich heraus, daß der Chef der US-Einwanderungsbehörde der unternehmungslustigen alten Damen regelmäßig seinen Dienstwagen samt Chauffeur für Besuche bei ihrer internierten Tochter zur Verfügung stellte. Informanten meldeten sogar, die Prinzessin sei in New Yorker Nightclubs gesehen worden, und fragten an, ob das möglich sei. Diese Gerüchte kamen schließlich auch Roosevelt zu Ohren, und der Präsident der Vereinigten Staaten, von dem man hätte annehmen müssen,

daß ihn der Krieg an zwei Fronten, in Europa und im Pazifik, genug beschäftigte, sah sich erneut veranlaßt, an Hoover zu schreiben:

»Ich muß Sie wieder mit dieser Hohenlohe belästigen. Jetzt wurde mir mitgeteilt, ihr Sohn befinde sich in einem Internierungslager, hätte jedoch seiner Mutter geschrieben, Onkel Lem (Lem Schofield) hätte arrangiert, ihn in kurzer Zeit herauszuholen. Ich bin wirklich der Meinung, die ganze Affäre grenzt nicht nur ans Lächerliche, sondern schon ans Beschämende. Befindet sich diese Frau tatsächlich auf Ellis Island?«

Innerhalb von zwei Tagen, am 19. Juni, konnte Hoover dem »top man« mitteilen, daß nicht ›Steph‹ sich auf der Einwandererinsel Ellis Island befinde, sondern ihr Sohn, der ihr von dort tatsächlich über einen Besuch Schofields bei ihm geschrieben habe. Nicht nur konnte der FBI-Direktor Roosevelt den Wortlaut von ›Franzis‹ Schreiben liefern, er fügte auch noch ein paar unbestätigte Gerüchte über die angeblich bevorzugte Behandlung der Prinzessin durch das INS-Personal hinzu, die offensichtlich ihre Wirkung auf den Präsidenten nicht verfehlten. Denn am 11. Juli schickte FDR seinem Justizminister ein wütendes Memorandum:

»Wenn die Einwanderungsbehörde nicht ein für allemal die Begünstigung der Hohenlohe einstellt, so werde ich mich gezwungen sehen, eine Untersuchung anzuordnen. Die Tatsachen werden nicht sehr schmackhaft sein und bis zu ihrer ersten Verhaftung zurückreichen und ihrer Intimität mit Schofield. Mir ist bekannt, daß sie in der Dienststelle Gloucester interniert ist, dort jedoch allem Anschein nach Sonderprivilegien genießt. Dasselbe stimmt angeblich auch im Falle ihres Sohnes, der auf Ellis Island festgehalten wird. Ehrlich gesagt: Das alles entwikkelt sich zu einer Art von Skandal, der äußerst drastisches und sofortiges Eingreifen verlangt. F. D. R.«

Justizminister Biddle, auf diese Weise von höchster Stelle zum Handeln gezwungen, ordnete zwei Wochen nach Erhalt des Memorandums des Präsidenten und nachdem er seinen Mitarbeiter Ugo Carusi zur Untersuchung der tatsächlichen Verhältnisse nach Gloucester City entsandt hatte, die Verlegung der internierten Prinzessin Hohenlohe in das Lager Seagoville, im Bundesstaat Texas, an; wie er dachte, außer Reichweite für den verliebten Schofield. Wenn Biddle jedoch gehofft hatte, seinem Freund damit seinen hochdotierten Regierungsposten gerettet zu haben, so war er im Irrtum. Schofields Leidenschaft war stärker. Zwei Monate später, am 26. September, reichte der INS-Chef seine Demission ein. Er konnte es nicht ertragen, seine Geliebte nicht, wie im nahen Gloucester, besuchen zu können. Justizminiser Biddle nahm das Rücktrittsgesuch seines Freundes an.

›Steph‹ wurde ihre Überstellung in das Lager in Texas am 22. Juli mitgeteilt. Sie schien nicht überrascht, war ruhig und stimmte zu, die lange Reise in drei Tagen anzutreten. Ihre Hysterie brach erst durch, als es ihr zu dämmern begann, daß mit der Verlegung nach Texas alle Hoffnungen auf eine Entlassung aus der Internierung vor Kriegsende, die Schofield bei seinen Besuchen stets genährt hatte, mit einem Schlag zunichte waren.

›Steph‹ ist wahrscheinlich selbst die beste, wenn vielleicht auch etwas exaltierte Augenzeugin ihres Auszugs aus Gloucester City:[6]

»Meine unfreiwillige Übersiedlung von Gloucester nach Seagoville wurde nur durch brutale Kraftanwendung bewerkstelligt und mit Hilfe von vier Wächtern, deren Fingerspuren noch wochenlang an meinen Hand- und Fußgelenken zu sehen waren. Nur der Horror vor der Zwangsjacke und der Morphiumspritze, die sie gleich mitgebracht hatten und mit denen sie mir drohten, falls ich nicht gefügig war, veranlaßte mich, nachzugeben und mitzugehen. Meine Mutter war über meine Abreise nicht informiert worden, und ich ging, ohne sie gesehen zu haben. Die Frauen, mit denen ich alle diese Monate zusammen war, waren im Garten eingesperrt worden, so daß ich nicht mit ihnen reden konnte. Ich wurde ungewaschen und unfrisiert aus dem Bett geholt, in dem ich fast zwei Tage und Nächte bewußtlos gelegen hatte, und auf eine Tragbahre gelegt. Mit nichts anderem bekleidet als meinem blutbefleckten Nachthemd wurde ich an all den Männern der Station vorbeigetragen, die natürlich ihre Bemerkungen darüber machten. In diesem Zustand wurde ich im Zugabteil für die 1800 Meilen lange Reise untergebracht. Ich konnte während der ganzen Fahrt mein Bett nicht verlassen, da ich keine Hausschuhe und keinerlei Gepäck bei mir hatte.«

Wenn die anderen Behauptungen über dieses zweifellos traumatische Erlebnis zum Teil auch stimmen mögen, Gepäck hatte ›Steph‹ auf der Reise bei sich. Denn sie traf mit »einem großen schwarzen Koffer, einer beigen Reisetasche, einer beigen Ledertasche und einem schwarzen Over-night-Gepäck, sowie 1145 Dollar in bar« in Seagoville ein.

Major Schofield, immer um das Wohlbefinden seiner Freundin besorgt, hatte bereits persönlich das Nest für sie vorbereitet. Er war in San Francisco gewesen, als er durch einen Vertrauten den Hinweis erhielt, seine Prinzessin würde während seiner Abwesenheit von Gloucester nach Seagoville, einem ehemaligen Gefängnis, etwa 20 km von Dallas entfernt, überstellt. Er begab sich daraufhin sofort auf eine »Inspektionstour« nach Texas und gab dem Leiter des Internierungslagers in Seagoville, INS-Inspektor Joseph O'Rourke, die dienstliche Anweisung, »die Prinzessin bei ihrer Ankunft gut zu behandeln«.

›Steph‹ traf am Vormittag des 27. Juli in Dallas ein und wurde mit einem Sanitätsauto ins Lager gebracht. Inspektor O'Rourke wies sie für ein paar Tage ins Lagerspital ein, bevor er sie in einem permanenten Quartier unterbrachte. Die ›Neue‹ hatte sofort Extrawünsche, wie die FBI-Dienststelle in Dallas nach Washington meldete:

»Das Subjekt hat eine ganze Reihe von Sonderprivilegien verlangt, wie z. B. männliche statt weiblicher ärztlicher Betreuung, bessere Kost, die Erlaubnis, im Schlafrock zum Essen kommen zu dürfen, Kopfschmerzmittel und Schlaftabletten, die Benutzung eines Telefons außerhalb des Lagers, Unterstützung ihrer Bemühungen, nach Gloucester zurücküberstellt zu werden und Besuchsgenehmigung für ihre Mutter an Wochenenden und außerhalb der vorgesehenen Besuchszeiten.«

Die achtzigjährige Baronin Szepessy war tatsächlich ihrer Toch-

ter, mitten im Sommer, von der kühleren Ostküste ins heiße Texas nachgereist. Sie hatte nach ›Stephs‹ Abtransport aus Gloucester Schofield in seinem Büro in Philadelphia aufgesucht und um Rat gefragt. Der INS-Chef hatte ihr versichert, daß er ihre Tochter »nach wie vor liebt und heiraten will«, ihr 500 Dollar ausgehändigt und ihr den Rat gegeben, in ›Stephs‹ Nähe zu übersiedeln. Das tat die alte Dame. Am 13. August, einem mörderisch heißen Tag mit tropischer Luftfeuchtigkeit, war sie mit Sack und Pack in Seagoville angekommen und hatte sich im ›Jefferson Hotel‹ einquartiert.
Die jüdische Prinzessin, die jedoch ihre jüdische Abstammung nach wie vor vehement in Abrede stellte, war vor allem unter den deutschen Lagerinsassen wenig beliebt. Wie sie selbst dem Amtsnachfolger Schofields, dem neuen INS-Chef Earl G. Harrison, nach Washington meldete:

»Ich bin jetzt im sogenannten ›Deutschen Haus‹ untergebracht. Es ist ruhiger und sauberer. Aber die Deutschen, die hier wohnen, haben mich bereits offen und unmißverständlich wissen lassen, daß sie mich nicht in ihrer Mitte haben wollen. Sie haben schon, bevor ich noch einzog, gegen meine Anwesenheit protestiert, und an dieser Haltung hat sich seither nichts geändert. Diese Situation allein würde genügen, mein Leben hier unerträglich zu machen, da sie mich praktisch zur Einzelhaft verdammt.«

Nach einem halben Jahr in Texas wechselte ›Steph‹ die Pferde. Statt auf Major Schofield zu setzen, der Mama bei ihrem letzten Besuch versprochen hatte, sie in Seagoville zu besuchen, sein Versprechen bis dahin aber nicht eingelöst hatte, setzte sie nun auf seinen Gegenspieler: FBI-Direktor J. Edgar Hoover. Sie ließ Hoover durch einen seiner Agenten die Nachricht zukommen, sie sei bereit, ihm persönlich oder einer von ihm bestimmten Vertrauensperson für die USA »wichtige Informationen« über »Lord Rothermeres Tätigkeiten in England, ihre Beziehung zu Wiedemann und ihren Kontakt mit Schofield« zu übergeben. Hoover interessierte weder Rothermere noch Wiedemann so sehr wie Schofield. Unmittelbar vor Weihnachten schickte er einen seiner vertrautesten Mitarbeiter, den Agenten John B. Little, nach Seagoville, um die Prinzessin anzuhören.

Little interviewte die Prinzessin zwei Tage lang, am 4. und 5. Januar. Gleich einleitend packte sie über Schofield und die INS aus. Sie sei »in die Internierung getrieben worden, um den guten Namen Schofields und der INS zu decken«. Sie behauptete, die INS-Beamten in Gloucester arbeiteten gegen die »Interessen des FBI«. Im übrigen bot sie Hoover ihre Dienste an, da sie »dem FBI zweifellos mit Informationen über Personen, die von Übersee in den USA ankommen, von großem Nutzen sein könnte«.

Hoover war vom Resultat des Interviews, einer neunzehn Seiten langen, einzeilig getippten Deposition der Prinzessin – im Grunde ihre wiederaufgewärmte Lebensgeschichte, diesmal nur vermehrt um Enthüllungen über das Ausmaß von Schofields emotioneller Abhängigkeit von ihr – und einem elfseitigen Memorandum Littles über seine Beobachtungen während des Interviews, nicht beeindruckt. Er gab die Anweisung, die Prinzessin weiterhin unter strengster Beobachtung zu halten. An ihrer Situation änderte ihr Frontenwechsel nichts.

Stephanie Hohenlohe gab jedoch nicht auf.

Im April 1943 schrieb sie neuerlich an Hoover, ohne Antwort zu erhalten. Vier Monate später versuchte sie es wieder. Immer mit dem gleichen Angebot, ihm vertrauliche Mitteilungen machen zu müssen. Abermals ohne Erfolg. Als ihr Ansuchen um eine neuerliche Anhörung durch den Revisionsausschuß abgelehnt wurde, teilte sie einem Agenten der FBI-Stelle in Dallas mit, sie besäße noch zwei »Trumpfkarten«. Beide beträfen Hoover. Am 21. Juli 1943 meldete das Dallas-Büro nach Washington, die Prinzessin behaupte, die eine »Trumpfkarte« beträfe etwas, »das Schofield ihr über eine romantische Episode in Hoovers Privatleben erzählte«, die zweite »einen gemeinsamen Versuch Schofields und Biddles, Hoover bei Präsident Roosevelt wegen einer geschäftlichen Angelegenheit zu diskreditieren«. Hoover biß nicht an. Er war nicht der Mann, der sich wegen Anspielungen auf sein eigenes streng geheimgehaltenes Privatleben erpressen ließ. Er ließ sich jedoch laufend über das Verhalten der Prinzessin, vor allem ob sie irgendwelche Vergünstigungen erhalte – was nicht der Fall war – informieren.

Im Frühherbst 1943 erhielt die Prinzessin die gute Nachricht, daß ihrem Ansuchen um Anhörung vor dem Revisionsausschuß stattgegeben werden wird. Die Aussicht auf eine mögliche Freilassung verwandelte die Löwin in ein Lamm. »Sie spricht nun zu allen mit einer sanften Stimme, ist zufrieden mit ihrer Umgebung und bemüht sich, ihre angegriffene Gesundheit wiederherzustellen«, berichtete eine Sozialhelferin nach Washington.

Es dauerte allerdings noch bis zum 1. März, bis die Prinzessin ihren langerwarteten Auftritt vor dem dreiköpfigen Kontrollausschuß hatte. Er setzte sich aus einem New Yorker Anwalt namens Vaughn, einem Dr. Marx und dem Bankier Gardner Turrill von der ›California Bank‹ zusammen. Die Prinzessin agierte als ihr eigener Anwalt, was sie besser als jeder andere konnte.

Vor den drei Männern lag ein siebenseitiger Akt, den der ›Ausländerkontrollausschuß‹ aus vorhandenen Regierungsunterlagen zu ihrer Information zusammengestellt hatte und den die Internierte verbal durch ihre eigenen Aussagen und durch ihre Antworten auf Fragen des Ausschusses ergänzte. Der Beginn des biographischen Teils des Dokuments zeigt bereits, wie verläßlich das Material war:

»Ihre Eltern waren nicht königlicher Abstammung, jedoch aristokratische Großgrundbesitzer. Ihr Vater war Anwalt, dem der ›Doktortitel‹ verliehen worden war. Zu seinen Aufgaben gehörte die Beratung der kaiserlichen Forstverwaltung ...«

Die Angaben über die Beziehungen der Prinzessin zu den Machthabern des Dritten Reichs, die sie noch durch ihre eigene Fiktion ergänzte, waren ebensoweit von der Wahrheit entfernt wie ihre biographischen Daten. Es ist daher nicht verwunderlich, daß die drei Zivilisten keinen Grund sahen, der Prinzessin ihre Freiheit noch länger vorzuenthalten. Sie begründeten ihre einstimmige Empfehlung zur Entlassung der Prinzessin Hohenlohe aus der Zwangsinternierung mit der Erklärung:

»Wir sind überzeugt davon, daß sie entschieden und rückhaltlos gegen Hitler eingestellt ist und ernstlich das Anliegen der Alliierten unterstützt. Wir sind der Ansicht, daß sie, wieder in Freiheit, alles in ihrer Macht Stehende tun wird, um unsere Kriegsanstrengungen zu fördern. Sie hat ihre Freundschaft mit Wiedemann zu unserer Zufriedenheit erläutert, und es ist für uns offensichtlich, daß die Freundschaft mit diesem Mann und seiner Frau eine langjährige war, im wesentlichen eine gesellschaftliche Verbindung, die auf Freundschaft basierte.«

Damit war ›Steph‹ aber noch nicht frei. Die Empfehlung des Parolausschusses war nur der erste, notwendige Schritt. Die letzte Entscheidung lag bei der Regierung in Washington. Hoover reagierte sofort alarmiert und forderte von der Außenstelle in Dallas neues Material als Munition gegen die Freilassung der Prinzessin an. Es gab keines. In der Zwischenzeit begann die Prinzessin von sich aus, die Behörden in Washington mit Beschwerdeschreiben um Beschwerdeschreiben zu bombardieren, bis sie sich zuletzt an die Frau des Präsidenten, Eleanor Roosevelt, persönlich um Hilfe wandte und sich über den Filz der »Washingtoner Bürokratie« beklagte, die ihren Fall durch ständig neue Verzögerungen unfair hinausziehe.

Der Brief an Mrs. Roosevelt war ein taktischer Fehler. Er verärgerte den Präsidenten. Am 5. Januar 1945 ließ Roosevelt seinen Justizminister wissen, er wolle, »daß die Prinzessin noch drei Monate absitzt«. Für Biddle das Signal, die Empfehlung des Dreierausschusses am nächsten Tag überhaupt zu kassieren.

Die Nachricht traf ›Steph‹ hart. Sie verfiel in Depressionen, »wirkte gedopt« und wurde zur Beobachtung ins Lagerspital eingeliefert. Bei der Durchsuchung ihres Schranks wurden 48

Schlaf- und Beruhigungstabletten gefunden; darunter Nembutal und Seconal. Die Selbstmorddrohungen der Prinzessin wurden von nun an ernster genommen.
›Stephs‹ letzte Hoffnung war ›Franzi‹. Er war in Freiheit und Soldat der amerikanischen Armee. Sie war die Mutter eines Angehörigen der US-Streitkräfte, der gegen Hitler kämpfte. Und sie hielt man gefangen!
Prinz Hohenlohe, nun dreißig, war, nachdem er nach seinem Aufenthalt auf Ellis Island durch mehrere Internierungslager geschleust und schließlich, Anfang 1944, in die Obhut der Freundin seiner Mutter, ›Mimi‹ Owler Smith in Kalifornien, entlassen worden, um sich um seine angeblich geistesverwirrte Großmutter zu kümmern. Die über 80 Jahre alte Baronin Szepessy, die bei ›Mimi‹ ein Refugium gefunden hatte, war aber »äußerst schwierig«. Franzi trat die Flucht nach vorne an und meldete sich im Sommer 1944 freiwillig zum Militärdienst.
Er wurde am 7. September als Francis Joseph Hohenlohe eingezogen und erhielt die US-Army Dienstnummer 39599994. Wenige Tage nach seiner Einberufung entließ Justizminister Biddle den ungarischen Prinzen auch formell aus der amerikanischen Internierung. Nach seiner Grundausbildung diente Prinz Hohenlohe als einfacher Soldat »irgendwo im Pazifik«.
Die angeblich geistesgestörte Baronin hatte noch genügend Verstand, um die neue Situation im Hause ›Mimis‹, daß sie nun ohne die Pflegehilfe ihres Enkels auskommen mußte, für sich und ihre Tochter zu nutzen. Sie schrieb, in einem Gemisch aus Deutsch und Englisch, an den stellvertretenden Kommissar der Ausländerkontrollbehörde in Washington, Mr. W. F. Kelly:

»Dear Mr. Kelly, I am the mother of Stephanie Hohenlohe, I am very ill and quite alone. Please es könnte sein, daß ich sterbe. Please helfen Sie mir, I need my daughter – ich habe schreckliche Beschwerden – mein grandson Franz H. ist nun in die Army gegangen, weil er glaubte man sendet mir dann sogleich meine daughter to care for me. Please please helpen Sie mir.«

›Steph‹ schloß sich dem Hilferuf ihrer greisen Mutter an und schrieb am 19. April 1945 selbst an Mr. Kelly:

». . . Ich flehe Sie auf meinen Knien an, Mr. Kelly, tun Sie etwas, daß ich den Platz von Francis einnehmen kann, bevor meiner Mutter etwas zustößt.«

Es war das letzte Mal, daß die Prinzessin sich so weit erniedrigen und um ihre Freilassung betteln mußte. Elf Tage nachdem sie diesen Brief verfaßt hatte, am 30. April, beging Hitler Selbstmord. Am 8. Mai kapitulierte das Deutsche Reich. Am 9. Mai wurde Prinzessin Hohenlohe aus dem texanischen Internierungslager Seagoville entlassen.

Die amerikanische Regierung schenkte ihr keinen Tag.

Anmerkungen

1 Chaplins Hitler-Parodie *Der große Diktator*.
2 Das wurde hinter ihrem Rücken vom FBI mit dem Hinweis hintertrieben, sie sei eine deutsche Spionin.
3 Anna Hafner, Haushälterin bei Wiedemanns.
4 Frau Wiedemann verbrachte die Kriegsjahre mit ihren Kindern in Berlin, da es ihr auf ausdrücklichen Befehl Himmlers nicht gestattet wurde, sich ihrem Mann in China anzuschließen.
5 Senator Burton K. Wheeler und der Ozeanflieger Colonel Charles A. Lindbergh waren die führenden Isolationisten.
6 Aus einem Schreiben der Prinzessin an den Justizminister, 1943.

Stephanie von Hohenlohe, »the Lady with the connections«

1945–1972

»The Lady with the connections«

»Cobble Close Farm«: ›Stephs‹ schloßähnlicher Wohnsitz in New Jersey

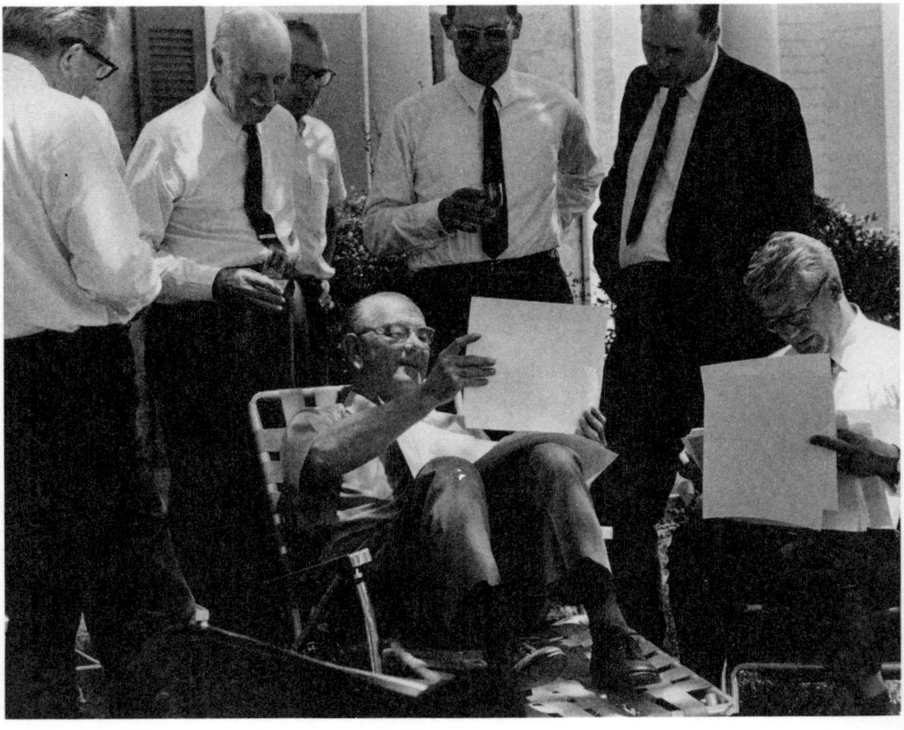

»The Lady with the connections« – auch für den Axel Springer Verlag

Die Anfänge des »Scheckbuch-Journalismus«: Quick-Chefredakteur Karl Heinz Hagen (oben) und Stern-Chefredakteur Henry Nannen (unten mit Lyndon B. Johnson, dahinter – mit Oberlippenbart – Drew Pearson)

›Stephs‹ letzte Ruhestätte in Meinier bei Genf: Falsches Geburtsdatum auf der Plastiktafel

Die Prinzessin war frei.
Am 18. Mai, zehn Tage nachdem Justizminister Biddle sie »unter solchen Sicherheitsmaßnahmen wie die Einwanderungsbehörde sie für notwendig erachtet« aus der Internierung entlassen hatte, bestieg sie mit ihrem alten, auch in dreieinhalb Jahren Haft nicht verlernten, Aplomb den Santa Fe Expreß nach Los Angeles. In die Freiheit. Zu Mama.
Die greise Baronin, plötzlich auf wundersame Weise genesen, hatte auf ihre Anweisung in Beverly Hills, dem Prominentenviertel Hollywoods, bereits nach einer passenden Wohnung für sie beide gesucht und in einem schicken Apartmenthaus, 483 South Roxbury, einer sogenannten »guten Adresse«, auch gefunden. Ein Doppelapartment, Monatsmiete 75 Dollar, zu dem ›Steph‹ für ›Franzi‹, sobald er vom Militärdienst heimkehrte, im gleichen Haus eine kleinere Wohnung dazumietete. Zusammen monatlich 105 Dollar. Damals eine horrende Miete, vor allem für jemanden ohne nachweisbares Einkommen.
Es war jedoch eine begrenzte Freiheit, die ›Steph‹ genoß. Eine Freiheit auf Widerruf. Ihre Ausweisungsorder war nach wie vor gültig. Sie konnte jederzeit reaktiviert werden. Außerdem war die »feindliche Ausländerin« Hohenlohe aufgrund ihrer Entlassungsbestimmungen unter die Zivilkuratel eines vermögenden Immobilienmaklers in Beverly Hills namens Harry Hoffman Bennett gestellt worden, bei dem sie sich wöchentlich einmal einfinden mußte. Zudem mußte sie sich einmal im Monat bei ihrem Kontrollbeamten im Büro der Einwanderungsbehörde in Downtown Los Angeles zur Anwesenheitskontrolle melden.
Die Begrenzungen ihrer Bewegungsfreiheit hinderten die Prinzessin jedoch nicht daran, ihr altes Glamourleben wiederaufzu-

nehmen und das gesellschaftliche Terrain, das sie verloren hatte, Stück für Stück wieder zurückzuerobern. Wie immer sollten ihr reiche Manager dabei finanziell den Steigbügel halten. Bis sie wieder im Sattel saß. ›Harry‹ war als erster dafür ausersehen. Harry Hoffman Bennett, ihr »Sponsor«.

Der vermögende Immobilienmakler, der seine Schutzbefohlene einmal in der Woche zum Lunch einlud, um seiner Aufsichtspflicht Genüge zu tun, sah sich bald veranlaßt, der örtlichen INS-Stelle zu melden, »die Prinzessin hat sich sofort an mich herangemacht«, obwohl sie wußte, daß er glücklich verheiratet war und erwachsene Kinder hatte. »Sie ist eine berechnende Frau, die versteht, andere zu benutzen. . . . Jetzt will sie ein Haus und ein Auto kaufen. Ich kenne ihre Finanzen nicht, aber sie scheint sich keinerlei Sorgen zu machen. Sie redet von enormen Ausgaben, ohne mit einer Wimper zu zucken.«

Im Juli schickte ›Stephs‹ Kontrollbeamter seinen ersten Bericht nach Washington. »Sie tut genau das, was sie versprach, nicht zu tun, wenn sie entlassen wird«, konstatierte der stellvertretende Kommissar für Ausländerkontrolle Kelly, nachdem er den Bericht gelesen hatte. Sein Vorgesetzter Ugo Carusi stimmte ihm zu. Er kannte die Prinzessin noch aus Gloucester City.

›Steph‹ hatte sich nicht geändert.

Das alte Katz-und-Maus-Spiel begann von neuem. Die Prinzessin setzte sich über die Entlassungsbestimmungen hinweg, die sie »idiotisch« fand. Die Regierung versuchte, sie als ›troublemaker‹ loszuwerden, entweder zu »repatriieren« oder zu »deportieren«. Was von beidem? Darüber zerbrach man sich in Washington den Kopf. Beides erwies sich als praktisch undurchführbar, das bürokratische Dickicht der Nachkriegsjahre war dafür zu undurchdringlich, sowohl in den USA als auch in Europa, das die heimatlose Prinzessin hätte aufnehmen müssen.

Die Flüchtlingshilfe UNRRA[1] lehnte jede Unterstützung eines Transports der Prinzessin »durch Deutschland und Österreich nach Ungarn« ab. Die amerikanische Militärregierung in Deutschland war ebenfalls gegen eine Durchreise der Prinzessin, und zwar »aus Gründen ihrer eigenen Sicherheit«. Schließlich verfiel das State Department auf die Alternative, die Prinzessin »auf dem Luftwege von Frankreich aus nach Ungarn zu bringen«. Das schien die Lösung, falls Ungarn die Ausgewiesene aufnähme. Die Antwort der ungarischen Mission auf eine diesbezügliche Anfrage war positiv.

Am 9. April 1946 standen zwei Beamte der Einwanderungsbehörde mit der Ausweisungsankündigung vor der Wohnungstür der Prinzessin in Beverly Hills. Baronin Szepessy öffnete ihnen. Sie hätten ein offizielles Schreiben für Prinzessin Hohenlohe, das sie ihr persönlich übergeben müßten. Die Baronin, alles andere als senil oder geistesverwirrt, teilte den beiden Beamten mit, ihre Tochter befinde sich seit über zwei Wochen mit Freunden auf einer Reise nach Chicago, New York und Philadelphia und würde kaum vor einem Monat zurück sein. Im übrigen hätte ihr ihre Tochter die strikte Anweisung gegeben, nichts zu unterschreiben, »bevor sie, die Tochter, Gelegenheit gehabt hätte, die Sache mit Mr. Schofield zu besprechen, den die Mutter als Anwalt nannte«.

Major Schofield war zu diesem Zeitpunkt offensichtlich in das Leben der Prinzessin zurückgekehrt.

In ihrer gegenwärtigen Situation hätte sie sich keinen besseren Anwalt wünschen können. Gegen ›Brad‹ Schofield richteten die Bürokraten in Washington nichts aus. Als ehemaliger Chef der Einwanderungsbehörde kannte er jeden ihrer Schliche und wußte selbst bessere. Im übrigen war er seit seinem Ausscheiden aus der Regierung zum Staranwalt avanciert. Er galt als einer der besten Verteidiger schwieriger und daher lukrativer Fälle. Er verteidigte den Gangster Marco Reginelli und den Wehrdienstverweigerer und internationalen Financier Serge Rubinstein gegen die Regierung. Zu seinen prominenten Klienten gehörten die Geschwister Gabor und der lateinamerikanische Playboy Porfirio Rubirosa. Sein Nettoeinkommen betrug über eine Sie-

benjahresspanne weit über eine Million Dollar. Für ihn war die Ausweisungsorder gegen seine Freundin nichts anderes als Makulatur.
Am 23. Juni 1947 erschien Stephanie Hohenlohe, in Begleitung von Lemuel B. Schofield, vor der Einwanderungsbehörde in New York. Unter Eid sagte sie aus, daß ihr Sohn Francis, als Angehöriger der US-Army, am 16. Juli 1946 in Tokio die amerikanische Staatsbürgerschaft erhalten habe. Daß er nicht in der Lage sei, seine Großmutter, ihre Mutter, von seinem kleinen Einkommen als Übersetzer bei den Vereinten Nationen zu erhalten, und daß daher sie die einzige sei, die für den Lebensunterhalt der alten Dame sorge. Mit anderen Worten: Sie war die Mutter eines amerikanischen Staatsbürgers und die einzige finanzielle Stütze einer alten Frau. Wie konnte man sie unter solchen Umständen ausweisen?
Zu Hilfe kam ›Steph‹ auch, daß die ungarische Regierung ihre Meinung geändert und das State Department wissen hatte lassen, sie sei nun gegen eine Rückkehr der Prinzessin Hohenlohe und ihrer Mutter nach Ungarn, »da die Prinzessin durch ihre mehr als zehnjährige Abwesenheit die ungarische Staatsbürgerschaft verloren hat«. Ein letzter Versuch, die Prinzessin zurück nach London abzuschieben, verlief ebenfalls negativ. Großbritannien lehnte ein solches Ansinnen glattweg ab: »Die Regierung Seiner Majestät kann der Rückkehr von Stephanie von Hohenlohe in das Vereinigte Königreich nicht zustimmen.«
Am 22. April 1949 gab sich Washington im »Fall Hohenlohe« geschlagen. Der neue Chef der Einwanderungsbehörde Watson B. Miller setzte den neuen Justizminister der neuen Truman-Administration, Tom C. Clark, davon in Kenntnis, daß »diese Dienststelle sich außerstande sieht, die Entfernung der Prinzessin Hohenlohe aus den Vereinigten Staaten durchzusetzen«. Das Justizministerium ordnete daraufhin eine neue Einvernahme an. Sie fand über ein Jahr später, am 17. Mai 1950, in Philadelphia statt, dem neuen ständigen Wohnsitz

der Prinzessin, wo Major Schofield zu den angesehensten und einflußreichsten Bürgern der Stadt zählte.
Schofield war an ›Stephs‹ Seite, als sie vor dem Einwanderungsgericht erschien. Die Warnung des einvernehmenden Beamten vor den Folgen einer falschen Aussage unter Eid schlug ›Steph‹, wie üblich, in den Wind. Sie machte ihren 36jährigen Sohn ›Franzi‹ um acht Jahre jünger und behauptete, ihren bekannt luxuriösen Lebenswandel durch den »Verkauf von Schmuckstücken, Kunstwerken und Antiquitäten zu finanzieren«, die sich während ihrer Internierung zum Teil in England und zum Teil bei ihrer Mutter in Verwahrung befunden hatten.[2] Damit verdiene sie monatlich »einige hundert Dollar«.
Stephanie Hohenlohe legte bei dieser Anhörung auch beeidigte Affidavits von sieben prominenten amerikanischen Staatsbürgern vor, die ihr alle, fast gleichlautend, einen moralisch einwandfreien Lebenswandel und politisch eine demokratische Einstellung attestierten. Zu den sieben Charakterzeugen gehörte der immer getreue Captain Donald C. Malcolm, der nun interessanterweise im gleichen Hotel wie die Prinzessin residierte, im ›Hotel Barclay‹ am exklusiv vornehmen Rittenhouse Square. Der zweite Charakterzeuge war der »reichste Mann« Philadelphias, Albert Monroe Greenfield, der als kleiner Junge mit seinen Eltern aus der Ukraine eingewandert war und dem nun, sechzigjährig, »halb Philadelphia« gehörte; er hatte sein Millionenvermögen – 100 Millionen Dollar bei seinem Tode – mit Realitätengeschäften gemacht; ›Steph‹ war mit ihm seit 1941 bekannt. Auch ›Stephs‹ früherer literarischer Agent – und FBI-Informant – Alan C. Collins, nun der Eigentümer von Curtis Brown and Co., stellte seiner ehemaligen Klientin ein einwandfreies Zeugnis aus. Auch ›Stephs‹ Hausherr in Beverly Hills, Mr. Harold Boorman, bestätigte, daß sie eine »verläßliche und vertrauenswürdige Mieterin und eine Frau von gutem moralischen Charakter« war. Den Reigen derjenigen, die für den untadeligen Lebenswandel der Prinzessin ihre Hand ins Feuer legten, schloß Schofields Studienkollege von der Universität in

Pennsylvania, der New Yorker Anwalt und Marinehistoriker Edwin A. Falk.
Am 15. September 1950 fiel das endgültige Urteil der US-Einwanderungs- und Naturalisierungsbehörde über ›Stephs‹ Zukunft: »Wir sind nach Prüfung der Unterlagen der Ausländerin zu der Ansicht gekommen«, heißt es in dem dreiseitigen Bescheid, »daß die Ausländerin seit ihrer Einreise 1939 keinerlei den USA gegenüber feindliche Aktivitäten unternommen hat.« Ihre Internierung als ›feindliche Ausländerin‹ sei durch die besonderen Kriegsumstände diktiert worden und »reflektiert in keiner Weise eine feindliche Einstellung gegenüber den Vereinigten Staaten oder den Kriegsanstrengungen dieses Landes«. Im Klartext: Sie ist fälschlich als ›Nazi-Spionin‹ verfolgt worden.
Es war jedoch der letzte Absatz des Bescheids, der für ›Steph‹ von besonderer Bedeutung war und über ihre Zukunft entschied: »Es wird angeordnet, daß die Anweisung zur Ausweisung der Ausländerin ausgesetzt und, falls der Kongreß der Suspendierung der Ausweisung zustimmt, das Verfahren eingestellt und die Ausländerin der entsprechenden österreichischen Quote zugewiesen wird.« [3]
Mit diesem Bescheid der INS und der Zustimmung des Kongresses, die wenige Tage danach erfolgte, war Prinzessin Hohenlohe, seit dem Ablauf ihres Besuchervisums im Herbst 1940, zum erstenmal wieder im Besitz einer gültigen Aufenthaltsgenehmigung. Diesen Sieg, nach zehnjährigem Behördenkampf, verdankte sie niemand anderem als Rechtsanwalt Schofield und seinem Einfluß.
Aber der noch immer nicht geschiedene Major war nicht nur als ihr Anwalt, sondern auch in seiner ursprünglichen Rolle, als ihr Liebhaber, in das Leben der Prinzessin zurückgekehrt. Bereits im Herbst 1947 war ›Steph‹ von Kalifornien nach Philadelphia übersiedelt, wo ›Brad‹ seine Anwaltspraxis betrieb. Ohne daß sie deswegen ihr Apartment in Beverly Hills aufgab, das Mama weiterhin bewohnte. Die Prinzessin, ganz die ›grande

dame‹, mietete sich im vornehmen ›Barclay Hotel‹ im Zentrum der Stadt ein, wo auch die alteingesessenen Familien der Philadelphia Mainline und solche, die dazugehören wollten, ihre permanenten Stadtquartiere unterhielten. Sie bezog ein Apartment im 21. Stock, Schlafzimmer und Salon. Miete 14 Dollar pro Tag. Fast zur gleichen Zeit mietete sie eine Wohnung in New York, 19 East 73rd Street, in einer ruhigen, eleganten Querstraße, nur ein paar Häuser von der Fifth Avenue entfernt; nur Schritte bis zum Central Park und wenige Gehminuten zum Metropolitan Museum.

Nachdem ›Steph‹ die Wohnung gefunden hatte, kam ›Brad‹ aus Philadelphia, um sie sich anzusehen, vor allem, ob sie in einer ›guten Gegend‹ war, und um die Einzelheiten des Mietvertrages auszuarbeiten. Die Wohnung kostete 350 Dollar im Monat. Damit waren für die drei Apartments der Prinzessin in Los Angeles, Philadelphia und New York nun monatlich 900 Dollar fällig.[4]

Mama übersiedelte aus Kalifornien und war die einzige, die das neue Apartment permanent bewohnte. ›Steph‹ und ›Brad‹ benutzten es lediglich als Absteigquartier, wenn sie aus gesellschaftlichen Gründen in der Stadt waren: mit ihren Freunden in Nightclubs oder bei Parties der New Yorker High Society, von der die Prinzessin nun wieder voll akzeptiert wurde; oder ›shopping‹, eine der besonderen Leidenschaften ›Stephs‹, der sie vor allem mit dem Geld ihrer Verehrer frönte.

Die Hausbesitzerin, eine naturalisierte Amerikanerin namens Mrs. Blode, erwähnte gegenüber einer INS-Inspektorin, die sich besonders für die Finanzen der Prinzessin interessierte, eine Besonderheit ihrer neuen Mieter: Sie bezahlten ihre Miete stets in bar. Nicht wie alle anderen Mieter mit einem Scheck. Die Baronin, mit der sie sich angefreundet hatte, erhielt das Geld für die Miete von ihrer Tochter stets in bar. Die Prinzessin schickte ihr die Dollarscheine einfach in einem Briefumschlag per Post. Wie Mrs. Blode der Inspektorin, einer Alma Warner, erzählte: »Wenn die Baronin einmal knapp bei Kasse war und nicht den ganzen Betrag für die Miete beisammen hatte, sagte sie immer, ›Major Schofield wird mir das Geld schon schicken.‹ Und prompt kam das Geld auch. In einem Briefumschlag. Mit der Post.«[5]

Prinzessin Stephanie Hohenlohe wurde rasch wieder die charmante und sprühende Gastgeberin, als die sie bei ihren Freunden und Bewunderern vor dem Krieg bekannt gewesen war. In ihrem Apartment im ›Barclay Hotel‹, das sie mit kostbaren Antiquitäten und Bildern dekorierte, gab sie ihre eleganten Dinner-Parties und Soireen, für die sie bald stadtbekannt und auch immer wieder in den Gesellschaftsspalten erwähnt wurde. Ein ungarischer Intellektueller, der sie damals kannte, brachte allerdings einige Korrekturen an diesem Bild der mondänen Vornehmheit an:

»Steffi übertrieb alles. Wie zum Beispiel: einen Gang zu viel zu servieren oder eine überflüssige extra Flasche Wein. Der Stil, wie sie sich anzog, war zu jugendlich. Sie war ›barock‹, gehörte ins 18. Jahrhundert, genau wie eine Madame Pompadour oder Madame Récamier. Sie las nie Bücher, nur Zeitschriften, und war im Grunde eigentlich unkultiviert und antiintellektuell. Sie stürzte sich ständig in Exzesse, aber ansonsten mußte man sie um ihrer Courage willen respektieren.«

Zu ihren ständigen Gästen gehörten, wie sich ein Teil des damaligen Personals des Hotels noch erinnert, außer dem Major vor allem der Realitätenmillionär Greenfield und Captain Malcolm. Zeitgenossen, die zu ›Stephs‹ Kreis in Philadelphia gehörten, sind der Meinung, daß die Prinzessin nicht nur mit Schofield, sondern auch mit seinem »besten Freund« Greenfield liiert war. Franz Hohenlohe klingt nicht ganz überzeugend, wenn er in der Biographie seiner Mutter behauptet, sie hätte sich durch den Heiratsantrag Greenfields lediglich geschmeichelt gefühlt, ihn jedoch zurückgewiesen. Ein weiterer Verehrer der Prinzessin, dessen Heiratsantrag sie ihrem Sohn zufolge ebenfalls ablehnte, war der spätere Generalmajor der amerikanischen Luftwaffe Delmar Wilson, ein oft geschiedener Mann, den die

Prinzessin 1953 und 1954 häufig im Pentagon anrief. Nach ›Franzi‹ war er seiner Mutter für eine Heirat »zu jung«.
Ganz wie in alten Zeiten, als sie unumschränkte Herrin auf Schloß Leopoldskron war, fühlte sich die Prinzessin jedoch am ehesten auf Schofields Farm in der Nähe des historischen Valley Forge, im grünen Hügelland von Chester County, wo sie gemeinsam ihre Wochenenden verbrachten. Das Gut, 140 Morgen Land mit vierzig Stück Rindern und unzähligen Hühnern, das der Major von seiner Tante Sarah P. Anderson geerbt hatte, weshalb es noch immer »Anderson Place« hieß, konnte zwar mit dem Barockschloß Max Reinhardts nicht verglichen werden, aber es bot ›Stephs‹ Talent für Umbauen, Neuarrangieren, Einrichten und Dekorieren – mit Schofields Geld – ein neues Betätigungsfeld. Sie ließ das Hauptgebäude umbauen, ein Nebengebäude als ihr eigenes Quartier renovieren und gab, immer auf Historie bedacht, in Österreich eine handgefertigte Eichentür für ihr Wohngebäude in Auftrag, in die sie die Inschrift schnitzen ließ: »Anderson Place, Anno Domini 1713«. Als nach Schofields Tod die letzten Rechnungen eintrafen, stellte sich heraus, daß die Prinzessin für die Umgestaltung der Farm in wenigen Jahren 136 768 Dollar ausgegeben hatte.
Aber was ›Steph‹ wirklich lockte, war Europa. Schofield war leicht für eine Europareise zu überreden. Im Spätherbst 1951 besuchten sie gemeinsam Paris und Salzburg. Von da an, während der nächsten drei Jahre, gehörte eine Reise nach Europa zum jährlichen Programm. Die Prinzessin besuchte die Schweiz, Österreich, Deutschland, Frankreich, Italien und Portugal. Nur England verweigerte ihr noch immer die Einreiseerlaubnis.
Eine Welle des Glücks schien ›Steph‹ in jenen Jahren zu tragen. Sie wurde von der amerikanischen Gesellschaft anerkannt, und die Erfüllung ihres Wunsches, ›Brad‹ zu heiraten, rückte in greifbare Nähe. Mama hatte ihr immer gepredigt: »Eine Frau ohne Mann ist keine wirkliche Frau«, und als ihr Mama einmal Vorwürfe wegen des Luxus ihrer Kleider gemacht hatte, hatte sie

ihr geantwortet, daß es dem Major gefalle, wenn sie sich gut anziehe. »Wenn ich einmal mit ihm verheiratet bin, brauche ich nicht mehr so extravagant zu sein.« Nun war es bald so weit. 1953 erhielt sie das begehrte Gütesiegel der New Yorker Modejury. Neben der Gattin Humphrey Bogarts, dem Filmstar Lauren Bacall, der Gattin des Dirigenten Leopold Stokowski, der Gattin von General MacArthur und Mrs. Robert Guggenheim stand sie, Prinzessin Stephanie Hohenlohe, auf der Liste der »bestangezogenen Frauen«, die das ›New Yorker Dress Institute‹ Jahr für Jahr veröffentlichte. Im Jahr darauf, 1954, reichte Major Schofield seine Scheidung ein, und im Frühjahr 1955 hatte es den Anschein, daß seine Frau endlich einwilligen würde.
Der Schicksalsschlag, der wie der sprichwörtliche Blitz aus heiterem Himmel alle ihre Hoffnungen vernichtete, traf ›Steph‹ im Sommer 1955. Am 2. Juli, einem Samstag, war der Major nach einem Streit mit ihr in die glühende Hitze hinausgestürmt, »um nach seinen Kühen zu sehen«. Am Nachmittag hatte er über Schmerzen in der Brust geklagt. ›Steph‹ hatte sofort den Arzt gerufen und Schofields Schwiegersohn John Lukacs verständigt, der in nächster Nähe wohnte. Der Arzt hatte absolute Bettruhe verordnet, und ›Brad‹ hatte sich daraufhin zurückgezogen. ›Steph‹ war allein zum traditionellen Samstagabenddinner gefahren, das sie für gewöhnlich gemeinsam in der ›Bull Tavern‹ bei Valley Forge einnahmen. Am nächsten Morgen hatte sie Schofield in seinem Bett tot aufgefunden. Der Major war im Laufe der Nacht einer massiven Herzattacke erlegen.
Ein Reporter des *Philadelphia Inquirer* berichtete, daß die Prinzessin »am Tag von Schofields Tod eine entsetzliche Szene auf der Farm aufgeführt hat«. Immerhin, sie hatte mit einem Schlag ihren langjährigen Freund und Beschützer und zukünftigen Gatten, und zugleich den finanziellen Boden unter ihren Füßen verloren. An ihrer plötzlich wieder prekären finanziellen Situation änderte sich auch nichts, als ›Brads‹ Testament geöffnet wurde. Er hatte es bereits fünfundzwanzig Jahre vorher abgefaßt, als er seine Prinzessin noch nicht kannte. Es enthielt daher

auch kein Legat für die Frau, die er heiraten wollte, sondern nur für die, mit der er in Scheidung lag.
Allem Anschein nach hat ›Steph‹ es aber trotzdem verstanden, sich ihren Anteil zu sichern.
Einige Wochen nach Schofields Tod wurde entdeckt, daß der Staranwalt mit seinem hohen Einkommen während der letzten sechs Jahre seines Lebens keine Steuererklärung abgegeben und keine Einkommensteuer bezahlt hatte. Er war auch mit einer Reihe anderer Steuern weit im Rückstand und schuldete nicht nur dem Staat, sondern auch der Stadt Philadelphia und Chester County, dem Landkreis, in dem seine Farm lag, große Beträge. Die Frage, warum Schofield, der so viele Steuersünder verteidigt hatte, selbst zu einem geworden war, konnte niemand schlüssig beantworten; auch nicht, was der Anwalt mit seinen stattlichen, unversteuerten Einnahmen gemacht hat. John Lukacs hält nichts von dem Gerücht, sein Schwiegervater hätte auf Anraten der Prinzessin einen Teil des Geldes in die Schweiz geschafft. Seine Meinung ist: »Er hat das ganze ausgegeben.«
Der *Philadelphia Inquirer* brachte wenige Tage nach dem Bekanntwerden der Steuerschulden des toten Majors die Prinzessin mit dieser Aufdeckung in Verbindung. Einige Tage später hatte der *Inquirer* eine neue Sensation zu verkünden: Prinzessin Hohenlohe habe selbst während der letzten drei Jahre keine Steuern gezahlt und sei von Steuerfahndern in ihrem »königlich ausgestatteten« Apartment im ›Barclay‹ diesbezüglich befragt worden.
Der gesamte Rechtskomplex von Schofields steuerlichen Unregelmäßigkeiten wurde einer ›Grand Jury‹ vorgelegt, die nach amerikanischem Recht entscheiden muß, ob Grund für eine Anklageerhebung gegen irgend jemanden besteht. In ihrer Entscheidung vom 5. Januar 1956 tadelte die ›Grand Jury‹ zwar die Steuerbehörden wegen »amtlicher Fahrlässigkeit und Ineffizienz«, beantragte jedoch gegen niemanden eine strafrechtliche Verfolgung.
Das Gerichtsverfahren zur Feststellung der Gesamthöhe der von

Schofield hinterlassenen Steuerschulden dauerte volle drei Jahre. Im Juni 1959 legte die Finanzbehörde einen endgültigen Steuerbescheid für Steuerrückstände, Zinsen und Pönalien in der Höhe von über einer Million Dollar vor, auf die sie Anspruch erhob und die sie einklagen konnte; was das gesamte vererbte Vermögen des Majors auffraß und den testamentarischen Erben nicht einen Cent ließ. Zur gleichen Zeit sprach die bundesstaatliche Steuerbehörde IRS jedoch Prinzessin Hohenlohe von jedem »Versäumnis« im Zusammenhang mit ihren Steuererklärungen der Jahre 1946 bis 1955 frei. Diese Generalabsolution gab den Gerüchten, es sei die Prinzessin gewesen, die ihren toten Freund bei der Finanzbehörde angezeigt und dafür anonym die Belohnung eingestrichen und sich auch noch die Vergebung ihrer eigenen Steuervergehen erkauft habe, neuen Nährboden.[6]

Das US-Finanzministerium zahlt eine solche Belohnung »vollkommen anonym« an jeden, der aufgrund einer derartigen Tat von staatsbürgerlichem Mut »darauf Anspruch erhebt«. Im Falle der Gelder, die das Finanzministerium aus dem Nachlaßerlös von Major Lemuel Schofield kassierte, könnte die ›Finderprämie‹ weit über 100000 Dollar betragen haben.

Ihren vertrauten Freunden, den Cushings, gegenüber dürfte ›Steph‹ kein Geheimnis aus ihrer patriotisch mutigen Tat gemacht haben. Denn Harry Cushing IV, der mit ›Steph‹ 1971, knapp vor ihrem Tode, zum letzten Mal gesprochen hatte, erzählte Autor Celovsky folgende durchsichtige Parabel: »Stephanie wohnt nun im ›Gotham Hotel‹ in New York, gegenüber dem ›St. Regis‹. Sie bewohnt dort, nach dem Zweiten Weltkrieg, eine eher große Suite. Sie hat ein Liebesverhältnis mit irgendeinem Verleger. Ich weiß nicht wirklich, mit wem. Nur, sehr, sehr reich. Er war verheiratet, konnte jedoch keine Scheidung bekommen. Und er liegt im Sterben. Bevor er stirbt, sagt er: ›Schau, Steffi, ich kann in meinem Testament keine Vorkehrungen für dich treffen. Es ist alles zwischen meiner Frau und meinen Kindern blockiert. Ich sage dir, was wir tun. Ich habe mit

Absicht zehn Jahre keine Einkommensteuer bezahlt. Wenn ich tot bin, zeigst du mich bei der Steuerbehörde an. Nach dem Gesetz müssen sie dir 25% von dem geben, was sie herausholen.‹«

Für ›Steph‹ hätte ein solcher Vorschlag nicht nur den offensichtlichen finanziellen Anreiz gehabt, sondern es wäre auch ein Weg gewesen, sich an ›Brads‹ Frau zu rächen, die ihrem Eheglück so lange im Weg gestanden war, bis es dafür zu spät war. Fest steht: Die Prinzessin schien auch nach dem Tod ihres Freundes keine drückenden Geldsorgen zu haben; trotz der hohen Anwaltskosten der drei Rechtsanwälte, die sie in Anspruch genommen hatte. Sie wohnte weiter im teuren ›Barclay‹, und als sie ein Jahr nach Schofields Tod auszog, übersiedelte sie auf einen diesmal wirklich schloßähnlichen Besitz.

Der Besitz, ›Cobble Close Farm‹, im flachen, damals noch hauptsächlich der Landwirtschaft gewidmeten Teil des Bundesstaates New Jersey, nahe des Städtchens Red Bank, mit dem Auto nur eine halbe Stunde von New York entfernt, hatte ursprünglich Mrs. Therese Kuhn gehört. Der Erbin der Wall-Street-Firma Kuhn, Loeb and Co. und Gattin von Herbert N. Straus, dem Besitzer des ›größten Warenhauses der Welt‹, Macy's. Das Landgut bestand aus einem weitläufigen Hauptgebäude, einem zum Wohnen eingerichteten Turm, Nebengebäuden für die Bediensteten, einer großen Orangerie, Pferdestallungen und etlichen Garagen. Mrs. Kuhn hatte die Gebäude anfangs der dreißiger Jahre vom Architekten Alfred Hopkins errichten lassen, im französisch-normannischen Stil, und hatte dafür sogar Steinmetze aus Europa geholt. Wenn der Gebäudekomplex die Besucher trotzdem irgendwie an eine Strafanstalt erinnerte, so war das nicht verwunderlich. Architekt Hopkins war ein Spezialist auf dem Gebiet des Gefängnisbaus.

Nachdem Herbert Straus 1933 gestorben war, verlor Mrs. Kuhn rasch das Interesse an dem pompösen Landsitz. Der Besitz wurde während des Zweiten Weltkriegs versteigert und wechselte danach noch einmal den Besitzer. ›Steph‹ mietete 1956 das Hauptgebäude und den durch einen Bogen mit dem Haupthaus verbundenen Turm vom damaligen Eigentümer, Woodrow (›Woody‹) B. Bowne, für lächerliche 350 Dollar Monatsmiete, und 20 Dollar monatlich für den elektrischen Strom.

Das Gutshaus, in das die Prinzessin einzog, war bereits nach ihrem Geschmack mit echten Möbeln der Louis XVI. und napoleonischen Stilperioden eingerichtet. Der neuen Gutsherrin standen zwei Empfangshallen, ein Salon, eine Bibliothek, ein Speisesaal mit gut eingerichteter Küche und, im oberen Stockwerk des Hauses, vier Schlafzimmer und drei Badezimmer zur Verfügung. ›Franzi‹, der seiner Mutter Gesellschaft leistete, zog in den Turm.

Niemand von ›Stephs‹ Freunden und Bekannten konnte sich zuerst einen Reim darauf machen, warum die Prinzessin in diesen vergessenen Winkel von New Jersey, zu Farmern und Kleinbürgern ziehen wollte. Bis sie entdeckten, wer ihr Nachbar war.

In unmittelbarer Nachbarschaft zu ›Cobble Close Farm‹ befand sich der stattliche Landsitz von Amory Lawrence Haskell, dem Sohn eines der Gründer der General Motors Corporation. Haskell war einer der prominentesten Einwohner von New Jersey, ebenso bekannt für seine Fuchsjagden wie für sein Abwechslung suchendes gesellschaftliches Leben. Auf den reichen Junggesellen, zwei Jahre jünger als sie selbst, hatte es ›Steph‹ abgesehen. Sie hatte Erfolg. Zum Teil. Wie eine Dame der Gesellschaft in Philadelphia zu wissen glaubt, die ›Steph‹ zu der Zeit kannte und ihr nicht übel gesonnen ist, wurden die beiden Nachbarn »Freunde«. Aber geheiratet hat der Millionär eine andere. 1959 vermählte er sich überraschend mit einer einfachen Mrs. Smith, jedoch jünger als ›Steph‹, die kurz danach ›Cobble Close Farm‹ verließ. Sie gab die Jagd nach reichen Männern auf. Sie war achtundsechzig Jahre alt.

Sie übersiedelte zuerst nach New York und zwei Jahre später nach »old Europe«, nach Genf, wo ›Franzi‹ einen Angestelltenposten bei einer Schweizer Bank gefunden hatte und seiner

Mutter einen ersten Fußhalt in Europa bieten konnte. Mutter und Sohn teilten sich anfänglich ein kleines Apartment, 36 rue de Bourg-de-Four.

Die siebzigjährige Prinzessin war entschlossen, sich noch einmal eine eigene Existenz aufzubauen. Der Zufall kam ihr dabei zu Hilfe. Aber auch ihr brillantes Erinnerungsvermögen, das nie einen Menschen vergaß, der ihr in einer gegebenen Situation von Nutzen sein konnte. Diesmal war es Drew Pearson, an den sie sich erinnerte. Er war der Schwiegersohn eines ihrer ersten Liebhaber, des polnischen Grafen Gisycki, dessen Tochter Felicia er 1925 geheiratet hatte. ›Steph‹ hatte Pearson noch in den frühen dreißiger Jahren in Europa kennengelernt.

Drew Pearson war, neben Walter Winchell, der bestbezahlte und bekannteste amerikanische Kolumnist. Er wurde von den Politikern, auch dem jeweiligen Präsidenten, zugleich gefürchtet und hofiert; auch wenn er oder gerade weil er es um einer Sensation willen oft mit der Wahrheit nicht allzu genau nahm. Seine politische Kolumne, *The Washington Merry-Go-Round*, erschien in 600 Zeitungen, von coast to coast. Dadurch hatte er enormen Einfluß auf die öffentliche Meinung des Landes, und es gab keine Tür einer Regierungskanzlei, die sich ihm nicht geöffnet hätte.

Das war der Mann, den ›Steph‹ für ihre neue Karriere brauchte. Zum Glück hatte sie mit ihm nach ihrer Internierung wieder Verbindung aufgenommen. Im Dezember 1962, als sie in Washington war, hatte sie ihm zu seinem 65. Geburtstag einen Strauß Nelken geschickt und, als sie sich anschließend trafen, von ihrem neuen Wirkungskreis erzählt. Sie war wieder das, was sie dreißig Jahre vorher für Lord Rothermere gewesen war: The Lady with the connections. Diesmal für die Illustrierte *Quick*.

Durch Zufall hatte sie erfahren, daß der damalige Chefredakteur der in München erscheinenden Zeitschrift, Karl Heinz Hagen, journalistische Kontakte in den USA suchte. Sie hatte sich als Liaison angeboten, ein Gebiet, auf dem sie Erfahrungen nachweisen konnte, und war angenommen worden. Im September 1962 gaben ihr die Eigentümer von *Quick*, der Verlag Th. Martens, nach der Darstellung von Franz Hohenlohe, einen einjährigen Vertrag. »Unter Einsatz ihrer ausgezeichneten politischen und gesellschaftlichen Verbindungen« sollte sie für *Quick* »als Kontaktperson agieren und Artikel und Interviews vorschlagen«.[7] Das vereinbarte Monatshonorar betrug 1000 Dollar plus Spesen und eine Prämie für Sonderleistungen.

›Steph‹ bot Pearson beim Treffen in Washington eine Zusammenarbeit an, ein Angebot, das der Kolumnist angenommen haben dürfte, denn ein halbes Jahr später funktionierte die Partnerschaft bereits. Im Juli 1963 verbrachte Drew Pearson vier Tage in Athen und interviewte für *Quick* König Paul von Griechenland. Obwohl er das Interview zeitgerecht an ›Steph‹ ablieferte, wurde es von *Quick* nicht gebracht. Der griechische Königshof hatte die ihm zugestandene Genehmigung des Textes so lange hinausgezögert, bis König Paul im März des folgenden Jahres starb.

Pearson gab sich jedoch nicht so leicht geschlagen. Er führte Prinzessin Hohenlohe bei der verwitweten Königinmutter als Repräsentantin von *Quick* ein, die beauftragt sei, mit der griechischen Königsfamilie über Artikel zu verhandeln. ›Steph‹ gelang es, die Kooperation der königlichen Familie zu gewinnen, und der Artikel erschien 1964. Die Partner Pearson–Hohenlohe arrangierten im September 1963 für Chefredakteur Hagen auch ein Interview mit Präsident John F. Kennedy. Zweifellos ein Treffer für *Quick*, die ›Steph‹ im Oktober einen neuen Einjahresvertrag gab und ihr Monatshonorar auf $ 1500 anhob.

Drew Pearson ging beim Arrangement für das Kennedy-Interview ebenfalls nicht leer aus, das durch die Vermittlung des Pressesprechers des Präsidenten, Pierre Salinger, zustande kam. Wie Salinger 1977 Autor Celovsky gegenüber erklärte, hatte ihm die Prinzessin Hohenlohe mitgeteilt, »daß *Quick* Drew Pearson $ 5000 dafür bezahlte, daß er dem Chefredakteur dieser Publikation Zugang zu Präsident Kennedy verschaffte. Das Interview war bereits vereinbart, bevor ich dahinterkam, daß dafür Geld von Hand zu Hand ging«. Es waren die Anfänge des ›Scheckbuch-Journalismus‹, der, obwohl nach außenhin verpönt, auch in den USA rasch um sich griff.

Nach Präsident Kennedys Ermordung im November 1963 hatte das Team Pearson–Hohenlohe es noch leichter, sich Zugang ins Weiße Haus zu verschaffen. Drew Pearson war mit dem früheren Senator und Vizepräsidenten Lyndon B. Johnson, der nachrückte, seit langem befreundet. Es war daher für den Kolumnisten leicht, *Quick* als erster deutscher Zeitschrift ein Interview mit dem neuen Präsidenten der Vereinigten Staaten zu verschaffen. Chefredakteur Hagen kam nach Washington, und das Interview fand im April 1964 statt. *Quick*, im harten Konkurrenzkampf mit *SPIEGEL* und *stern*, konnte als erstes Nachrichtenmagazin den bundesdeutschen Lesern versichern, daß die Vereinigten Staaten auch nach dem Trauma des Präsidentenwechsels weiterhin die Wiedervereinigung der beiden deutschen Staaten unterstützten und daß die amerikanischen Truppen auch in Zukunft in gegenwärtiger Stärke in der Bundesrepublik stationiert bleiben würden. ›Stephs‹ Leistung wurde von *Quick* sofort belohnt. Sie erhielt einen Dreijahresvertrag mit einem monatlichen Honorar von $ 2000 und außerdem eine Erfolgsprämie in der Höhe von $ 2500. Anfangs 1965 gewährte Präsident Johnson dem deutschen Klienten der Prinzessin ein weiteres Interview. Alle Seiten schienen mit der transatlantischen Zusammenarbeit zufrieden zu sein und davon zu profitieren.

Trotz der erfolgreichen Erfüllung aller an sie gestellten Aufgaben kam es zwischen der Prinzessin und *Quick* im Sommer 1966 zu einem Zerwürfnis. Wahrscheinlich wegen einer Forderung auf Erhöhung ihres Honorars. ›Steph‹ trennte sich von *Quick*. Kaum einen Monat später unterzeichnete die nun bereits Fünfundsiebzigjährige einen ähnlichen Vertrag mit dem Konkurrenzunternehmen *stern*. Der damalige Herausgeber, Dr. Gerd Bucerius, bestätigte in einem Schreiben vom 15. August die zwischen Prinzessin Hohenlohe und dem *stern* getroffenen Vereinbarungen, wonach die Prinzessin sich bereiterklärt habe, ihre guten Verbindungen zu Persönlichkeiten des öffentlichen Lebens oder des öffentlichen Interesses zu benutzen, um Reportern und Fotografen des Hauses Gelegenheit zu geben, Reportagen für den *stern* zu erstellen. Für diese Tätigkeit erhalte sie monatlich $ 2000; Reise- und Aufwandspesen, die durch Aufträge der Redaktion entstünden, würden erstattet. Ihre Tätigkeit für den *stern* sei exklusiv.

Stephanie Hohenlohe ging für ihre neuen Chefs sofort ans Werk. Durch Drew Pearson arrangierte sie für Chefredakteur Henri Nannen ebenfalls ein Interview mit Präsident Johnson. *stern* hatte ihr dafür ein Erfolgshonorar von 20000 Dollar versprochen. In dieser Summe war allerdings auch Drew Pearsons Anteil enthalten.[8]

Henri Nannen erinnert sich offensichtlich nicht mehr gern an derartige Transaktionen, denn er schrieb an Celovsky, daß er die Prinzessin Hohenlohe nur verhältnismäßig kurz und oberflächlich gekannt habe. Sie sei eines Tages in Hamburg erschienen und hätte angeboten, Verbindungen zu Politikern in Amerika herzustellen. Er habe der Prinzessin gesagt, daß der *stern* einer solchen Verbindungstätigkeit – für die die Prinzessin natürlich bezahlt werden wollte – nicht bedürfe.

Ob Henri Nannen sich heute daran erinnern will oder nicht, *stern* bezahlte die Prinzessin. Monatlich erhielt sie, meist mit eingeschriebener Post, einen Scheck über $ 2000. Nachweisbar von Juli 1966 bis September 1968. Ihre Spesenrechnungen, die anstandslos vergütet wurden, betrugen für den gleichen Zeitraum $ 11048. Nicht miteingerechnet die zahlreichen Transatlantikflüge Erster Klasse, für die Prinzessin Hohenlohe von *stern* den Flugschein häufig direkt ausgehändigt erhielt.[9]

Drew Pearson, der gegen den Kennedy-Clan eingestellt war, vor allem gegen Senator Robert Kennedy und die Präsidentenwitwe

Jacqueline Kennedy, ließ bei dem Material, das er *stern* anbot, seinen persönlichen Animositäten freien Lauf. Er versuchte, die Kontroverse um die Hintergründe der Ermordung von Präsident Kennedy sensationslüstern auszuschlachten und die Tatsache der wachsenden Feindschaft zwischen den Kennedys und den Johnsons hochzuspielen, und als Jackie Kennedy das Manuskript des Buches über den Tod ihres Mannes, *Death of A President* von William Manchester, zensierte, bevor sie es zur Veröffentlichung freigab, trachtete er, sie ins denkbar schlechteste Licht zu stellen.

Immer wieder offerierte der amerikanische Kolumnist, entweder direkt oder durch ›Steph‹, dem *stern* Material, das seinen eigenen Vorurteilen Rechnung trug und das Nannen auch häufig verwendete. So schrieb Nannen, ganz im Sinne Pearsons, in seiner Einleitung zu den »unzensierten« Ausschnitten aus dem Manchester-Manuskript, die der *stern* im Januar 1967 veröffentlichte, er würde sich wegen eines Senator Robert Kennedy nicht der Zensur beugen. Pearson hätte es vermutlich nicht anders formuliert.

Im Frühjahr 1966 initiierte ›Steph‹ durch ihren amerikanischen Partner für den *stern*-Chefredakteur ein Interview mit Vizepräsident Hubert Humphrey und dem Obersten Bundesrichter Earl Warren, dem Leiter der Kommission, die die Umstände der Ermordung Präsident Kennedys untersucht hatte und zu dem Schluß gekommen war, daß das Attentat von einem einzelnen Attentäter, nämlich Lee Harvey Oswald, verübt wurde und es keinerlei Verschwörung gab. Nannen übernahm dieses Untersuchungsergebnis vollinhaltlich, und *stern* brachte in der Folge drei Artikel, ganz im Sinne der Warren-Kommission, ohne den Gegenstimmen und den Zweiflern Raum zu geben.

Nach einem Jahr und weiteren 24000 Dollar Honorar an die Prinzessin, im Frühjahr 1967, bereiteten die beiden »Kollaborateure« für Henri Nannen ein zweites Interview mit Präsident Johnson vor, das jedoch, wegen eines Krankenhausaufenthalts Pearsons, der an dem Interview unbedingt teilnehmen sollte, von April auf den Sommer verschoben werden mußte. Präsident Johnson empfing seinen wiederhergestellten Freund Drew und Chefredakteur Nannen zu einem fünfstündigen Gespräch auf seiner Ranch in Texas. Am Tag nach dem Interview rief Johnson bei Pearson an und bat ihn, Nannen für das »wunderschöne Album« mit den Fotos zu danken, die die *stern*-Fotografen vorneweg von ihm aufgenommen hatten.

Die offensichtliche Bevorzugung von *stern*, zuerst durch Kennedy und nun durch Johnson, und die häufige Erwähnung des deutschen Bildmagazins und des Namens seines Chefredakteurs in Drew Pearsons Kolumne waren inzwischen auch anderen Redaktionen aufgefallen: »Westdeutschlands führendes Nachrichtenmagazin, *stern*, ist die erste Zeitschrift der Welt, die veröffentlichte, was eine reale Erklärung für die Unterdrückung eines Teils der Untersuchungen im Zusammenhang mit Präsident Kennedys Tod sein könnte.« Gerüchte über die journalistisch unseriösen Wege, die *stern* dabei einschlug, begannen zu kursieren. Der Deutschland-Korrespondent von *Newsweek* Bruce van Voorst erschien bei Nannen und sprach ihn auf dieses Gerücht hin an: daß *stern* für Vermittlerdienste bezahlte, um ein Interview mit Präsident Johnson zu erhalten, und er erwähnte in diesem Zusammenhang Drew Pearson und Prinzessin Hohenlohe. Nannen beteuerte, daran sei kein wahres Wort. Er fand es jedoch für nötig, Pearson sofort über das Gespräch mit van Voorst zu informieren; damit Pearson wisse, wie er sich zu verhalten habe, falls er ebenfalls mit dieser Anschuldigung konfrontiert würde.

Am 19. Juli schrieb Henri Nannen, auf Englisch, an seinen amerikanischen Partner, daß ihn der Korrespondent von *Newsweek*, Mr. Bruce van Voorst, besucht habe, um einige Fragen im Zusammenhang mit dem Johnson-Interview zu erörtern.

Bruce van Voorst habe behauptet, daß er gehört habe, der *stern* hätte ihm – Pearson – ein Honorar dafür bezahlt, daß er bei diesem Interview als Vermittler agierte, beziehungsweise, daß der *stern* Honorare für ähnliche Aktivitäten bezahlte.

Er habe dies mit allem Nachdruck in Abrede gestellt und ihm wahrheitsgemäß mitgeteilt, welche Rolle er – Pearson – im Zusammenhang mit dem Interview gespielt habe.
Nannen informierte den Kolumnisten, er hätte van Voorst gesagt, er habe Pearson erst im Zusammenhang mit der Veröffentlichung des Manchester-Manuskripts kennengelernt.
Er könne sich nicht vorstellen, wie Bruce van Voorst von *Newsweek* auf den Gedanken kommen konnte, daß entweder Mr. Pearson oder eine Prinzessin Hohenlohe von *stern* als Vermittler bezahlt worden wäre. Er halte es für notwendig, ihn unverzüglich darüber zu informieren.
Nannen tat noch ein übriges. Als Richtlinien für Pearsons eventuell notwendige eigene Stellungnahme zu den Anschuldigungen ließ er ihn im gleichen Schreiben wissen, er hätte van Voorst gegenüber behauptet, daß Pearson auf seinen, Nannens, ausdrücklichen Wunsch auf die LBJ-Ranch mitgeflogen sei. *stern* habe lediglich die Flugtickets bezahlt. »Sonst wurden keinerlei Zahlungen getätigt und werden auch keine getätigt werden.« Mit dieser offensichtlichen Lüge hatte Nannen den neugierigen *Newsweek*-Korrespondenten abgespeist.
Mit einer Kopie von Nannens Brief in ihrer Hand rief ›Steph‹ Drew noch am gleichen Tag an, um ihn im Sinne Nannens vor möglichen Fragen zu warnen. Pearson reagierte sofort. Bevor er noch Nannens Brief erhielt, schrieb er an ihn:

»Ich habe den Verdacht, daß die Anfrage, die *Newsweek* an Sie richtete, auf einem Tip Ihrer Konkurrenz *Quick* basiert. Nach dem, was Stephanie mir mitteilte, haben Sie das Ganze richtig gehandhabt.«

Pearson ließ sich durch diese Episode nicht abhalten, weiterhin gemeinsam mit seiner Partnerin für den deutschen Auftraggeber zu arbeiten. Am 16. Oktober kabelte er an die Prinzessin:

»Mrs. Johnson Interview für 3. November, 11 Uhr vormittags angesetzt. Drew.«

stern schickte für das Interview mit der Gattin des Präsidenten, Lady Bird Johnson, Frau Anneliese Friedmann nach Washington, die unter dem Namen ›Sibylle‹ schrieb. Die Reporterin dankte der Prinzessin, »Her Royal Highness«, nach dem Interview schriftlich »für das Arrangement«. Mr. Pearson hätte sie in Washington »wie ein Engel« betreut.

Kurz nach dem Interview mit Lady Bird Johnson schien ›Steph‹ das Interesse an ihrer Arbeit für *stern* verloren zu haben. Das merkte auch Chefredakteur Henri Nannen. Am 16. September 1968 teilte er ihr mit, daß ihr Vertrag nicht mehr erneuert würde: Er sei nun schon einen Monat wieder in Hamburg, ohne von ihr etwas gehört zu haben. Auch seinen Vertretern sei es während seiner zweimonatigen Abwesenheit nicht anders gegangen. Daraus dürfe er wohl schließen, daß sie auch in den nächsten Monaten von ihr nichts hören würden. Unter diesen Umständen würde sie es sicher vorziehen, den Ende September auslaufenden Vertrag nicht zu erneuern.

Nannen hatte recht, ›Steph‹ zog es vor. Sie hatte seit einem Monat einen Vertrag mit einem anderen deutschen Presseriesen so gut wie in der Tasche. Mit dem Springer-Konzern. Karl Heinz Hagen, ihr ehemaliger Chef bei *Quick*, der nun für Springer arbeitete, hatte sie von *stern* abgeworben. Er hatte Springer empfohlen, die weltgewandte Prinzessin als Kontaktperson, vor allem zu wichtigen und einflußreichen Kreisen in den USA anzuheuern.[10] Der Zeitungszar willigte ein. Axel Springer, der zu dieser Zeit um Verbesserung seines Images in den amerikanischen Medien bemüht war, nahm sie schon deswegen mit offenen Armen auf, da er wußte, daß sie den Kolumnisten Drew Pearson im Schlepp hatte.

Bereits am 4. Juni, während *stern* sie noch drei Monate lang für ihr Nichtstun honorierte, hatte der zum Springer-Imperium gehörende Münchner Verlag Kindler & Schiermeyer der Prinzessin einen Vertragsentwurf vorgelegt, der sie verpflichtete, für das Verlagshaus »im In- und Ausland Verbindungen herzustellen und zu pflegen«. Als Entschädigung waren ein Monatshonorar und die Bezahlung für Büromiete vorgesehen. Selbstverständlich würden ihr sämtliche Spesen vergütet werden.

Dieser Vertrag wurde im Frühjahr des folgenden Jahres von der Axel Springer Verlag GmbH um zwei Jahre verlängert. Nach Ablauf dieses zweiten Vertrages unterzeichnete die Prinzessin 1971, nun bereits achtzig Jahre alt, mit Springer einen weiteren Vertrag, der bis 31. Dezember 1975 lief, dessen Ende sie jedoch nicht erleben sollte.[11]

Während man bei *stern* das Nachlassen ihres Arbeitseifers registrierte, war die Prinzessin jedoch alles andere als untätig. Wie die Spinne im Netz saß sie in ihrem Apartment in Genf und spann Fäden in alle Richtungen. Nach Berlin, zu ihrem neuen Auftraggeber im Hochhaus an der Berliner Mauer. Nach München. Dort versuchte sie, ihre Brief- und Dokumentensammlung an das Münchner Institut für Zeitgeschichte zu verkaufen. Vergeblich. Nach New York. Zum Verlag McGraw-Hill, dem sie ihre Memoiren anbot. Kein Interesse. Sie hatte bereits Hans Habe als den neuen Ghostwriter dafür im Sinn.[12] Umsonst. Der österreichisch-ungarische Schriftsteller war »mit Projekten für die nächsten drei Jahre ausgebucht«. Und schließlich nach London, wo sie sich erneut um eine Einreiseerlaubnis bemühte. Diesmal mit Erfolg.

Nachdem ›Franzi‹ diesbezüglich beim Innenminister der Labour-Regierung Roy Jenkins persönlich vorgesprochen und ›Steph‹ dem Home Secretary anschließend mitgeteilt hatte, sie hätte »wichtige Informationen« für ihn, wenn er ihr eine kurze Unterredung gewährte, wurde ihr ein Visum erteilt.[13] Sie hielt sich innerhalb eines Jahres viermal in London auf. Aber sie fühlte sich nicht mehr wohl in der Stadt, in der sie so lange ›The Toast of the Town‹ gewesen war. Es war nicht mehr das ›Merry Old England‹ der Vorkriegsjahre, das sie vorfand. Zu viel hatte sich verändert. Und zu viele erinnerten sich noch an ihre Vergangenheit und ließen es sie merken.

Axel Springer hatte sich in seiner neuen Mitarbeiterin nicht getäuscht. Sie brachte die Beute ins Haus: Drew Pearson. Den Mann mit dem Schlüssel zur öffentlichen Meinung in den Vereinigten Staaten. Der Pressezar drängte sofort auf Pearsons

Kommen. »Ich würde mich freuen, wenn ich Ihnen Berlin zeigen könnte«, schrieb er an den Kolumnisten. »Es gibt keinen besseren Ort, von dem aus man die Probleme der Stadt studieren kann, als mein Verlagshaus, an der Mauer, unweit von Checkpoint Charlie. So kommen Sie, bitte, noch irgendwann in diesem Herbst. Ich habe bereits die Zusage der Prinzessin, daß sie sich uns anschließen wird.«

Die Einladung wurde prompt angenommen. Am 15. August teilte Pearson Springer mit, daß er am 2. September in Berlin sein wird. Gleichzeitig bat er die Prinzessin, durch das Springerbüro für ihn und seine Frau im ›Hilton‹ Zimmer bestellen zu lassen.

Pearsons Besuch in Berlin war ein voller Erfolg. Vor allem für den Gastgeber. Pearson lieferte, was der gewiefte Zeitungsmann aus eigener Kraft bisher nicht erreicht hatte: eine gute Presse in den USA. Springer war wegen seiner angeblichen Akquisitionssucht, seiner Ablehnung der ›Ostpolitik‹ Brandts und seiner Haltung bei den Studentenunruhen in den amerikanischen Zeitungen immer wieder scharf kritisiert worden. Im November 1966 hatte er sich veranlaßt gesehen, in der *New York Times* zu seiner politischen Selbstdarstellung eine clever formulierte einseitige Anzeige zu plazieren. Ohne sichtbaren Erfolg. Im Gegenteil. Das gleiche Blatt, das seine Anzeigengebühr kassiert hatte, brachte kurz danach unter dem provokanten Titel »Presselord Axel Springer ist ein deutsches Problem«, verfaßt von Bruce van Voorst, dem Bonner Bürochef von *Newsweek*, eine neunseitige kritische Durchleuchtung seines Presseimperiums und seiner sonstigen kommerziellen Unternehmen. Springer war über den Artikel so aufgebracht, daß er der *Times* eine ausführliche Erwiderung schickte.

Nun brauchte er das nicht mehr. Drew Pearson erledigte es für ihn. Besser als er es gekonnt hätte. Und wirksamer. Nicht nur an der Ostküste, sondern im ganzen Land. Überall wo *The Washington Merry-Go-Round* gelesen wurde.

Unmittelbar nach seiner Rückkehr nach Washington ließ Drew

Pearson die Millionen Leser seiner Kolumne wissen, was für ein Mensch Axel Springer wirklich war: ein Antifaschist, ein Antikommunist, ein überzeugter Demokrat, ein Kämpfer gegen Antisemitismus, ein Vertreter der freien Marktwirtschaft und ein großzügiger Freund des Staates Israel. »Springer ist ein bemerkenswerter Mensch. Als Sohn eines kleinen Zeitungsverlegers hat er seine Karriere bereits vor dem Krieg begonnen. Heute ist er der mächtigste Pressemann Westdeutschlands, vielleicht in ganz Europa.« In einer späteren Kolumne, anläßlich Präsident Nixons Besuch in Berlin, im Februar 1969, prägte Pearson für seinen Auftraggeber den Titel »Mister Berlin«.

Ein zweiter Besuch Pearsons bei Springer war für den folgenden Herbst geplant. Ein Datum war bereits in Aussicht genommen, Anfang Oktober, als Drew Pearson einen Herzinfarkt erlitt und starb. ›Steph‹ brauchte nicht lange nach einem Ersatz zu suchen. Drews bisheriger Kompagnon und Nachfolger, Jack Anderson, ein noch nicht fünfzigjähriger Mormone mit neun Kindern, übernahm bereitwillig die Rolle. Wie er alle Rollen übernahm, die Drew hinterlassen hatte. Das 37 Jahre alte *Washington Merry-Go-Round* drehte sich auch nach dem Tod seines Gründers flott weiter.

Springer lud auch den neuen Mann sofort nach Berlin ein. Er sollte das gleiche Treatment erfahren und vom luxuriösen Dining Room des Bürohauses aus, über die Mauer hinweg, in das graue Ostberlin schauen dürfen, um so ein Bild des Lebens unter kommunistischer Herrschaft zu bekommen.

Die Verbindung zum Springer-Konzern machte sich auch im Lebensstil der Prinzessin bemerkbar. Bereits einen Monat nachdem sie für Springer zu arbeiten begonnen hatte, im Oktober 1968, übersiedelte sie aus der kleinen Wohnung, die sie mit ›Franzi‹ geteilt hatte, in ein geräumiges Apartment, 2, rue Alfred-Vincent; obzwar sie als ihre Genfer Anschrift immer eine vornehmere angab: 15, quai de Mont-Blanc. Es stimmt, die Prinzessin konnte von ihrer großen Terrasse aus auf die Quaipromenade und den Genfer See hinunterblicken, aber das

Haus, in dem sich ihr Apartment befand, war zwischen dem ›Hotel d'Angleterre‹ und dem ›Hotel Beau-Rivage‹ eingezwängt und nicht besonders eindrucksvoll. ›Stephs‹ Salon, von dem aus man durch zwei große Flügeltüren Zugang zur Terrasse hatte, war mit Louis XV.-Möbeln eingerichtet. Den Rest des Apartments begann ›Steph‹ mit nicht immer zueinander passenden Stücken zu möblieren, die sie Genfer Antiquitätenhändlern billig abhandelte. Aber sie hatte wieder eine ihrem Geschmack entsprechende Umgebung. Als ihr Axel Springer auch noch aus seinem Wagenpark einen gebrauchten Bentley S 2 schenkte, eine graue Limousine mit schwarzem Dach, war sie wieder ganz die ›grande dame‹ wie zu ihren besten Zeiten, vor vierzig Jahren, als ihr damaliger Chef, Lord Rothermere, ihr einen Rolls Royce schenkte; nur eben um vierzig Jahre älter.
Aber, wie Professor Krausnick sich erinnert, der die Prinzessin in diesen Jahren öfter in München traf, sah man ihr ihr wahres Alter nicht an. Außerdem benahm sie sich »gut ein Dutzend Jahre jünger«. Sie trug ihre blonden Haare »in einem schicken Ponytail«. Häufig mit einer großen weißen Schleife. Die schärferen, weiblichen Augen von Frau Metzsch, Chefsekretärin bei Dr. Bucerius, entdeckten allerdings, daß sie »zu viel Make-up auftrug« und »geschmacklos angezogen war. Wie eine alte Amerikanerin«.
›Stephs‹ Beziehung zu Axel Springer ging über das rein Geschäftliche hinaus. Prinz Hohenlohe schreibt in der Biographie seiner Mutter darüber:

»Springer und Steph mochten sich von ihrer ersten Begegnung. Sie stimmten politisch überein. Ihm gefiel die starke Weiblichkeit der Karrierefrau, sie bewunderte an ihm seine Eleganz, sein attraktives Aussehen und den Mut seiner Überzeugung. (...) Abgesehen vom Arbeitgeber-Arbeitnehmer-Verhältnis entwickelte sich rasch eine warme, persönliche Freundschaft zwischen den beiden.«

Das harmonische Verhältnis der beiden und ihre politische Gleichgesinnung spiegelten sich auch in ihrer persönlichen

Korrespondenz wider. Wo immer Springer sich aufhielt, versäumte er nicht, der Prinzessin wenigstens ein paar Zeilen zu schicken. Als er im März 1969 zur Eröffnung der Bibliothek des Israelmuseums – sein Geschenk an den jüdischen Staat als Geste der Aussöhnung – in Jerusalem war, schrieb er an sie:

»Wie schade, daß Sie bei diesem feierlichen und wichtigen Anlaß nicht bei mir sein können.«

›Steph‹ übte offensichtlich noch im Alter auf den ebenfalls alternden Zeitungsmagnaten die gleiche erotische Faszination aus, die sie in ihrer Jugend auf den Kreis ihrer jugendlichen Liebhaber ausgeübt hatte.
Harry Cushing IV, ein Mann von Welt, versuchte die langjährige Vertraute seiner Eltern folgendermaßen zu charakterisieren:

»Sie war eine Frau von der Sorte, die auf den ersten Blick häßlich erschien, aber einem nach dem Abendessen schön vorkam.«

Im Grunde waren Axel Springer und Prinzessin Hohenlohe zwei, in ihrem Feld erfolgreiche, aber letztlich einsame Menschen, die einander im Alter gefunden hatten. In der Nachweihnachtsstimmung 1970 schrieb Springer seiner Seelenfreundin u. a.:

»Liebe Stephanie, ... Ich habe Ihnen für eine hübsche, nur die guten Stunden zählende (Handschrift unleserlich) ... zu danken. Ich danke am Jahresende auch für manches liebe Wort von Ihnen, das Sie mir und über mich anderen sagten. Die Zukunft ist eine schwarze Gewitterwand. Amerika ist unser Schicksal! Der Ost-West-Pendler Brandt mit seiner ganzen Morbidezza wird trotzdem als Friedensfürst gefeiert. (Wortgruppe unleserlich) ... Gnade, Erbarmung und Frieden Ihnen und Ihrem Sohn.
Ihr Axel S.«

Prinzessin Hohenlohe sorgte nicht nur dafür, daß ihr Freund in der amerikanischen Presse im besten Licht erschien, sondern daß der deutsche Verleger auch als Persönlichkeit in der amerikanischen Öffentlichkeit die Auszeichnung erfuhr, die ihm ihrer Meinung nach zustand. Sie fädelte die akademische Ehrung ihres Arbeitgebers und Freundes dort ein, wo sie die besten

Beziehungen besaß: in Philadelphia. Sie spann ihre Fäden zur katholischen Temple-Universität.
Die Schlüsselfigur ihres Plans war ein enger Freund des verstorbenen Major Schofield, der Altmetallhändler Irving H. Kutcher, der über die notwendigen guten Kontakte zum Präsidenten der Universität Dr. Paul R. Anderson verfügte.
Die von Prinzessin Hohenlohe[14] und Kutcher arrangierte Zeremonie fand im folgenden Jahr statt. Am 28. Oktober 1971 wurde Axel Springer – gemeinsam mit dem Hollywoodregisseur Frank Capra und dem New Yorker Rundfunkchef Robert H. McGannon – bei einer außerplanmäßigen Sitzung im Albert M. Greenfield-Konferenzzentrum der Universität die Ehrendoktorwürde verliehen.
Springer schien mit der Verleihung seines Ehrendoktorhuts zufrieden gewesen zu sein, denn am Tag nach der Zeremonie schrieb er an die Initiatorin nach Genf:

»Grüße und viele Küsse von Ihrem exzellenten Hotel Barclay, das ich als Ihr Doktor verließ. Axel.«

Die Vermittlung der Ehrendoktorwürde für ihren Freund war nicht der letzte Coup, den die Prinzessin als Beauftragte des Springerkonzerns bewerkstelligte. Ihr letzter Triumph war die für Axel Springer publizistisch in den USA so wertvolle Verbindung zum konservativ und anti-kommunistisch ausgerichteten amerikanischen Nachrichtendienst *Copley News Service*.
›Steph‹ verfolgte die erprobte Taktik, Axel Springer mit einflußreichen amerikanischen Zeitungsleuten in Verbindung zu bringen, noch einmal; mit Ernest Cuneo, einer der leitenden Persönlichkeiten der *North American Newspaper Alliance* mit besten Verbindungen in Washington und Kontakten zu den amerikanischen Geheimdiensten. Springer lud Cuneo auf Vorschlag der Prinzessin – »unserer gemeinsamen Freundin« – nach bewährter Manier zur Informationsreise nach Berlin ein, die wie immer von Springerintimus Ernst J. Cramer koordiniert wurde. Aber, wie sich in der Folge herausstellte, Cuneo hatte Springer wenig zu bieten.

Nach diesem Fehlschlag erlahmte der Arbeitseifer der Prinzessin zusehends. Sie verließ ihr Appartement in der Rue Alfred-Vincent nur selten und hielt nur mehr telefonisch Kontakt zur Außenwelt. Das Fortschreiten der Pagets-Krankheit, die zum erstenmal während ihrer Internierung in Seagoville diagnostiziert worden war, verursachte ihr ständig Schmerzen, deren sie nur mit immer höheren Dosierungen von schmerzstillenden Medikamenten und schließlich nur mehr durch Injektionen Herr werden konnte. Dazu kam, daß das Appartementhaus, in dem sie wohnte, verkauft werden sollte und für den bevorstehenden Verkauf geräumt worden war. Sie war als einzige Mieterin übriggeblieben, die sich hartnäckig einem Umzug widersetzte. Lieber nahm sie die Unannehmlichkeiten und den Lärm in Kauf, die die italienischen Fremdarbeiter verursachten, die von den Hausbesitzern temporär in den leerstehenden Wohnungen einquartiert worden waren, als daß sie ihr letztes Domizil aufgab. Nur ihr Dachshund Puck leistete ihr in diesen Tagen Gesellschaft. Lina, eine ältliche italienische Bedienstete, kümmerte sich um ihre persönlichen Bedürfnisse. Sonst war die so lange Umschwärmte allein.
Es war ein Montag, der 12. Juni, die Schatten des Abends hatten bereits das gleißende Licht des Genfer Sees vor ihren Terrassentüren gelöscht, als ›Steph‹ ein scharfes Stechen in ihrer Brust verspürte. Nach einigem Zögern rief sie telefonisch um Hilfe. Einige Stunden später wurde sie in die Genfer Privatklinik ›La Colline‹ eingeliefert. Zu spät. Sie wurde zwar noch wegen eines durchgebrochenen Magenschwürs operiert, aber ihr geschwächter Körper überstand die Folgen des chirurgischen Eingriffs nicht mehr. Prinzessin Hohenlohe starb in den frühen Morgenstunden des 13. Juni 1972. Drei Monate vor ihrem einundachtzigsten Geburtstag.
Die außereheliche Steffi Richter aus Wien – mit vierzehn Jahren Gmundener Schönheitskönigin – Mätresse einflußreicher Männer – Geliebte des kaiserlichen Schwiegersohns – angeheiratete Prinzessin Hohenlohe-Waldenburg-Schillingsfürst – Volljüdin

und trotzdem Hitlers ›liebe Brinzessin‹ – Geliebte seines Adjutanten Wiedemann – Liaison des Pressezaren Lord Rothermere – ein Leben lang auf zwei Kontinenten rastlos tätig – fand ihre letzte Ruhe auf dem Dorffriedhof von Meinier, in den Bergen oberhalb von Genf.

Die Tote wurde am 16. Juni in aller Stille und ohne Anteilnahme der Öffentlichkeit beigesetzt. ›Franzi‹ hatte nur eine kleine Schar von Trauergästen vom Ort und Zeitpunkt des Begräbnisses verständigt. Eine Trauernachricht veröffentlichte Prinz Hohenlohe erst später. Der Curé der benachbarten Pfarrgemeinde Corsier, Abbé Bernard Riccardi, zelebrierte in Abwesenheit des Dorfpfarrers von Meinier das Hochamt und sprach nach der Einsegnung in der Kirche die üblichen Floskeln der sinnentleerten Abschiedsworte. Für eine Frau, die er nicht gekannt hatte.

Die Kirchturmuhr schlug eins, als der einfache Eichensarg in die Grube gesenkt wurde. Die Erde polterte laut wie ein Pochen auf den Sargdeckel, als sie von der Schaufel in das Grab kollerte, die der Kirchendiener dem Prinzen als erstem gereicht hatte, der an den Grabrand trat.

Einige Tage später entfernte der Friedhofswärter Gérard Gaud die verwelkten Blumenarrangements von dem langsam einsinkenden Grabhügel, darunter einen Kranz mit verblassenden roten und weißen Schleifen: »Letzte Grüße von Franzi«. Monsieur Gaud steckte ein Eichenkreuz, an dem eine Tafel aus Plastik befestigt war, zur Markierung auf den leeren Hügel. Die Inschrift auf der Plastiktafel verkündet, auch heute noch, schlicht aber falsch:

S.A.S. Princesse Stéphanie HOHENLOHE. 1905–1972.

Es war ›Steph‹ gelungen, sich noch im Tod um vierzehn Jahre jünger zu machen.

Anmerkungen

1 Abk. für United Nations Relief and Rehabilitation Administration, 1943 in Atlantic City gegr., 1945 von der UNO übernommene Hilfsorganisation zur Unterstützung der Flüchtlinge und Verschleppten (Displaced Persons) in den von den Alliierten besetzten Gebieten; 1947 aufgelöst.

2 ›Stephs‹ gesamter Besitz in England bestand aus einem Schrankkoffer und zwei weiteren Koffern, die sie 1939 im ›Hotel Dorchester‹ zurückließ. Das Hotelmanagement dürfte die Gepäckstücke samt Inhalt zur Begleichung der unbezahlten Rechnungen der Prinzessin verkauft haben. (*Evening Standard* vom 7. Mai 1942.)

3 Für die Zuweisung zur Einwanderungsquote eines bestimmten Landes ist nach amerikanischem Recht nicht die derzeitige Staatsbürgerschaft, sondern das Geburtsland des Antragsstellers ausschlaggebend. Daher fiel die in Wien geborene Steffi Richter unter die österreichische Quote.

4 Den Behörden gegenüber erklärte ›Steph‹ 1950, daß sie mit »monatlich 200 Dollar zum Leben« auskäme.

5 Baronin Szepessy war zum Zeitpunkt des Besuchs der Inspektorin nicht mehr am Leben. Sie starb, fünfundachtzigjährig, im Dezember 1948, an den Folgen eines Unfalls, bei dem sie ein LKW in einer der Straßen von Beverly Hills angefahren hatte.

6 Die heute geltende Regelung sieht dafür eine Prämie im Ausmaß von 10% der aufgrund der Anzeige eingetriebenen Steuern vor. Doch, wie das Finanzministerium den Autoren 1976 mitteilte, kann es zum damaligen Zeitpunkt auch ein wesentlich höherer Anteil gewesen sein: »Da weder die Satzungen der IRS noch die Bestimmungen des Finanzministeriums eine Limitierung des Prozentsatzes oder der Dollarhöhe einer Belohnung vorsahen, ist es möglich, daß eine Belohnung, die im Jahre 1955 ausgezahlt wurde, 25% der Summe der eingehobenen Steuern, Zinsen und Bußgelder ausgemacht hat.«

7 *Quick* teilte den Autoren 1976 auf Anfrage mit, daß aus den betreffenden Jahren keine Korrespondenz mehr existiert und die Chefredakteure und das redaktionelle Personal seither mehrmals gewechselt haben, so daß niemand mehr etwas über den Gegenstand der Korrespondenz mit Prinzessin Stephanie Hohenlohe-Waldenburg-Schillingsfürst weiß.

8 Der deutsche Historiker Professor Dr. Helmut Krausnick, damals Direktor des Münchner Instituts für Zeitgeschichte, der die Prinzessin bei Dr. Bucerius eingeführt hat, erzählte Autor Celovsky, daß die Prinzessin ihm gegenüber geprahlt hätte, daß sie ›für drei Wochen Arbeit 80000 DM bekam‹.

9 Der größte Teil der entsprechenden Zahlungsbelege wird in der ›Hohenlohe-Sammlung‹ der kalifornischen Stanford Universität aufbewahrt.

10 Nach Ernst J. Cramer, Springer A.G.

11 ›Steph‹ bewahrte sämtliche Zahlungsunterlagen gewissenhaft auf. Die Zahlungen wurden in US-Dollar über die Deutsche Bank in Hamburg getätigt.

12 Ein anderer Kandidat war der in München lebende Ungar Josef von Ferenczy.

13 Das Home Office verweigerte den Autoren jede Auskunft bezüglich einer Korrespondenz mit Prinzessin Hohenlohe und ihrer Konversation mit dem Home Secretary oder einem seiner Mitarbeiter.

14 Die Verwaltung der Temple Universität stellte den Autoren gegenüber kategorisch in Abrede, daß die Prinzessin etwas mit der Verleihung des Ehrendoktorats an Springer zu tun hatte.

Quellenverzeichnis

Unveröffentlichte Materialien

Stephanie Hohenlohe Akten; Franz Hohenlohe Akten; Rudolf Kommer Akten; Ludmilla Szepessy Akten. Bundeskriminalamt (FBI), Washington, D. C.

Stephanie Hohenlohe Akten (A 4984848), beinhalten Material über Fritz Wiedemann und Lemuel B. Schofield; Baronin Szepessy Akten (A 5047216); R. K. Kommer Akten (A 4619418). U. S. Einwanderungs- und Naturalisierungsbehörde, Washington D. C.

Prinzessin Stephanie Schillingsfürst und Hauptmann Wiedemann Akten. U. S. Justizministerium, Washington D. C.

Stephanie Hohenlohe Akten, 1940–1944. U. S. Außenministerium, Washington D. C.

Charles Bedaux Akten. U. S. Justizministerium, Washington D. C.

Franklin D. Roosevelt Papiere, einschließlich geheimer und vertraulicher Akten der Präsidialkanzlei, 1933–1945. F. D. R. Bibliothek, Hyde Park, N. Y.

Eleanor Roosevelt Papiere, 1933–1945. F. D. R. Bibliothek, Hyde Park, N. Y.

Henry Morgenthau jr. Papiere. F. D. R. Bibliothek, Hyde Park, N. Y.

Adolf A. Berle Papiere, 1912–1974. F. D. R. Bibliothek, Hyde Park, N. Y.

U. S. Militärgeheimdienstakten betreffend Hauptmann Fritz Wiedemann, Felicitas von Reznicek, Sir William Wiseman, Stephanie Hohenlohe. Nationalarchive, G-2 Akten, Washington D. C.

U. S. Außenministerium, Sonderuntersuchungskommission in Deutschland, (DeWitt S. Poole Mission), Nr. 679, Mikrofilmrollen Nr. 1–3. Nationalarchive, Washington D. C.

Psychologische Analyse Adolf Hitlers und relevante Dokumente, Dokumentengruppe 226. – I. Eine psychologische Analyse Adolf Hitlers, sein Leben und seine Legende, von Walter C. Langer. II. Quellenbuch von Walter C. Langer. Office of Strategic Services (OSS). Nationalarchive, Washington D. C.

Dokumente betreffend Stephanie Hohenlohe und Hauptmann Wiedemann, 1942–1945. CIA (OSS), Washington D. C.

Stephanie Hohenlohe Sammlung, 1914–1972. Hoover Institution, Stanford, Kalifornien.

Stephanie Hohenlohe Akten. Philadelphia Inquirer Bibliothek, Philadelphia, Pa.

Stephanie Hohenlohe Akten. Daily Express Bibliothek, London.

Lemuel B. Schofield Akten. Philadelphia Inquirer Bibliothek, Philadelphia, Pa.

Hohenlohe, Franz: »Steph«. Manuskript, das sich mit dem Leben seiner Mutter bis zum Jahre 1935 befaßt (10 Kapitel).

Korrespondenz des britischen Foreign Office, 1920–1945. Public Records Office, London.

Lord Beaverbrook Papiere. House of Lords, London.

Lloyd George Papiere. House of Lords, London.

Graham Christie Papiere. Churchill College Archive, Cambridge, Großbritannien.

Lothian Papiere. Scottish Records Office, Edinburgh.

Drew Pearsons persönliche Papiere (Akten: Axel Springer und Stephanie Hohenlohe). Lyndon Baines Johnson Biibliothek, Austin, Texas.

Washington Merry-Go-Round. Sammlung der Kolumnen Drew Pearsons und Jack Andersons, Washington D. C.

Fritz Wiedemann Papiere, 1934–1941. Akten Nr. 569–604. Kongressbibliothek, Manuskriptabteilung, Washington D. C. – Drei Kladden (1935), Hoover Institution, Stanford, Kalifornien.

Fritz Wiedemanns Personalakten, 1911–1922. Kriegsarchiv der Bayerischen Staatsarchive, München.

Dokumente der Adjutantur des Führers. Serie NS 10. Dr. Otto Meissner Korrespondenz, 1934–1939; Telegramme an den Führer, 1938–1940; Korrespondenz mit der Reichskanzlei, 1938; Korrespondenz mit Reichs- und Länderministerien, 1933–1938; Korrespondenz mit der Gestapo, 1933, 1936; Korrespondenz mit Rudolf Heß, 1936–1938; Berichte an den Führer, 1938–1940; Privathaushalt Adolf Hitler, Schloß Leopoldskron, Haus Wachenfeld, Obersalzberg, 1938–1940; Reichsparteitag, 1938; Charlotte Erdmann-Bormann Akten; Zuschriften von Privatpersonen, 1935–1940; Privater Schriftwechsel Fritz Wiedemanns, 1936. Bundesarchiv, Koblenz.

Dokumente des Reichsaußenministeriums: Inland II A/B, Staatsmänner, 1934–1942, Bd 1 (Prinzessin Hohenlohe); Botschaft Paris, 1936–1938;

Ungarn Bd 2, Habsburgisches Haus, 1922–1929, Bd 4; San Francisco, Bd 194, 1939; Deutsche Botschaft in China, Deutsche Schule in Tientsin, Bd II, 1939–1944; Konsulat Tientsin, Pers. A 2–12, 1901–1941. Politisches Archiv des Auswärtigen Amtes, Bonn.

Dokumente des Reichsaußenministeriums und der Dienststelle Ribbentrop. Mikrofilmsammlung (Serie T 71, 74, 81, 120, 175). Nationalarchive, Washington D. C.

Dokumente der Reichskanzlei, 1933–1945. Bundesarchiv, Koblenz.

Dokumente des deutschen Generalkonsuls in Tientsin, 1. Januar 1942 – 9. Mai 1945. Privatsammlung Klaus Wiedemann, Pfarrkirchen.

Dokumente der NSDAP, der SS und anderer NS-Organisationen. Berliner Dokumentationszentrum, U. S. Mission, Berlin.

Max Reinhardt Papiere. Universität des Bundesstaates New York, Binghamton, N. Y.

Kohler Papiere, Fritz Wiedemann betreffend. Privatsammlung von Frl. Lydia Kohler, Pfarrkirchen.

Einwohnerverzeichnis des Berliner Polizeimeldeamtes, 1937–1938, Berlin.

Dokumente der Fremdenpolizei Genf, Stephanie und Franz Hohenlohe betreffend, 1964–1972, Genf.

Dokumente des Hauses Hohenlohe, 1910. Hohenlohe-Zentralarchiv, Neuenstein.

Päpstliche Besucher und Audienzen, 1912–1939. Archiv des Vatikan, Rom.

Schulunterlagen der Stephanie Richter, 1897–1903. Volksschule Hegelgasse, Wien.

Leichenbefunde der Stadt Wien, 1909.

Geburts- und Taufregister, 1887–1897. St. Augustin, Wien.

Geburts- und Taufregister, 1884, 1886. Dompfarre St. Stephan, Wien.

Liber Matrimonium, Bd 39, 1884. Dompfarre St. Stephan, Wien.

Liber Matrimonium, Bd M3, 1914. Westminster Cathedral, London.

Register der Ziviltrauungen, 1910. Archiv der Stadt Wien.

Geburts- und Sterberegister des Rats der Jüdischen Gemeinden, Prag; und Litoměřice. Innenministerium, Prag.

Liber Matrimonium, 1919. St. Ludwigskirche, Berlin.

Kartei der Fremdzuständigen, 1880–1896. Konskriptionsamt des Wiener Stadtarchivs, Wien.

Geburtsregister für Dolní Vrážné (Groß-Petersdorf), 1825, 1830, 1849, 1853, 1860. Staatsarchiv, Opava, ČSSR.

Belege der Bestattungsvorkehrungen für Stephanie Hohenlohe, Juni, 1972, Bestattungsunternehmen A. Murith, Genf.

Veröffentlichte Materialien

Addison, Paul, *Patriotism under Pressure: Lord Rothermere and British Foreign Policy,* The Politics of Reappraisal, 1918–1939, hrsg. von Gillian Peele & Chris Cook. London 1975.

Adler, Gusti, *Max Reinhardt. Sein Leben.* Salzburg 1964.

Airlie, Mabell Countess of, *Thatched with Gold.* London 1962.

Akten zur Deutschen Auswärtigen Politik, 1918–1945. Baden-Baden 1950ff.

Beaton, Cecil, *The Wandering Years. Diaries 1922–1939.* London 1961.

Beaverbrook, Lord, *The Abdication of King Edward VIII.* Hrsg. von A. J. P. Taylor. London 1966.

Berle, Adolf A., *Navigating the Rapids, 1918–1971.* Hrsg. von B. B. Berle & T. B. Jacobs. New York 1973.

Biddle, Francis, *In Brief Authority.* Garden City, N. Y., 1962. *A Casual Past.* Garden City, N. Y., 1961.

Bloch, Michael, *Operation Willi.* New York, 1986.

Blum, John Morton, *Roosevelt and Morgenthau.* Boston 1972.

Burden, Hamilton T., *The Nuremberg Party Rallies, 1923–1939.* New York 1967.

Butler, J. R. M., *Lord Lothian (Philip Kerr), 1882–1940.* London 1960.

Cadogan, Sir Alexander, *The Diaries of Sir Alexander Cadogan, O. M., 1938–1945.* Hrsg. von David Dilks. London 1971.

Celovsky, Boris, *Das Münchener Abkommen 1938.* Stuttgart 1958.

Cenci, Pio, *Il Cardinale Raffaele Merry del Val.* Rom 1933.

Channon, Sir Henry, Chips. *The Diaries of Sir Henry Channon.* Hrsg. von Robert Rhodes James. London 1967.

Colvin, Ian, *Vansittart in Office.* London 1965.

Cooper, Diana, *The Light of Common Day.* London 1959.

Costello, John, *Love, Sex and War.* New York 1986.

de Jaeger, Charles, *The Linz File.* Toronto 1981.

De Launay, Jacques, *Secrets Diplomatiques, 1939–1945.* Brüssel 1963.

Dirksen, Herbert von, *Moscow, Tokyo, London. Twenty Years of German Foreign Policy.* Oklahoma 1952.

Documents on British Foreign Policy, 1919–1939. London 1949ff.

Dodd, Martha, *Through Embassy Eyes.* New York 1939.
Dodd, William E., *Ambassador Dodd's Diary, 1933–1938.* Hrsg. von W. E. Dodd, Jr. und Martha Dodd. New York 1941.
Donaldson, Frances, *Edward VIII.* Philadelphia 1975.
Farago, Ladislas, *The Game of the Foxes.* New York 1971.
Fenyo, Mario D., *Hitler, Horthy and Hungary.* New York 1972.
Fiedler, Leonard M., *Max Reinhardt in Selbstzeugnissen und Bilddokumenten.* Reinbek 1975.
Flanner, Janet, »Annals of Collaboration«, *The New Yorker,* 6. Okt. 1945.
Ford, Corey, *Donovan of OSS.* Boston 1970.
Frischauer, Willi, *European Commuter.* New York 1964. *The Grand Hotels of Europe.* New York 1965. *Twilight in Vienna.* London 1938.
George, Margarete, *The Hollow Men.* London 1965.
Göring, Emmy, *An der Seite meines Mannes.* Göttingen 1967.
Gritzbach, Erich, *Hermann Göring: The Man and His Work.* London 1939.
Groscurth, Helmuth, *Tagebücher eines Abwehroffiziers, 1938–1940.* Stuttgart 1970.
Habe, Hans, *Wien so wie es war.* Düsseldorf 1969.
Hanfstaengl, Ernst, *Hitler. The Missing Years.* London 1957. *Zwischen Weißem und Braunem Haus.* München 1970.
Harvey, Oliver, *The Diplomatic Diaries of Oliver Harvey, 1937–1940.* London 1970.
Heim, Heinrich, *Adolf Hitler, Monologe im Führerhauptquartier, 1941–1944,* Hamburg, 1980.
Hettlinger, Viktor von, *Raphael Kardinal Merry del Val; ein Lebensbild.* Köln 1937.
Higham, Charles, *Trading with the Enemy.* New York 1986.
Hoettl, Wilhelm (Walter Hagen), *Die Geheime Front.* Zürich 1950.
Hohenlohe, Prince Franz, *Steph. The Fabulous Princess.* London 1976.
Hohenlohe-Schillingsfürst, Franz Josef Fürst zu, *Monarchen, Edelleute, Bürger. Die Nachkommen des Fürsten Ludwig zu Hohenlohe-Langenburg, 1762–1825.* Neustadt a. d. Aisch 1963.
Höhne, Heinz, *Der Orden unter dem Totenkopf.* Gütersloh 1967.
Horthy, Admiral Nicholas, *Memoirs.* New York 1957. *The Confidential Papers of Admiral Horthy.* Budapest 1965.
Hyde, H. Montgomery, *The Quiet Canadian. The Secret Service Story of Sir William Stephenson.* London 1962.
International Military Tribunal, *Trial of the Major War Criminals.* Nürnberg 1947.

Irving, David, *Breach of Security.* London 1968.
Joel, Stanhope, *Ace of Diamonds. The Story of Solomon Barnato Joel.* London 1958.
Kahn, David, *Hitler's Spies.* New York 1978.
Kaus, Gina, *Und was für ein Leben . . .* Hamburg 1979.
King, Cecil H., *Strictly Personal.* London 1969.
Langer, Walter C., *Mind of Adolf Hitler.* New York 1973.
Martin, Bernd, *Friedensinitiativen und Machtpolitik im Zweiten Weltkrieg, 1939–1942.* Düsseldorf 1974.
Maser, Werner, *Hitlers Briefe und Notizen.* Düsseldorf 1973.
Mitford, Jessica, *Daughters and Rebels.* Boston 1960.
Mitford, Nancy, *The Pursuit of Love.* New York 1946.
Mnichov v Dokumentech. Prag 1958.
Morton, Frederic, *The Rothschilds. A Family Portrait.* New York 1961.
Mosley, Diana Mitford, *A Life of Contrasts.* New York 1977.
Mosley, Sir Oswald, *My Life.* London 1968.
Nicolson, Harold, *Diaries and Letters, 1930–1939.* London 1966.
Oven, Wilfred von, *Mit Goebbels bis zum Ende.* Buenos Aires 1949.
Pearson, Drew, *Diaries, 1949–1959.* Hrsg. von Tyler Abell. New York 1974.
Picker, Henry, *Hitlers Tischgespräche.* Bonn 1951.
Plesch, John, Janos, *The Story of a Doctor.* London 1947.
Polignac, Hedwige de, *Les Polignac.* Paris 1960.
Pryce-Jones, David, *Unity Mitford: A Quest.* London 1976.
Quinn, Sister M. B., *Give me Souls. A Life of Raphael Merry del Val.* Westminster, Md. 1958.
Reinhardt, Gottfried, *Der Liebhaber. Erinnerungen seines Sohnes Gottfried Reinhardt an Max Reinhardt.* München 1973.
Reinhardt, Max, *Schriften.* Hrsg. von Hugo Fettig. Berlin 1974.
Ribbentrop, Annelies von, *Die Kriegschuld des Widerstandes. Aus Britischen Geheimdokumenten 1938/39.* Leoni am Starnberger See 1974.
Ribbentrop, Joachim von, *The Ribbentrop Memoirs.* London 1953.
Rothermere, Viscount, *My Campaign for Hungary.* London 1939.
Schmidt, Paul, *Statist auf diplomatischer Bühne.* Bonn 1949.
Schroeder, Christa, *Er war mein Chef.* 1985.
Schweppenburg, Freiherr Geyr von, *Erinnerungen eines Militärattachés.* London 1933–1937. Stuttgart 1949.
Snowden, Philip Viscount, *An Autobiography.* London 1934.
Spitzy, Reinhard, *So haben wir das Reich verspielt.* München 1986.

Springer, Axel, *Viel Lärm um ein Zeitungshaus.* Berlin 1967. *Von Berlin aus gesehen. Zeugnisse eines engagierten Deutschen.* Stuttgart 1971.
Stevenson, William, *A Man Called Intrepid.* New York 1976.
Stoiber, Rudolf, *Des Führers Prinzessin, Wiener.* Januar 1986.
Taylor, A. J. P., *Beaverbrook.* New York 1972.
Tebbel, John, *An American Dynasty. The Story of the McCormicks, Medills and Pattersons.* New York 1947.
Town & Country, *Marbella House Party.* 1986.
Thimig-Reinhardt, Helene, *Wie Max Reinhardt lebte.* Percha am Starnberger See 1973.
Toland, John, *Adolf Hitler.* Garden City, N. Y. 1976.
Trebitsch, Siegfried, *Chronicle of a Life.* London 1953.
Vanderbilt, Gloria & Thelma Lady Furness, *Double Exposure. A Twin Biography.* New York 1958.
Vansittart, Lord, *The Mist Procession. The Autobiography of Lord Vansittart.* London 1958.
Vasari, Emilio, *Ein Königsdrama im Schatten Hitlers.* Wien 1968.
Vine, George, *Der geteilte Siegfried.* Düsseldorf 1969.
Vorres, Ian, *The Last Grand Duchess. Her Imperial Highness Grand Duchess Olga Alexandrovna.* New York 1965.
Whitehead, Don, *The FBI Story.* New York 1956.
Wiedemann, Fritz, *Der Mann, der Feldherr werden wollte.* 1964.
Wright, Peter, *Spycatcher.* New York 1987.
Young, A. P., *The ›X‹ Documents.* Hrsg. von Sidney Aster. London 1974.
Zuckerkandl-Szeps, Bertha, *Clemenceau tel que je l'ai connu.* Algier 1944. *Ich erlebte fünfzig Jahre Weltgeschichte.* Stockholm 1939. *Österreich intim. Erinnerungen 1892–1942.* Frankfurt 1970.

Danksagung

Die Autoren möchten folgenden Personen und Organisationen für schriftliche und mündliche Auskünfte danken:

Tyler Abell, Washington, D. C.; Professor Paul Addison, Edinburgh; Augusta C. Adler, Hollywood, Californien; Pater Ubald Ammann, Rom; Cheri Anderson-Loveless, Arlington, Va.; Jack Anderson, Washington, D. C.; Monsieur André, Ritz, Paris; Alice von Anthoine, Wien; Graf Ferdinand Arco, Genf; Gräfin Johanna von Aretin, Aldersbach, Bayern; H. C. Bach, London; Dame Ludmilla Bach, London; Lew Besymenski, Bonn; Diana Birch, London; Comtesse Ch. du Boisrouvray, Genf; Woodrow Bowne, Red Bank, N. J.; J. F. Brisson, Gambais, Frankreich; Lord Brocket, London; Dr. Alfred G. Brooks, Binghamton, N. Y.; S. Curtis Brown, London; Len Bruce, London; B. William Bryant, Middletown, N. J.; Dr. Gerd Bucerius, Hamburg; Ulla Carlstroem, Bofors, Sweden; Mark Bonham Carter, London; Judge William F. Cercone, Pittsburgh, Pa.; Ward J. Childs, Philadelphia, Pa.; Georges Clemenceau, Paris; Madame Michel Clemenceau, Moret sur Loing, S. & M.; David Coleman, Stanfordville, N. Y.; Ernst Cramer, Berlin; Ernest Cuneo, Washington, D. C.; Harry Cushing IV, Rom; Daimler-Benz, Stuttgart; Paul Dalton, London; Dumitru G. Danielopol, Washington, D. C.; Gordon Davies, Pleasantville, N. Y.; Laura Deininger, München; Madame Gilbert Déon, St. Valentin, Frankreich; Sir Gerald Guy Domville, London; L. van Dorp, s'Gravenhage, Niederlande; Franz Duhr, Trier; Ladislas Farago (†), Bridgewater, Conn.; Lady Audrey Fiennes, Lodsworth, Großbritannien; Sir Ranulph Fiennes, London; B. Ford-Brooks, Genf; William Frankel, London; Charlotte Fraser, London; Professor Willi Frischauer, London; Prinz Tassilo Fürstenberg, Wien; Sir William Garthwaite, London; Gérald Gaud, Meinier, Schweiz; Charles A. Gibb, Washington, D. C.; Professor Martin Gilbert, Oxford; Georges Girod, Meinier, Schweiz; Theodore Goddard & Co., London; Anthony Goldschmidt, London; Gordon K. Greenfield, New York, N. Y.; Hans Habe (†), Ascona, Schweiz; Ernst Hanfstaengl (†), München; Prinz Franz Hohenlohe, Paris; Prinz Tassilo Hohenlohe, Wien; Prinz Albrecht Hohenlohe-Jagstberg, Schloß Haltenbergstetten; Prinz Andreas Hohenlohe-Langenburg, München; Prinzess Mercedes Hohenlohe-Schillingsfürst, Alt-Aussee; Prinz Friedrich Karl Hohenlohe-Waldenburg, Schloß Waldenburg; Heinz Hoehne, Hamburg; A. Hoerler, Genf; Professor Dr. Hanns Jäger-Sunstenau, Wien; Thelma Jallous, Middletown, N. J.; P. M. Jenkinson, Oxford; Dr. L. Johannot, Rolle, Schweiz; J. Rendel Jones, Eastburne, Großbritannien; Robert Letts Jones, Ramona, Kalifornien; Gina Kaus (†), Hollywood, Kalifornien; Donald M. Kendall, Purchase, N. Y.; Alberta L. Kilmer, Philadelphia, Pa.; General Julius Klein, Chicago, Ill.; Lydia Kohler, Pfarrkirchen, Bayern; Baroness Dr. Elsa von Kotzenbue, New York, N. Y.; Professor Dr. Helmut Krausnick, München; Irving H. Kutcher, Gladwyne, Pa.; Franz G. Lassner, Philadelphia, Pa.; Dr. Laufner, Trier; Jacques de Launay, Brüssel; Dr. Bernard Layet, Clères, Frankreich; Marjorie Lee, London; Sherod Leidy, Philadelphia, Pa.; George S. Leisure jr., New York, N. Y.; Professor Dr. Erna Lesky, Wien; Prinz Ferdinand von Liechtenstein, Paris; Professor Leopold Liser, Wien; Rosemarie Lorenz-Springer, Großenaspe, Deutschland; Professor P. W. Ludlow, London; Professor John Lukacs, Philadelphia, Pa.; Sir Robin Mackworth-Young, Windsor Castle; F. C. Bernard Maier-Thurnwald, Genf; Professor Dr. Bernd Martin, Freiburg Br.; Frank E. Mason, Leesburg, Va.; Raymond J. McHugh, Washington, D. C.; H. Mélandri, Nice; William W. Melnitz, Los Angeles, Kalifornien; Frank (»Chico«) Mendoza, Philadelphia, Pa.; X. Metzsch, Hamburg; Archives du Palais de Monaco, Monte Carlo; Lady Penelope Moore, London; Guy Moreau, Paris; Lady Diana Mosley, Orsay, Frankreich; Admiral William C. Mott, Washington, D. C.; Hermine Mueller Hofmann, Wien; Christoph Mylius, Wien; Henri Nannen, Hamburg; Irene Neumann, Gänserndorf, Österreich; Jules A. Nolin, Fairfax, Va.; Lady Anne Norwich, London; Earl of Oxford and Asquith, Somerset, Großbritannien; Paul Paget, London; Dominic Paglioni, Philadelphia, Pa.; Graf H. E. von der Pahlen, Hamburg; William S. Paley, New York, N. Y.; H. G. Pearson, London; Luvie Pearson, Washington, D. C.; Professor Henry M. Pelling, Cambridge, Großbritannien; Agnes F. Peterson, Stanford, Kalifornien; Charles-Henri Piguet, Genf; Gräfin Josefine von Podstatzky, Salzburg; Gräfin Maria von Podstatzky-Liechtenstein, München; Hans Polster, Wien; Dr. Christa Post, Schönau, Bayern; Comte C. de Pourtalès, Neuilly sur Seine, Frankreich; F. V. Preston, London; Dr. Gisela Prossnitz, Salzburg; Alan Pryce-Jones, Newport, R. I.; David Pryce-Jones, London; Gottfried Reinhardt, Salzburg; Gräfin Felicitas von Reznicek, Engelberg,

Schweiz; Lady M. Rhodes, Norfolk, Großbritannien; Abbé Bernard Riccardi, Corsier, Schweiz; Idar Rimestad, Fountain Hills, Arizona; Lord Rothermere (†), London; Baron Edmund de Rothschild, Exbury, Großbritannien; Pierre Salinger, Paris; J. Sauerwein, Paris; Graf Franz Schlik, Worms; Prinzess Gabriella Seefried, Gresten, Österreich; Philip Slomovitz, Southfield, Mich.; Prinzess Carmen Solms-Braunsfeld, München; Dr. Theo Sommer, Hamburg; Prinz Georg Starhemberg, Moosburg, Österreich; Dr. Hans Steinitz, New York, N. Y.; William Stevenson, Toronto, Canada; Paul Lucas Stocker, Genf; Lord Stow Hill, London; Countess Anthony Szápáry, Pound Ridge, N. Y.; Gräfin L. von Szilvinyi, Frankfurt a. M.; Lady Alexandra Trevor-Roper, Oxford; Professor Adam B. Ulam, Cambridge, Mass.; Dr. Rudolf Urban, Marburg/Lahn; Msgr. Béla Varga, New York, N. Y.; Ville de Vevey, Schweiz, Gemeindearchive; Ian Vorres, Pyrgi, Griechenland; Winifred Wagner, Bayreuth; Antonius Wagner-Latour, Wien; Clarence A. Warden jr., Wynnewood, Pa.; Hermann Weiss, München; Annemarie Wetzer, Pfronten, Deutschland; Eduard Wiedemann, Hamburg; Klaus Wiedemann, Pfarrkirchen, Bayern; Simon Wiesenthal, Wien; Lord Willingdon, Windsor Forest, Großbritannien; Gräfin Isabella Windisch-Graetz, Schloß Weikersheim; Graf Ludwig A. Windisch-Graetz, Eglofs; Graf Maximilian Windisch-Graetz, Triest; Dr. F. Zuckerkandl, Paris.

Personenregister

Collins, Alan C. 248, 272, 274, 296